2025 年・春 受験用 解答集

愛知県 名古屋 中学校

2019~2013 年度の 7 年分

本書は，実物をなるべくそのままに，プリント形式で年度ごとに収録しています。
問題用紙を教科別に分けて使うことができるので，本番さながらの演習ができます。

■ 収録内容

・解答集（この冊子です）

　　書籍ID番号，この問題集の使い方，リアル過去問の活用，解答例と解説，
　　ご使用にあたってのお願い・ご注意，お問い合わせ

・2019（平成31）年度 ～ 2013（平成25）年度　学力検査問題

○は収録あり	年度	'19	'18	'17	'16	'15	'14	'13
■ 問題収録		○	○	○	○	○	○	○
■ 解答用紙		○	○	○	○	○	○	
■ 解答		○	○	○	○	○		
■ 解説		○	○	○	○	○	○	○
■ 配点								

●問題文等非掲載:2015年度社会の問24

もっと
過去問！
シリーズ

K 教英出版

■ 書籍ID番号

入試に役立つダウンロード付録や学校情報などを随時更新して掲載しています。
教英出版ウェブサイトの「ご購入者様のページ」画面で，書籍ID番号を入力してご利用ください。

書籍ID番号　**175021**

（有効期限：2025年9月30日まで）

【入試に役立つダウンロード付録】
「中学合格への道」

■ この問題集の使い方

年度ごとにプリント形式で収録しています。針を外して教科ごとに分けて使用します。①片側，②中央のどちらかでとじてありますので，下図を参考に，問題用紙と解答用紙に分けて準備をしましょう（解答用紙がない場合もあります）。

針を外すときは，けがをしないように十分注意してください。また，針を外すと紛失しやすくなりますので気をつけましょう。

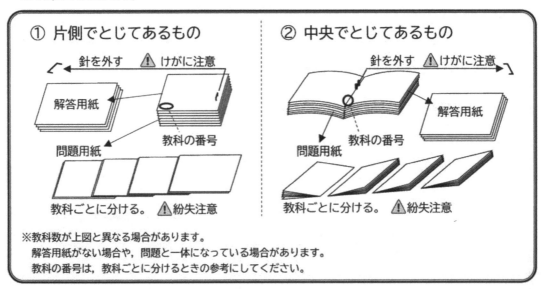

※教科数が上図と異なる場合があります。
　解答用紙がない場合や，問題と一体になっている場合があります。
　教科の番号は，教科ごとに分けるときの参考にしてください。

リアル過去問の活用

~リアル過去問なら入試本番で力を発揮することができる~

❀ 本番を体験しよう！

問題用紙の形式（縦向き／横向き），問題の配置や余白など，実物に近い紙面構成なので本番の臨場感が味わえます。まずはパラパラとめくって眺めてみてください。「これが志望校の入試問題なんだ！」と思えば入試に向けて気持ちが高まることでしょう。

❀ 入試を知ろう！

同じ教科の過去数年分の問題紙面を並べて，見比べてみましょう。

① 問題の量

毎年同じ大問数か，年によって違うのか，また全体の問題量はどのくらいか知っておきましょう。どのくらいのスピードで解けば時間内に終わるのか，大問ひとつにかけられる時間を計算してみましょう。

② 出題分野

よく出題されている分野とそうでない分野を見つけましょう。同じような問題が過去にも出題されていることに気がつくはずです。

③ 出題順序

得意な分野が毎年同じ大問番号で出題されていると分かれば，本番で取りこぼさないように先回りして解答することができるでしょう。

④ 解答方法

記述式か選択式か（マークシートか），見ておきましょう。記述式なら，単位まで書く必要があるかどうか，文字数はどのくらいかなど，細かいところまでチェックしておきましょう。計算過程を書く必要があるかどうかも重要です。

⑤ 問題の難易度

必ず正解したい基本問題，条件や指示の読み間違いといったケアレスミスに気をつけたい問題，後回しにしたほうがいい問題などをチェックしておきましょう。

❀ 問題を解こう！

志望校の入試傾向をつかんだら，問題を何度も解いていきましょう。ほかにも問題文の独特な言いまわしや，その学校独自の答え方を発見できることもあるでしょう。オリンピックや環境問題など，話題になった出来事を毎年出題する学校だと分かれば，日頃のニュースの見かたも変わってきます。

こうして志望校の入試傾向を知り対策を立てることこそが，過去問を解く最大の理由なのです。

❀ 実力を知ろう！

過去問を解くにあたって，得点はそれほど重要ではありません。大切なのは，志望校の過去問演習を通して，苦手な教科，苦手な分野を知ることです。苦手な教科，分野が分かったら，教科書や参考書に戻って重点的に学習する時間をつくりましょう。今の自分の実力を知れば，入試本番までの勉強の道すじが見えてきます。

❀ 試験に慣れよう！

入試では時間配分も重要です。本番で時間が足りなくなってあわてないように，リアル過去問で実戦演習をして，時間配分や出題パターンに慣れておきましょう。教科ごとに気持ちを切り替える練習もしておきましょう。

❀ 心を整えよう！

入試は誰でも緊張するものです。入試前日になったら，演習をやり尽くしたリアル過去問の表紙を眺めてみましょう。問題の内容を見る必要はもうありません。どんな形式だったかな？受験番号や氏名はどこに書くのかな？…ほんの少し見ておくだけでも，志望校の入試に向けて心の準備が整うことでしょう。

そして入試本番では，見慣れた問題紙面が緊張した心を落ち着かせてくれるはずです。

※まれに入試形式を変更する学校もありますが，条件はほかの受験生も同じです。心を整えてあせらずに問題に取りかかりましょう。

算 数

平成 31 年度 解答例・解説

《解答例》

Ⅰ　(1)26　(2)$\frac{9}{14}$　(3)1079　(4)78　(5)360　(6)102.78　(7)①20　②2700

Ⅱ　(1)30　(2)18

Ⅲ　(1)$100\div4\times3$，$100\times\frac{3}{4}$ などから1つ　※(2)67

Ⅳ　(1)①右図　②$516\frac{3}{8}$　(2)①197.82　②円すい…2，円柱…11

Ⅴ　(1)480　(2)400

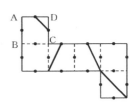

※の考え方は解説を参照してください。

《解 説》

Ⅰ　(1)　与式＝$28-(28-4\div6\times9)\times\frac{1}{11}=28-(28-4\times\frac{1}{6}\times9)\times\frac{1}{11}=28-(28-6)\times\frac{1}{11}=28-22\times\frac{1}{11}=28-2=26$

(2)　$\frac{1}{\triangle}=1\div\triangle$ だから，右の〇でかこんだ部分は，$1+1\div(1+0.25)=1+1\div(1+\frac{1}{4})=$
$1+1\div\frac{5}{4}=1+\frac{4}{5}=\frac{9}{5}$ となり，□でかこんだ部分は，$1+1\div\frac{9}{5}=1+\frac{5}{9}=\frac{14}{9}$ となる。
よって，与式＝$1\div\frac{14}{9}=\frac{9}{14}$

(3)　9でわると8余る数は，9の倍数に8を足した数であり，9の倍数から1を引いた数である。また，10でわると9余る数は10の倍数から1引いた数，12でわると11余る数は12の倍数から1引いた数である。したがって，求める数は9と10と12の公倍数から1引いた数のうち1000にもっとも近い数である。

9と10と12の公倍数は，これらの数の最小公倍数の倍数だから，9と10と12の最小公倍数を求める。3つ以上の数の最小公倍数を求めるときは，右のような筆算を利用する。3つの数のうち2つ以上を割り切れる数で次々に割っていき（割れない数はそのまま下におろす），割った数と割られた結果残った数をすべてかけあわせればよいから，9と10と12の最小公倍数は，$2\times3\times3\times5\times2=180$ である。
$1000\div180=5$ 余り100より，1000に近い数で，1000より小さい数は $180\times5-1=899$，1000より大きい数は $180\times6-1=1079$ が見つかる。よって，1000にもっとも近い数は1079である。

(4)　真ん中の①から考える。①ととなりあう部分は，③，⑤，⑦の3つあり，この3つはとなり合わない。①の色を決めたとき，③，⑤，⑦に，残りの2色のうちの1色だけでぬる場合と，残りの2色の両方をぬる場合に分けて考える。

①を青色とし，③，⑤，⑦を黄色でぬる場合，③，⑤，⑦の外側の②，④，⑥の色について考える。3色すべてを使うので，②，④，⑥のうち1つは必ず赤色となり，赤色でぬらない部分は青色と決まる。したがって，赤色でぬる部分は，「②」，「④」，「⑥」，「②と④」，「②と⑥」，「④と⑥」，「②と④と⑥」の7通りある。③，⑤，⑦を1色でぬる場合，①は青色，黄色，赤色の3通り，③，⑤，⑦のぬり方は残りの2通り，②，④，⑥のぬり方は7通りあるから，$3\times2\times7=42$（通り）ある。

①を青色とし，③，⑤，⑦を黄色と赤色の2色でぬる場合，黄色でぬる部分は，「③」，「⑤」，「⑦」，「③と⑤」，

「③と⑦」，「⑤と⑦」の6通りある。このとき，③，⑤，⑦は黄色が1つと赤色が2つ，または，黄色が2つと赤色が1つとなるから，②，④，⑥のうち2つは黄色と赤色の両方ととなり合うからぬる色は青色の1通りに決まり，1つは黄色または赤色の1色ととなり合うからぬる色は2通りに決まる。したがって，①は青色，黄色，赤色の3通り，③，⑤，⑦のぬり方は6通り，②，④，⑥のぬり方は③，⑤，⑦のぬり方のそれぞれに2通りずつあるから，3×6×2＝36(通り)ある。

よって，求めるぬり方は全部で42＋36＝78(通り)ある。

⑸　右図のようにそれぞれの角に記号をおく。

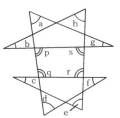

三角形の1つの外角は，これととなりあわない2つの内角の和に等しいことを利用する。

したがって，角a＋角g＝角p，角d＋角f＝角q，角c＋角e＝角r，角b＋角h＝角s

となるから，求める角の大きさの合計は，角p＋角q＋角r＋角s　となり，四角形の内角の

和に等しいとわかる。よって，求める角の大きさは360度である。

⑹　右のように作図すると，四角形ＡＢＣＤは正方形となる。

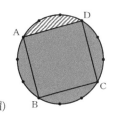

しゃ線部分の面積の4倍は，半径が6cmの円の面積から正方形ＡＢＣＤの面積をのぞいた

面積である。正方形ＡＢＣＤは対角線の長さが円の直径の長さに等しく12cmだから，

ひし形の面積の求め方より，(対角線)×(対角線)÷2＝12×12÷2＝72(cm²)である。

したがって，しゃ線部分の面積は，(6×6×3.14－72)÷4＝(113.04－72)÷4＝10.26(cm²)

である。よって，求める面積は，113.04－10.26＝102.78(cm²)である。

⑺①　二郎君と一郎君の速さの和は，分速(60＋75)m＝分速135m，二郎君と三郎君の速さの和は，

分速(60＋40)m＝分速100mだから，速さの和の比は，135：100＝27：20となる。二郎君と一郎君が歩いた道のりの和と，二郎君と三郎君が歩いた道のりの和が等しいとき，かかる時間の比は，速さの和の比の逆比に等しく20：27となる。二郎君は一郎君とはじめて出会ってから，7分後に三郎君と出会ったのだから，比の数の差の27－20＝7が7分に等しい。したがって，二郎君と一郎君がはじめて出会ったのは，歩き始めてから$7 \times \frac{20}{7} =$ 20(分後)である。

②　歩き始めてから20分で二郎君と一郎君が歩いた道のりの和が，池を一周する道の長さに等しくなるから，求める長さは，135×20＝2700(m)である。

Ⅱ　⑴　2分5厘＝0.025，3分7厘5毛＝0.0375である。

次に2回連続で勝っても負けても，ゲームＡをした回数の合計は同じであるが，次に2回連続で勝ったときと負けたときの，勝った回数の差は2回，勝率の差は0.025＋0.0375＝0.0625となる。

勝率を求める式を変形すると，(ゲームＡをした回数)＝(ゲームＡで勝った回数)÷(勝率)となる。したがって，ゲームＡをした回数が同じとき，(ゲームＡをした回数)＝(ゲームＡで勝った回数の差)÷(勝率の差)で求められるから，次の2回が終わったときにひろし君がしたゲームＡの回数は，2÷0.0625＝32(回)である。

よって，ひろし君がいままでにしたゲームＡの回数は，32－2＝30(回)である。

⑵　ゲームＡで1回勝つと1点，1回負けると0点とすると，勝率はゲームＡの得点の平均点と等しくなり，次に2回連続で勝ったときについて面積図をかくと右図のようになる(aはいままでの勝率を表す)。

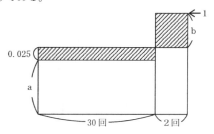

面積図の2つのしゃ線の長方形の面積は等しいから，縦の長さの比は，横の長さの比の30：2＝15：1の逆比に等しく，1：15である。

したがって，bに入る数は，$0.025 \times \frac{15}{1} =$ 0.375となり，aに入る数は，

$1-0.375-0.025=0.6$ となる。よって，いままでにひろし君が勝った回数は $30×0.6=18$（回）である。

Ⅲ (1) 4本飲むために3本のジュースを買うから，$100÷4$（回），3本のジュースを買えばよいとひろし君は考えたので，アに入る式は，$100÷4×3$ となる。

(2) この問題のように空き缶数本を1本の新品と交換してもらう問題では，右のような図をかくとよい。まず買ったジュースを表す○を1段目に3本並べ，この3本の空き缶でもらえるジュースを2段目の左はしに●で表す。すると，2段目以降は○を2本加えるごとに次の段に行けることになる。

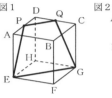

100本のジュースを飲むためには，$100÷3=33$ 余り1 より，33段目までが全部うまり，34段目が●となればよい。この場合に買ったジュースは，$3+2×32=67$（本）である。

Ⅳ (1)① 3点E，P，Qを通る平面で切ると，その断面は右図1の太線のようになる（PQとEGは平行になる）。
また，展開図に立方体の頂点とP，Qをかき込むと，右図2のようになるから，PとQ，QとG，GとE，EとPをそれぞれ直線で結べばよい。

② 立方体の体積から，頂点Bをふくまない立体の体積を引いて求める。
右図3のように作図し，記号をおく。頂点Bをふくまない立体は，三角すいR‐HEGから，三角すいR‐DPQをのぞいた立体である。
すい体の体積は，（底面積）×（高さ）÷3 で求められる。
三角形REHと三角形RPDは同じ形で，EH：PD＝2：1だから，RH：RD＝2：1，
RD：DH＝1：（2－1）＝1：1より，RD＝DH＝9cmである。
したがって，（三角すいR‐HEGの体積）＝$9×9÷2×18÷3=243$（cm³），
（三角すいR‐DPQの体積）＝$\frac{9}{2}×\frac{9}{2}÷2×9÷3=\frac{243}{8}$（cm³）だから，頂点Bをふくまない立体の体積は，
$243-\frac{243}{8}=\frac{1701}{8}$（cm³）である。
立方体の体積は，$9×9×9=729$（cm³）だから，求める体積は，$729-\frac{1701}{8}=\frac{4131}{8}=516\frac{3}{8}$（cm³）である。

(2)① 円すい1つの体積は，$3×3×3.14×3÷3=9×3.14$（cm³），円柱1つの体積は，$3×3×3.14×3=27×3.14$（cm³）である。よって，求める体積は，$9×3.14+27×3.14×2=63×3.14=197.82$（cm³）である。

② ①の解説をふまえる。$989.1÷3.14=315$ より，$989.1=315×3.14$（cm³）となる。
円すいは2つしかなく，円すいと円柱をいくつかつなげたから，円すいが1つの場合と2つの場合について考える。円すいが1つの場合，いくつかの円柱の体積の合計は，$315×3.14-9×3.14=306×3.14$（cm³）となり，円柱は$(306×3.14)÷(27×3.14)=\frac{34}{3}$（つ分）となるから，これは違うとわかる。円すいが2つの場合，いくつかの円柱の体積の合計は，$315×3.14-9×3.14×2=297×3.14$（cm³）となり，円柱は$(297×3.14)÷(27×3.14)=11$（つ分）となるから，これは正しいとわかる。よって，円すいを2つ，円柱を11つつなげた立体である。

Ⅴ 【作業1】と【作業2】を行ったあと，3つの容器に入っている食塩水の濃度が等しくなったから，それぞれの容器に入っている食塩水にふくまれる食塩の量の比は，食塩水の量の比に等しい。【作業1】と【作業2】では，同じ量の食塩水（または水）をとり，入れかえているだけなので，それぞれの容器に入っている食塩水（または水）の量は変わらないから，【作業1】と【作業2】のあとの食塩水の量の比は，$900:600:1200=3:2:4$ となる。
したがって，【作業1】と【作業2】のあとに，それぞれの容器の食塩の量の比も3：2：4となる。
また，はじめの容器Aの食塩の量は $900×0.15=135$（g），容器Bの食塩の量は $600×0.09=54$（g）だから，容器

A，容器B，容器Cの食塩の量の合計は，135＋54＝189（ g ）である。

よって，【作業1】と【作業2】のあとの食塩の量は，容器Aが $189 \times \dfrac{3}{3+2+4} = 63$（ g ），容器Bが $189 \times \dfrac{2}{3+2+4} = 42$（ g ），容器Cが $189 \times \dfrac{4}{3+2+4} = 84$（ g ）となる。

(1)　【作業2】で容器Aは何もしないので，【作業1】のあとに食塩の量が63 g となる。

はじめに容器Aの食塩の量は135 g なので，135－63＝72（ g ）減らせばよく，はじめに容器Cに入っているのは水なので，容器Aから食塩72 g をふくむ食塩水を容器Cに入れればよい。容器Aに入っている食塩水の $\dfrac{72}{135} = \dfrac{8}{15}$ を容器Cに入れるから，【作業1】で容器Aからとった食塩水の量は，$900 \times \dfrac{8}{15} = 480$（ g ）である。

(2)　(1)をふまえる。【作業1】のあと，食塩の量は，容器Bが54 g，容器Cが72 g，【作業2】のあと，食塩の量は，容器Bが42 g，容器Cが84 g だから，【作業2】を行うことで容器Bの食塩の量は54－42＝12（ g ）減り，容器Cの食塩の量は12 g 増える。

【作業1】のあとの容器Cの食塩水の濃度は，72÷1200×100＝6（%）だから，100 g の食塩水にふくまれる食塩の量は6 g である。また，容器Bの食塩水の濃度は9%だから，100 g の食塩水にふくまれる食塩の量は9 g である。したがって，【作業1】のあとの容器Bと容器Cの食塩水100 g を入れかえると，容器Bの食塩の量は9－6＝3（ g ）減り，容器Cの食塩の量は3 g 増える。よって，容器Bの食塩の量を12 g 減らすためには，100 g の12÷3＝4（倍）の食塩水を入れかえればよいとわかるから，【作業2】でとった食塩水の量は，100×4＝400（ g ）である。

平成 30 年度　解答例・解説

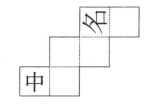

《解答例》

Ⅰ　(1)672　(2)$\frac{11}{24}$　(3)105　(4)43　(5)30　(6)15　(7)ア，2.24　(8)11　(9)右図

Ⅱ　(1)24　(2)15

Ⅲ　(1)263.76　(2)282.6

Ⅳ　(1)111111111　(2)3×3，<u>333667×3</u>，<u>37×3</u>，1001001×111　（下線部は順不同）

　　(3)Fは…4　　Bは…8　　Dは…6

　　(4)F＝4，B＝8，D＝6より4つ目の式が28C6E4×4は7けたになってしまうから。

Ⅴ　(1)21.6　(2)14.4　(3)108　(4)(ア)B　(イ)H　(ウ)E

《解　説》

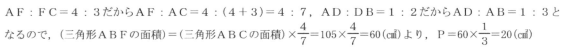

Ⅰ　(1)　800円の2割は，800×0.2＝160(円)だから，定価は800＋160＝960(円)である。定価の30%引きで売るということは，売値を定価の100－30＝70(%)にするということだから，売値は960×0.7＝672(円)である。

(2)　与式＝$\left(\frac{9}{8}-\frac{375}{1000}\right)×\frac{5}{6}-\left(0.5-\frac{1}{3}\right)=\left(\frac{9}{8}-\frac{3}{8}\right)×\frac{5}{6}-\left(\frac{3}{6}-\frac{2}{6}\right)=\frac{6}{8}×\frac{5}{6}-\frac{1}{6}=\frac{5}{8}-\frac{1}{6}=\frac{15}{24}-\frac{4}{24}=\frac{11}{24}$

(3)　6で割ったときの余りは，1，2，3，4，5の5つである。余りと商が1の整数は6×1＋1＝7，余りと商が2の整数は6×2＋2＝14，余りと商が3の整数は6×3＋3＝21，余りと商が4の整数は6×4＋4＝28，余りと商が5の整数は6×5＋5＝35だから，7＋14＋21＋28＋35＝105である。

(4)　1591，1677は，ともに求める最大公約数の倍数である。このことから，1591と1677の差も，求める最大公約数の倍数であるといえる。1677－1591＝86であり，86を素数の積で表すと86＝2×43となる。1591も1677も奇数（きすう）だから2は約数にもたない。よって，求める最大公約数は43である。

(5)　右図のように記号をおき，三角形ADFの面積をP，三角形BDEの面積をQ，三角形CEFの面積をRとする。三角形DEFの面積は，三角形ABCの面積から，PとQとRを引いたものである。

高さの等しい三角形の面積の比は，底辺の長さの比になる。

AF：FC＝4：3だからAF：AC＝4：(4＋3)＝4：7，AD：DB＝1：2だからAD：AB＝1：3となるので，(三角形ABFの面積)＝(三角形ABCの面積)×$\frac{4}{7}$＝105×$\frac{4}{7}$＝60(㎠)より，P＝60×$\frac{1}{3}$＝20(㎠)

AD：DB＝1：2だからDB：AB＝2：3，BE：EC＝2：3だからBE：BC＝2：5となるので，(三角形BCDの面積)＝(三角形ABCの面積)×$\frac{2}{3}$＝105×$\frac{2}{3}$＝70(㎠)より，Q＝70×$\frac{2}{5}$＝28(㎠)

FC：AC＝3：7，EC：BC＝3：5となるから，(三角形BCFの面積)＝(三角形ABCの面積)×$\frac{3}{7}$＝105×$\frac{3}{7}$＝45(㎠)より，R＝45×$\frac{3}{5}$＝27(㎠)

よって，(三角形DEFの面積)＝105－(20＋28＋27)＝30(㎠)である。

(6) Bチームが試合で勝った場合を○，負けた場合を×とする。BチームがAチームより先に4勝すればよいので，○は4個，×は3個以下の場合を考える。×が1個の場合は(×○○○○)の1通り，×が2個の場合は(××○○○○)(×○×○○○)(×○○×○○)(×○○○×○)の4通り，×が3個の場合は(×××○○○○)(××○×○○○)(××○○×○○)(××○○○×○)(×○××○○○)(×○○××○○)(×○○○××○)(×○×○×○○)(×○×○○×○)(×○○×○×○)の10通りだから，全部で1＋4＋10＝15(通り)である。

(7) 右図のように記号をおく。(アの部分の面積)＝(三角形EBCの面積)－(ウの部分の面積)，(イの部分の面積)＝(正方形ABCDの面積)－(おうぎ形ADBの面積)－(ウの部分の面積)だから，(三角形EBCの面積)と{(正方形ABCDの面積)－(おうぎ形ADBの面積)}の差が，(アの部分の面積)と(イの部分の面積)の差になる。

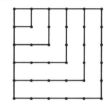
単位：cm

(三角形EBCの面積)＝8×4÷2＝16(cm²)

(正方形ABCDの面積)－(おうぎ形ADBの面積)＝8×8－8×8×3.14÷4＝64－50.24＝13.76(cm²)だから，アの部分の面積の方が，イの部分の面積よりも，16－13.76＝2.24(cm²)大きくなる。

(8) 右図のように，5＋2＋4＝11(種類)できる。

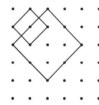 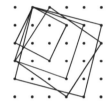

(9) 見取り図に，図Ⅰのように A，B の記号をおく。展開図では，A，B は図Ⅱのようになる。

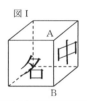 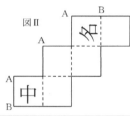

Ⅱ (1) 表の空いているところをうめると，右表のようになる。「地下鉄を使う」と「自転車を使う」の交わっているマスの数字だから，24人である。

	自転車を使う	自転車を使わない	合計
地下鉄を使う	24	8	32
地下鉄を使わない	6	2	8
合計	30	10	40

(2) 「自転車を使う」が「地下鉄を使わない」人は6人いる。6人は全体の人数の6÷40×100＝15(%)にあたる。

Ⅲ (1) 図Ⅰのように，ABとCDを延長して交わる点をEとする。三角形EBCと三角形EADは，同じ形で大きさが異なる三角形である。BC＝6cm，AD＝3cmより，三角形EADの各辺の長さは，三角形EBCの$\frac{1}{2}$である。以上より，台形ABCDを回転させると，図Ⅱのような大きな円すいから点線で示した小さな円すいを除いた立体になる。よって，求める体積は，

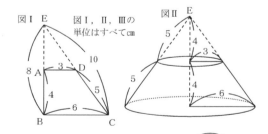
図Ⅰ，Ⅱ，Ⅲの単位はすべてcm

6×6×3.14×8÷3－3×3×3.14×4÷3＝(96－12)×3.14＝263.76(cm³)である。

(2) 立体の上面と下面の面積の和は，3×3×3.14＋6×6×3.14＝45×3.14(cm²)である。側面積は半径10cmのおうぎ形から，半径5cmのおうぎ形(図Ⅲの色のついた部分)を除いた面積になる。おうぎ形の曲線の長さは底面の円周と等しく，おうぎ形の中心角は曲線の長さに比例する。底面の円周は6×2×3.14(cm)，半径10cmの円周は10×2×3.14(cm)だから，おうぎ形の中心角は360×$\frac{6}{10}$＝216(度)である。よって，側面積は(10×10×3.14－5×5×3.14)×$\frac{216}{360}$＝45×3.14(cm²)である。以上より，表面積は(45×3.14)×2＝282.6(cm²)である。

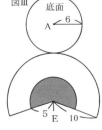
図Ⅲ
底面

Ⅳ (1) $12345679 \times 9 = 12345679 \times (10-1) = 123456790 - 12345679 = 111111111$

(3) Aを2として，問題文の会話にそって考えていく。1～9までの整数で3倍すると一の位が2になる数は4だけだから，Fは4である。BはFを2倍した数だから，$4 \times 2 = 8$より，B＝8，DはFを4倍した数の一の位の数だから，$4 \times 4 = 16$より，D＝6である

Ⅴ (1) さとし君のスタート地点をA，ともや君のスタート地点をBとする。さとし君は秒速$\frac{80}{60} = \frac{4}{3}$(m)，ともや君は秒速$\frac{120}{60} = 2$(m)で進む。さとし君は18秒で$\frac{4}{3} \times 18 = 24$(m)進むから，ともや君が出発したときの2人のきょりは $36-24 = 12$(m)である。2人は向かい合って進むので，1秒ごとに$\frac{4}{3} + 2 = \frac{10}{3}$(m)ずつ近づき，ともや君が出発してから $12 \div \frac{10}{3} = 12 \times \frac{3}{10} = 3.6$(秒後)，つまり，さとし君が出発してから，$18 + 3.6 = 21.6$(秒後)に出会う。

(2) AB間の36mを進むのにかかる時間はさとし君が $36 \div \frac{4}{3} = 27$(秒)，ともや君が $36 \div 2 = 18$(秒)だから，ともや君がAに着くのは，さとし君が出発した $18 + 18 = 36$(秒後)である。36秒後から，2人は再び向かい合って進むので，2人は$\frac{10}{3}$mずつ近づいていく。さとし君がBに着いてから $36 - 27 = 9$(秒)たっているから，36秒後の2人のきょりは $36 - 9 \times \frac{4}{3} = 24$(m)である。よって，2人が出会うまでにさらに $24 \div \frac{10}{3} = 7.2$(秒)かかるから，2回目に出会うのは，さとし君が出発した地点(A)から $2 \times 7.2 = 14.4$(m)の地点である。

(3) さとし君は27秒ごとに折り返し，出発してから，$27 \times 2 = 54$(秒後)にA，$27 \times 3 = 81$(秒後)にB，$27 \times 4 = 108$(秒後)にAに着く。ともや君は18秒ごとに折り返し，さとし君が出発してから，$18 + 18 = 36$(秒後)にA，$18 + 18 \times 2 = 54$(秒後)にB，$18 + 18 \times 3 = 72$(秒後)にA，$18 + 18 \times 4 = 90$(秒後)にB，$18 + 18 \times 5 = 108$(秒後)にAに着く。よって，108秒後である。

(4) (ア)最初は36mはなれているからA～Dにしぼられる。2人は近づいていくのでグラフに水平な部分は現れない。最初はさとし君だけが進むので，きょりの縮まり方(グラフの傾き)は，ともや君が出発してからよりも小さい。よって，Bである。　　(イ)2人が出会ったとき，きょりは0だからA～Dではない。ともや君がAに着くまでは2人ははなれていく。さとし君がBに着いてからともや君がAに着くまでは，さとし君がともや君を追いかける形になるので，きょりのはなれ方(グラフの傾き)は最初より小さくなる。ともや君がBに着いた後は2人は近づいていく。よって，Hである。　　(ウ)2回目に出会った $14.4 \div \frac{4}{3} = 10.8$(秒後)にさとし君はAに着く。同時に，ともや君はAから $14.4 + 2 \times 10.8 = 36$(m)はなれたBに着く。つまり最初は1秒ごとに$\frac{10}{3}$mではなれていき，10.8秒後からは1秒ごとに$\frac{10}{3}$mで近づいていく。よって，Eである。

平成㉙年度 解答例・解説

=== 《解答例》 ===

Ⅰ (1)182　(2)27　(3)5000

Ⅱ (1)274　(2)50　(3)50　(4)54　(5)あ. 56　い. 57

Ⅲ (1)90$\frac{2}{3}$　(2)①1.14 ②0.57　(3)5

Ⅳ (1)111　(2)い. 777−19　う. 758−128　※(3)3〔別解〕111

Ⅴ (1)24　(2)えん筆…22　ノート…8　(3)えん筆…29　消しゴム…10　ノート…16

Ⅵ (1)①$\frac{1}{6}$ ②$\frac{2}{3}$　(2)①$2\frac{1}{6}$ ②3.355

※の考え方は解説を参照してください。

=== 《解 説》 ===

Ⅰ (1) 与式＝2×(1＋3＋5＋7＋9＋11＋13)＋2×(2＋4＋6＋8＋10＋12)

　　　＝2×(1＋2＋3＋4＋5＋6＋7＋8＋9＋10＋11＋12＋13)＝2×(1＋13)×13÷2＝182

(2) 右の計算より，17550＝2×3×3×3×5×5×13である。この積を，連続する3つの整数に
なるように分ける。5×5＝25，13×2＝26，3×3×3＝27だから，連続する3つの整数は25，
26，27とわかる。よって，求める整数は27である。

```
2) 17550
3)  8775
3)  2925
3)   975
5)   325
5)    65
      13
```

(3) 25000×25000＝625000000より，縮尺25000分の1の地図では，面積は$\frac{1}{625000000}$倍になる。した
がって，実際の面積は8÷$\frac{1}{625000000}$＝5000000000(cm²)となる。
　1a＝10m×10m＝1000 cm×1000 cm＝1000000 cm²より，求める面積は，5000000000÷1000000＝5000(a)

Ⅱ (1) 887以上2017以下の4の倍数は，887÷4＝221余り3，2017÷4＝504余り1より，504−221＝283(個)ある。
また，同じ範囲の100の倍数は，887÷100＝8余り87，2017÷100＝20余り17より，20−8＝12(個)ある。
さらに，同じ範囲の400の倍数は，887÷400＝2余り87，2017÷400＝5余り17より，5−2＝3(個)ある。
よって，求めるうるう年の回数は，283−12＋3＝274(回)

(2) もとの液体の水以外の重さは100×(1−0.99)＝1(kg)であり，この重さは変わらない。これが全体の
100−98＝2(%)になったことから，求める重さは，1÷0.02＝50(kg)

(3) 100÷2＝50より，1から100までの偶数は50(個)，奇数は100−50＝50(個)となる。1は奇数だから，小さ
い方から順に奇数と偶数の組を作っていくと，(奇数，偶数)＝(1，2)(3，4)…(99，100)のようになる。ここ
から，奇数と，それより1大きな偶数の組が50組できるとわかるから，偶数の和は奇数の和より1×50＝50大きい。

(4) たけし君の家から友達の家までの道のりは，4×5.5＝22(km)である。したがって，自転車のタイヤがパンク
しなければ，帰るのにかかる時間は22÷20＝1.1(時間)となる。1時間＝60分だから，1.1時間は60×1.1＝
66(分)である。よって，求める時間は，120−66＝54(分)

(5) 7＋1＝8，7×(7＋1)＝56より，$\frac{2}{7}＝\frac{1}{7}＋\frac{1}{7}＝\frac{1}{7}＋\frac{1}{8}＋\frac{1}{56}$となる。したがって，あに適する数字は56で
ある。

(8)

また，$\frac{3}{7}=\frac{2}{7}+\frac{1}{7}=(\frac{1}{7}+\frac{1}{8}+\frac{1}{56})+(\frac{1}{8}+\frac{1}{56})\cdots(*)$となる。さらに，$8+1=9$，$8\times(8+1)=72$，

$56+1=57$，$56\times(56+1)=56\times57$より，$\frac{1}{8}+\frac{1}{56}=(\frac{1}{9}+\frac{1}{72})+(\frac{1}{57}+\frac{1}{56\times57})$となる。したがって，$(*)$より，

$\frac{3}{7}=\frac{1}{7}+\frac{1}{8}+\frac{1}{56}+(\frac{1}{9}+\frac{1}{72})+(\frac{1}{57}+\frac{1}{56\times57})=\frac{1}{7}+\frac{1}{8}+\frac{1}{56}+\frac{1}{9}+\frac{1}{72}+\frac{1}{57}+\frac{1}{56\times57}$となる。よって，▨に適する数字は

57である。

Ⅲ (1) 右図のように，記号をおく。

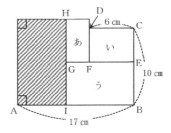

長方形「い」の面積より，ＥＣ$=26\div6=\frac{13}{3}$(cm)，ＢＥ$=10-\frac{13}{3}=\frac{17}{3}$(cm)

長方形「う」の面積より，ＩＢ$=51\div\frac{17}{3}=9$(cm)，ＡＩ$=17-9=8$(cm)

ＧＦ$=9-6=3$(cm)だから，長方形「あ」の面積より，ＨＧ$=17\div3=\frac{17}{3}$(cm)，

ＨＩ$=\frac{17}{3}+\frac{17}{3}=\frac{34}{3}$(cm)

よって，求める面積は，ＨＩ×ＡＩ$=\frac{34}{3}\times8=\frac{272}{3}=90\frac{2}{3}$(cm²)

(2)① 右図のように，記号をおく。

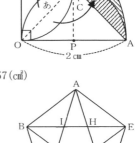

「あ」を2つに分けて矢印のように動かすと，おうぎ形ＯＡＢの面積から三角形ＯＡＢ

の面積を引いた差を求めればよいとわかる。おうぎ形ＯＡＢの面積は

$2\times2\times3.14\times\frac{90}{360}=3.14$(cm²)，三角形ＯＡＢの面積は$2\times2\div2=2$(cm²)だから，

求める面積は，$3.14-2=1.14$(cm²)

② ①の解説で，「あ」を2つに分けたうちの1つは，①で面積を求めた図形を$\frac{1}{2}$倍

に縮小した図形である。したがって，その面積は$\frac{1}{2}\times\frac{1}{2}=\frac{1}{4}$(倍)になるから，「あ」

の面積は$(1.14\times\frac{1}{4})\times2=0.57$(cm²)となる。よって，「い」の面積は，$1.14-0.57=0.57$(cm²)

(3) 右図のように，記号をおいて考える。

三角形ＡＢＥと合同な三角形が10個，三角形ＩＡＢと合同な三角形が5個ある。

また，三角形ＡＣＤと合同な三角形が5個，三角形ＢＨＡと合同な三角形が10個，

三角形ＡＩＨと合同な三角形が5個ある。

以上より，三角形は5種類あるとわかる。

Ⅳ (1) 3以上の同じ数を3つ並べて作った整数は，$333\div111=3$，$444\div111=4$，$555\div111=5$のように，どの数も

111でわりきれる。よって，㋒に適する数は111である。

(2) ひろし君は，はじめに$777-19=758$の計算をし，次に$758-128=630$の計算をした。このため，

$19+128+630=777$となる。これが(☆☆)の「37の倍数」以外の部分に出てくる。

よって，㋓に適する式は$777-19$，㋔に適する式は$758-128$である。

(3) (☆)より，$19128630=19\times\underline{999999}+128\times\underline{999}+7\times\underline{111}$となる。右の計算より，

999999，999，111は3でも37でも$3\times37=111$でも割り切れるとわかる。よって，

19128630は1と37以外に3でも111でもわりきれる。

```
 3 )999999  999  111
37 )333333  333   37
     9009     9    1
```

Ⅴ (1) 人数分のノートを買うと$150\times4=600$(円)足りず，人数分の消しゴムを買うと120円余るから，その金額の差

は$600+120=720$(円)である。ノート1冊と消しゴム1個の価格の差は$150-120=30$(円)だから，求める人数は，

$720\div30=24$(人)

(2) A君とB君が買ったものを合わせると，えん筆とノートが同じ個数になる。2人の代金の合計は$3180+4020=$

7200(円)で，えん筆1本とノート1冊の価格の合計は$90+150=240$(円)だから，2人合わせると，えん筆とノート

をそれぞれ$7200\div240=30$買ったことになる。2人が買ったえん筆とノートの合計個数は等しいから，A君はえん

筆とノートを合わせて30買い，代金の合計が3180円になったとわかる。これが全部ノートだとすると，代金の合計は150×30＝4500（円）になり，ノート1冊をえん筆1本に入れかえると150－90＝60（円）安くなる。

よって，A君が買ったえん筆は(4500－3180)÷60＝22（本），ノートは30－22＝8（冊）である。

(3) 消しゴムを1個とすると，えん筆は1×3－1＝2（本），ノートは55－1－2＝52（冊）となり，代金は120×1＋90×2＋150×52＝8100（円）となる。これを「基準」とし，「基準」に対して次の下線部のような「作業」を行っていく。消しゴムを1個増やし，えん筆の本数は消しゴムの個数の3倍より1本少ないのでえん筆を3本増やし，個数の合計を55にするため，ノートを1＋3＝4（冊）減らす。この「作業」をくり返して，代金を6210円にすればよい。「基準」に対して「作業」を1回行うごとに，代金は150×4－(120×1＋90×3)＝210（円）安くなる。したがって，代金を6210円にするためには，「作業」を(8100－6210)÷210＝9（回）行えばよいことになる。

よって，えん筆は2＋3×9＝29（本），消しゴムは1＋1×9＝10（個），ノートは52－4×9＝16（冊）となる。

Ⅵ (1)① 右図のように，三角形ABCを底面とし，高さがBFの三角すいができる。

三角形ABCの面積は$1×1÷2＝\dfrac{1}{2}$（cm²）だから，求める体積は，$\dfrac{1}{2}×1÷3＝\dfrac{1}{6}$（cm³）

② もとの立方体の体積は1×1×1＝1（cm³）である。

頂点A，C，Hを通る平面で切ると，①で体積を求めた三角すいと合同な，

三角すいACDHが切り分けられるから，求める体積は，$1－\dfrac{1}{6}×2＝\dfrac{2}{3}$（cm³）

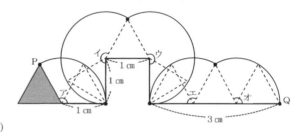

(2)① 点Pは右図のように動いて点Qに達する。

点Pが動くおうぎ形の中心角を，右図のように角ア～

角オとすると，角ア＝角エ＝角オ＝180－60＝120（度），

角イ＝角ウ＝360－90－60＝210（度）となる。したがっ

て，これらの角の和は120×3＋210×2＝780（度）と

なる。おうぎ形の円周部分の長さは中心角の大きさに

比例するから，求める割合は，$780÷360＝\dfrac{13}{6}＝2\dfrac{1}{6}$（倍）

② 正三角形は，右図の色を付けた部分を通る。

右図のように記号をおき，色を付けた部分を，正方形ABCD，おうぎ形ADE，

半円CFDに分けて考える。正方形ABCDの面積は，1×1＝1（cm²）

おうぎ形ADEと半円CFDの中心角の和は90＋180＝270（度）だから，

これらの面積の和は$1×1×3.14×\dfrac{270}{360}＝2.355$（cm²）

よって，求める面積は，1＋2.355＝3.355（cm²）

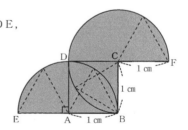

《解答例》

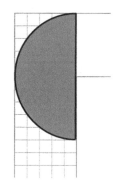

Ⅰ (1)88　(2)4　(3)865

Ⅱ (1)28　(2)13　(3)60　(4)(ア)，(ウ)　(5)2：1　(6)4

Ⅲ (1)正三角形　(2)9　(3)24

Ⅳ (1)100000

(2)説明…1÷2＝0余り1　　3÷2＝1余り1　　7÷2＝3余り1

　　　15÷2＝7余り1　　31÷2＝15余り1　　　　　答…31

(3)ウ．110010　エ．200

Ⅴ (1)15　(2)ア．92　イ．46

Ⅵ (1)①，③，⑤　(2)右図

《解　説》

Ⅰ (1)　与式＝{(9.8＋0.5)＋(1.9－0.4)－4}÷0.6＋(10.5＋2)×6＝(10.3＋1.5－4)÷0.6＋12.5×6＝

7.8÷0.6＋75＝13＋75＝**88**

(2)　与式より，$12×\dfrac{3}{2}$－(□＋3)×2＝□　　18－(□＋3)×2＝□　　□＋(□＋3)×2＝18

□＋□×2＋6＝18　　□×3＝18－6　　□×3＝12　　□＝12÷3＝**4**

(3)　1kL＝1000L，1L＝10dL より，1kL＝10000dL であり，1mL＝0.01dL である。

よって，与式＝3000dL－2200dL＋65dL＝**865dL**

Ⅱ (1)　1人だけがりんごをもらう場合，くばり方は3通りある。

1人だけがりんごをもらわない場合，残りの2人に(1，5)(2，4)(3，3)(4，2)(5，1)の5通りのくばり方ができる。りんごをもらわない1人の決め方は3通りあるから，この場合のくばり方は，5×3＝15(通り)ある。

3人ともりんごをもらう場合，6個のりんごを3組に分ける分け方は(1，1，4)(1，2，3)(2，2，2)の3通りある。りんごを(1，1，4)と分けたときのくばり方は，1人だけが4個をもらうので3通りある。

また，(1，2，3)と分けたときのくばり方は3×2×1＝6(通り)ある。さらに，(2，2，2)と分けたときのくばり方は1通りある。したがって，この場合のくばり方は，3＋6＋1＝10(通り)ある。

以上より，すべてのくばり方は，3＋15＋10＝**28(通り)**

(2)　まさし君は，出発してから3日目に出発地点から20＋20－10＝30(km)の地点に着く。

140÷30＝4余り20 より，出発してから3×4＝12(日目)に出発地点から30×4＝120(km)の地点に着く。

11日目の地点を確認すると，出発地点から120＋10＝130(km)の地点だから，まだ目的地にたどり着いていない。

よって，12日目の時点で残りの道のりは140－120＝20(km)だから，目的地に着くのは，12＋1＝**13(日目)**

(3)　A，B，C，Eの体重について右図のようにまとめられる。Eの体重が整数だから，5人の体重はすべて整数である。

重い		←		軽い
	8kg差		2kg差	3kg差
E	→	C	→ A	→ B

まず，Dの体重がAと同じ場合を考える。全員の体重をAと同じにするためには，Eを10kg軽く，Cを2kg軽く，Bを3kg重くすればよく，このとき5人の体重の合計は，

256－10－2＋3＝247(kg)となる。AとDの体重は247÷5＝49.4(kg)となり，整数でないので条件に合わない。

次に，Dの体重がBと同じ場合を考える。全員の体重をBと同じにするためには，Eを13kg軽く，Cを5kg軽く，

Aを3kg軽くすればよく，このとき5人の体重の合計は，256−13−5−3＝235(kg)となる。BとDの体重は

235÷5＝47(kg)となり，条件に合う。よって，Eの体重は，47＋13＝**60(kg)**

(4) 右図で，㋐の方向から光をあてると二等辺三角形の影ができ，㋑の方向から

光をあてると正方形の影ができる(光は底面の円と平行になるようにあてる)。

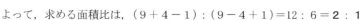

(5) 図形をa倍に拡大(または縮小)すると面積は(a×a)倍になる。

したがって，直径1cmの半円の面積を1とすると，直径2cmの半円の面積は

1×(2×2)＝4，直径3cmの半円の面積は1×(3×3)＝9となる。

よって，求める面積比は，(9＋4−1)：(9−4＋1)＝12：6＝**2：1**

(6) $100÷60＝\dfrac{5}{3}$より時速100km＝分速$\dfrac{5}{3}$kmであり，60÷60＝1より時速60km＝分速1kmである。

また，1分30秒＝1.5分だから，この間に列車Aと列車Bが進んだ道のりの合計は

$(\dfrac{5}{3}＋1)×1.5＝\dfrac{8}{3}×\dfrac{3}{2}＝4$(km)である。これがトンネルの長さに等しいから，求める長さは，**4km**

Ⅲ (1) 線アイ，線イウ，線ウアの長さは，合同な正方形の対角線の長さに等しい。よって，**正三角形**

(2) 大きい立方体の上から1段目，2段目，3段目にできる小さい立方体の

切断面を真上から見ると，それぞれ右図の色をつけた部分となる。

よって，求める個数は，1＋3＋5＝**9(個)**

1段目 2段目 3段目

(3) 大きい立方体の上から1段目，2段目，3段目，

4段目にできる小さい立方体の切断面を真上から見

ると，それぞれ右図の色をつけた部分となる。

よって，求める個数は，5＋7＋7＋5＝**24(個)**

1段目 2段目 3段目 4段目

Ⅳ (1) 右の計算1より，**100000**

計算1

32÷2＝	16 余り	0
16÷2＝	8 余り	0
8÷2＝	4 余り	0
4÷2＝	2 余り	0
2÷2＝	1 余り	0
1÷2＝	0 余り	1

(2) 19のときの計算を逆から順にするとよい。逆からの順番で説明をかいていくとき，

「商」は1つ前の式の「割られる数」と等しくなり，「余り」はすべて1になるので，

解答例のように次々に式を完成させていくことができる。最後の式の「割られる数」の

31が『10進数』で表された11111である。

先生の言葉に「19のときの計算をヒントに」とあるので，この問題では解答例のように説明するのがよいが，

次のような考え方もある。

『10進数』の場合，下のけたから順に，一の位，十の位，百(10×10)の位，千(10×10×10)の位…となる。

同様に，『2進数』の場合，下のけたから順に一の位，二の位，四(2×2)の位，八(2×2×2)の位，

十六(2×2×2×2)の位…となる。よって，11111は，16×1＋8×1＋4×1＋2×1＋1×1＝31

(3) ウは，2でくり上がることを考えると，右の計算2より，**110010**

エは，32を4で次々と割って余りを求めればよいので，右の計算3

より，**200**

計算2

```
    1 0 0 1 1
+)    1 1 1 1 1
  1 1 0 0 1 0
```

計算3

32÷4＝	8 余り	0
8÷4＝	2 余り	0
2÷4＝	0 余り	2

(12)

V **(1)** $1+2+3+4+5=$**15(個)**

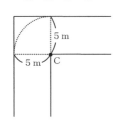

(2)ア 右図より，○の数は，1番目が<u>1</u>個，2番目が $1+\underline{4}=5$（個），3番目が

$5+\underline{7}=12$（個），4番目が $12+\underline{10}=22$（個）のようになり，下線を引いた数が

3ずつ大きくなっているとわかる。したがって，8番目の○の数は，

$22+\underline{13}+\underline{16}+\underline{19}+\underline{22}=$**92(個)**

イ 上のきまりにしたがうので，$1+3×15=$**46(個)**

VI (1)の問題を理解するために，まず(2)の問題から考える。

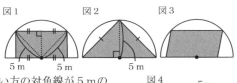

曲がり角の内側の頂点をCとすると，道を曲がる図形がCを中心に回転するとき，図形

の辺上のすべての点がCから5m以内の距離になければ，角を曲がることができない。

したがって，半径が5mの半円ならばこの道を通ることができる。この半円の面積は

$5×5×3.14÷2=39.25（\text{m}^2）$，1辺が5mの正方形の面積は $5×5=25（\text{m}^2）$だから，

この半円の面積は正方形の面積よりも大きい。よって，(2)では半径が5mの半円をかくとよい。

以上のことから，この道を通ることができる図形は，半円が5mの半円の中に収められる図形であり，(1)の①～⑤

の図形それぞれについて，面積が $25\,\text{m}^2$ のときを考える。

右図1，2より，①長方形と⑤直角二等辺三角形はこの道を通る

とわかる。図1の長方形を少し変形し，右図3のようにすること

で，③平行四辺形もこの道を通るとわかる。

半径5mの半円の中に収まる最大のひし形は，右図4のように，短い方の対角線が5mの

ひし形であり，このようなひし形の面積が $25\,\text{m}^2$ となるのは，もう一方の対角線の長さが

$25×2÷5=10（\text{m}）$ のときである。しかし，図4から，明らかにもう一方の対角線は10m

より短いので，②ひし形はこの道を通れない。

半径5mの半円の中に収まる最大の正三角形は，右図5のように高さが5mの正三角形で

あり，この正三角形は図2と比べると明らかに面積が $25\,\text{m}^2$ より小さいとわかる。

したがって，④正三角形はこの道を通れない。

なお，①長方形，③平行四辺形，⑤直角二等辺

三角形が道を通る様子は右図6のようになる。

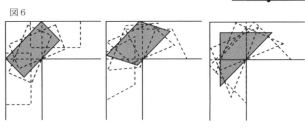

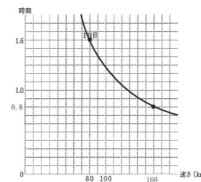

平成 27 年度 解答例・解説

━━━━━━━━━━━━━━ 《解答例》 ━━━━━━━━━━━━━━

Ⅰ (1)1　　(2)3　　(3)10010.1

Ⅱ (1)(10−x×5)÷35　　(2)①，②，③，④，⑤　　(3)16 束，51 束，86 束

　　(4)(1÷9＋1)×9　　(5)40　　(6)①右図　②右図

Ⅲ (1)あ. −　い. 2　う. 3　え. −　お. 1　か. 8　　(2)下 3 けた

　　(3)一の位を 2 倍　1×2＝2　これと残りの 121 との差は　121−2＝119　問題から 119 は 7 の倍数である。

　　よって，1211 は 7 の倍数である。

Ⅳ (1)(い)　　(2)10　　(3)ロ．(7×4)÷($\frac{3}{4}$×4)　ハ．28

Ⅴ (1)508　　(2)6.27，6.29

Ⅵ (1)3.2　　(2)右グラフ　　(3)128，168

Ⅱ(6)①の図　　**Ⅱ(6)②の図**

━━━━━━━━━━━━━━ 《解　説》 ━━━━━━━━━━━━━━

Ⅰ (1)　与式＝($\frac{3}{4}$×$\frac{9}{5}$＋$\frac{9}{20}$)÷$\frac{9}{5}$＝($\frac{27}{20}$＋$\frac{9}{20}$)×$\frac{5}{9}$＝$\frac{36}{20}$×$\frac{5}{9}$＝1

(2)　与式より，3÷3＋4×□＝7＋6　　4×□＝13−1　　□＝12÷4＝**3**

(3)　1 a は 1 辺が 10m の正方形の面積だから，1 a ＝(10×10) ㎡＝100 ㎡

　　1 ha は 1 辺が 100m の正方形の面積だから，0.1ha＝(0.1×100×100) ㎡＝1000 ㎡＝10 a

　　1 ㎢は 1 辺が 1000m の正方形の面積だから，1 ㎢＝(1000×1000) ㎡＝1000000 ㎡＝10000 a

　　よって，与式＝0.1 a ＋10 a ＋10000 a ＝**10010.1 a**

Ⅱ (1)　5 人分とりわけたあとの残りのスープは，(10−x×5) L

　　これを 35 人に同じ量ずつとりわけると，1 人分は，**(10−x×5)÷35(L)**

(2)　③，④，⑤については以下のように考える。

右図③のように，立方体の表面に 4 つの合同な直角三角形が

できるように切ると，ひし形ができる。また，立方体を 1 つ

の平面で切ったときに立方体の面上にできる切り口の線は，

向かいあった面どうしでは平行になることから，右図④の

ように切ると，ひし形でも長方形でもない平行四辺形が，⑤のように切ると，平行四辺形でない台形ができる。

(3)　なえの数は，5 で割ると 1 余り，7 で割ると 2 余る数であり，そのような数のうち最小の数は 16 である。

条件にあう数は，16 に，5 と 7 の最小公倍数の 35 を加えるごとに現れる。

また，1 列あたり 5 束ずつ植えて 1 束あまるようななえの数は最大で 101 束なので，条件にあう数は 101 以下の

数である。よって，考えられるなえの数は，**16 束**，16＋35＝**51(束)**，51＋35＝**86(束)**

(4)　＋，×，÷の計算記号が 3 枚あり数字が 4 枚あるから，数字はすべて 1 けたの数として使うとわかる。

できあがった計算式を，計算があと1回になるまで計算すると，○＋○，○×○，○÷○のいずれかの形となる。

（　）は1組しかないので，○＋○，○×○，○÷○それぞれの式において，片方の○には1か9が入るため，

考えられる式は，$1＋9$，$9＋1$，$1×10$，$10×1$，$9×\dfrac{10}{9}$，$\dfrac{10}{9}×9$，$10÷1$，$90÷9$である。

そのような形になる式を考えると，（$1÷9＋1$）$×9$が見つかる。

(5)　右図のように補助線を引き，記号をおく。三角形の内角の和より，

aとbの和は，$180－110＝70$(度)，cとdの和は，$180－70＝110$(度)

四角形の内角の和は360度だから，あの角度は，$360－90－30－20－70－110＝40$(度)

(6)②　紙全体の面積は$4×4－2×2＝12$(㎠)だから，1つの図形の面積が$12÷4＝3$(㎠)となるような切り分け

　　方を考える。

Ⅲ　(2)　100は4で割りきれるから，4の倍数の判定法では，百の位より上の位のかずは考えなくてもよい。

　　同様に，1000は8で割り切れるから，8の倍数の判定法では，千の位より上の位のかずは考えなくてもよく，

　　下3けただけを確かめればよい。

Ⅳ　(1)　（い）と（え）は，ある数量をいくつずつにわけるか，（あ）と（う）は，ある数量をいくつにわけるか，という

　　考え方を表す文章である。

　(2)　1.5に2の倍数をかけると整数となるので，求める整数は，小さいものからかぞえて5番目の2の倍数の

　　$2×5＝10$である。

　(3)　$\dfrac{3}{4}$を3にするためには$3÷\dfrac{3}{4}＝4$をかければよいから，$7÷\dfrac{3}{4}＝（7×4）÷（\dfrac{3}{4}×4）＝28÷3$

Ⅴ　(1)　$12700×3.14－12700×3.1＝12700×（3.14－3.1）＝12700×0.04＝508$(km)

　(2)　小数第3位を四捨五入して3.14となる数は，3.135以上3.145未満の数である。よって，直径2㎝の円の

　　円周をくわしい円周率を使って計算すると，$2×3.135＝6.27$(㎝)以上，$2×3.145＝6.29$(㎝)未満となる。

Ⅵ　(1)　1日目の記録をもとにすると「ある一定の道のり」は$80×1.6＝128$(km)と予想できるから，

　　時速40㎞で走ったとしたら，$128÷40＝3.2$(時間)かかっていたと考えられる。

　(2)　速さを時速10㎞ずつ変化させ，それぞれの場合でかかるおおよその時間を調べる。

　　$128÷60＝2.13\cdots$，$128÷70＝1.82\cdots$，$128÷90＝1.42\cdots$，$128÷100＝1.28$，$128÷110＝1.16\cdots$，

　　$128÷120＝1.06\cdots$，$128÷130＝0.98\cdots$，$128÷140＝0.91\cdots$，$128÷150＝0.85\cdots$，$128÷160＝0.8$，

　　$128÷170＝0.75\cdots$，$128÷180＝0.71\cdots$

　　速さを時速10㎞速くしたときに，かかる時間が短くなる量は，速さが速くなるほど小さくなっていくので，

　　グラフは解答例のような曲線となる。また，1日目の記録の点を(80，1.6)と表すと，グラフをかくときには，

　　(80，1.6)と(160，0.8)の2点は必ず通るようにすること。

　(3)　2日目から4日目の各記録をもとに「ある一定の道のり」を計算すると，2日目の記録から$100×1.5＝150$(km)，

　　3日目の記録から$120×1.4＝168$(km)，4日目の記録から$100×1.45＝145$(km)となる。

　　よって，1日目と3日目の記録から，「ある一定の道のり」は128km以上168km以下と予想できる。

━━━━━━━━━━━━━━ 《解答例》 ━━━━━━━━━━━━━━

Ⅰ (1)25　(2)$\frac{13}{30}$

Ⅱ (1)$\frac{210}{a}$　〔別解〕210÷a　(2)80　(3)300　(4)もっとも小さいもの…15000　もっとも大きいもの…24999

　　(5)100　(6)①, ②, ③, ④

Ⅲ (1)140　(2)210

Ⅳ (1)③　(2)②, ④　(3)求め方の番号…①　式…6×5÷2＋11×5÷2　〔別解〕求め方の番号…④

　　式…（6＋11）×5÷2　(4)対角線の長さが2本とも等しくなる。

Ⅴ (1)4　(2)区間(あ)…C　区間(い)…A, B　区間(う)…A, B, C

　　(3)じゃ口A…減らす　じゃ口C…減らす

Ⅵ (1)②362880　③41〔別解〕42, 45, 50　④20　⑤7, 27, 47 _{などのうち1つ}　⑥25　(2)1から9までの数をすべて

たすと45で, これは3で割り切れるから, 1から9までの数をならべた数は, どんなならべ方でも3で割り

切れる。だから, 素数にはならない。

━━━━━━━━━━━━━━ 《解　説》 ━━━━━━━━━━━━━━

Ⅰ (1)　与式＝27－(24－4×4÷2)÷8＝27－(24－8)÷8＝27－2＝**25**

　 (2)　与式より, $\frac{3}{5}$－□＝$\frac{2}{15}$×$\frac{5}{4}$　　□＝$\frac{3}{5}$－$\frac{1}{6}$＝$\frac{18}{30}$－$\frac{5}{30}$＝$\frac{13}{30}$

Ⅱ (1)　赤いテープの長さは白いテープの長さのa倍だから, 白いテープの長さは赤いテープの長さをaで割れば

　　　求められる。このことから, 白いテープの長さをcmで表す式は, 210÷a＝$\frac{210}{a}$

　 (2)　辺BEとCDの長さが等しいことから, 点BとD, 点E

　　　とCがそれぞれ重なるよう, 右図のように三角形BCDを移

　　　動する。このとき, 三角形BCDの頂点Bが移動した頂点を

　　　Pとする。三角形ABPはAB＝PBの二等辺三角形より,

　　　角BAE＝角BPE＝32度

　　　したがって, 三角形ABEの内角の和より,

　　　角ア＝180－32－68＝**80**(度)

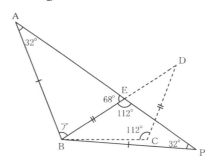

　 (3)　2％の食塩水500gにふくまれる食塩は, $500×\frac{2}{100}$＝10(g)

　　　水を蒸発させたあともふくまれる食塩の量は変わらず10gだから, 5％になったときの食塩水の量は, $10÷\frac{5}{100}$＝

　　　200(g)　　よって, 蒸発させる水は, 500－200＝**300**(g)

　 (4)　一万の位までのがい数にするから, 千の位を四捨五入する。千の位を四捨五入すると20000になる整数で,

　　　もっとも小さいものは**15000**, もっとも大きいものは**24999**である。

　 (5)　同じ金額ずつ使ったため, 二人の持っているお金の差は変わらないから, 5：3の比の数の差である5－3＝2

　　　は850－550＝300(円)にあたる。比の数の1は300÷2＝150(円)にあたるので, まさし君がじゅん君と同じ金額

　　　ずつ使ったあとの持っている残りのお金は150×5＝750(円)である。よって, 使った金額は, 850－750＝**100**(円)

(6)

上図のように，切り口の形として正三角形，正方形，五角形，正六角形は出てくるが，円は出てこない。

Ⅲ (1) 6回くり返すと7段できる。上から1段目に$1 \times 1 = 1$（個），2段目に$2 \times 2 = 4$（個），3段目に$3 \times 3 = 9$（個），4段目に$4 \times 4 = 16$（個），5段目に$5 \times 5 = 25$（個），6段目に$6 \times 6 = 36$（個），7段目に$7 \times 7 = 49$（個）の立方体があるから，求める立方体の個数は，$1 + 4 + 9 + 16 + 25 + 36 + 49 = 140$（個）である。

(2) 上下左右前後の6つの方向から見れば，この立方体の表面をすべて見ることができる。
立方体の1つの面の面積は$1 \times 1 = 1$（c㎡）である。上下から見える立方体の面はそれぞれ
$7 \times 7 = 49$（面）ずつ，左右前後から見える立方体の面は，右図よりそれぞれ
$1 + 2 + 3 + 4 + 5 + 6 + 7 = (1 + 7) \times 7 \div 2 = 28$（面）ずつとなるから，
求める表面積は，$1 \times 49 \times 2 + 1 \times 28 \times 4 = 210$（c㎡）

Ⅳ (3) ①の求め方は，右図のように，台形を2つの三角形に分けて，それぞれの三角形の面積を求め，その面積の和として台形の面積を求める方法である。
底辺が6cmで高さが5cmの三角形の面積は$6 \times 5 \div 2$（c㎡），底辺が11cmで高さが5cmの三角形の面積は$11 \times 5 \div 2$（c㎡）だから，求め方の式は，$6 \times 5 \div 2 + 11 \times 5 \div 2$である。

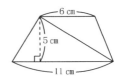

④の求め方は，もう一つの合同な台形を逆さにし，裏返して右図のようにつなげると，もとの台形の2倍の面積の平行四辺形ができるので，その平行四辺形の面積を2で割ることで台形の面積を求める方法である。できる平行四辺形の面積は$(6 + 11) \times 5$（c㎡）だから，求め方の式は，$(6 + 11) \times 5 \div 2$である。

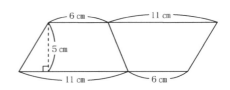

(4) ひし形は4つの辺の長さが等しい四角形だから，それぞれの辺のまん中の点をむすんでできる内側の四角形がひし形になるには，内側の四角形の4つの辺の長さがすべて等しくなればよい。
右図のように四角形ABCDの各辺のまん中の点をそれぞれE，F，G，Hとして，大きさの異なる同じ形の三角形の対応する辺の長さの比が等しいことを利用する。
三角形AFEと三角形ABDで，FE：BD＝AF：AB＝1：2だから，
$FE = BD \times \dfrac{1}{2}$である。また，三角形CGHと三角形CBDで，
GH：BD＝CG：CB＝1：2だから，$GH = BD \times \dfrac{1}{2}$である。
以上より，FE＝GHがわかる。

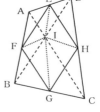

三角形BFGと三角形BAC，三角形DEHと三角形DACもそれぞれ大きさの異なる同じ形の三角形だから，同様に考えると，$FG = AC \times \dfrac{1}{2}$，$EH = AC \times \dfrac{1}{2}$より，FG＝EHがわかる。
したがって，内側の四角形EFGHの4つの辺の長さが等しくなるにはBD＝ACであればよいから，内側の四角形がひし形になる外側の四角形の特ちょうは，**対角線の長さが2本とも等しくなる**ことである。
なお，三角形AEFと三角形IFEは，三角形ABDを4等分してできる三角形の2つだから，面積が等しい。
同様に，三角形BFGと三角形IGF，三角形CGHと三角形IHG，三角形DEHと三角形IHEも面積が等しいから，ひし形の面積を2倍すれば外側の四角形の面積が求められる。

Ⅴ (1) じゃ口A，B，Cが開いているとき，水そうの中の水は1分あたり5−(1+3)＝1(リットル)ずつ減る。

よって，6分後の水そうの中の水の量は，10−1×6＝**4(リットル)**

(2) 区間(あ)では，(20−5)÷3＝5より，毎分5リットルずつ減っている。よって，**じゃ口Cだけ**が開いている。

区間(い)では，(9−1)÷(6−4)＝4より，毎分4リットルずつ増えている。よって，**じゃ口AとB**が開いている。区間(う)では，(9−6)÷(9−6)＝1より，毎分1リットルずつ減っている。よって，**じゃ口AとBとC**が開いている。

(3) じゃ口から出る水の量が多くなるとグラフの傾き方は急になり，少なくなるとグラフの傾き方はゆるやかになる。右図1がもとのグラフで，この点Xがグラフ上でもっと右にくるようにするには，右図2のように，グラフ①の傾き方をゆるやかにすればよい。

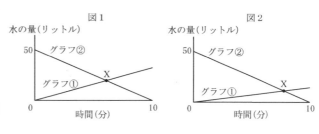

したがって，じゃ口Aから出る水の量を**減らす**。

また，右図3のように，グラフ②の傾き方をゆるやかにすれば，点Xが右にくる。したがって，じゃ口Cから出る水の量を**減らす**。

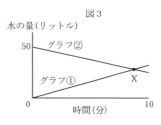

Ⅵ (1)② 大きい位から順に数を決めていくと，一番大きい位の数の決め方は9通り，二番目に大きい位の数の決め方は一番大きい位の数を除いた8通り，三番目に大きい位の数の決め方は一番大きい位の数と二番目に大きい位の数を除いた7通り，…となるから，ならべ方は全部で，9×8×7×6×5×4×3×2×1＝**362880(通り)**

③ 例えば，**41**を当てはめると，この計算は41×41と同じになるから41で割り切れるため，素数にはならない。

その他，42×42−42+41＝41×42+41＝41×43，

45×45−45+41＝44×45+41＝43×45+45+41＝43×45+43×2＝43×47，50×50−50+41＝47×53より，

42，45，50を当てはめても素数にならない。

④ 右の計算より，4と10の最小公倍数は，2×2×5＝**20**

2)｜4　10
　　2　5

⑤ 20の倍数は一の位の数が0だから，20で割って余りが1となる整数の一の位の数は1である。

したがって，3の倍数で一の位の数が1である整数を考える。21＝3×**7**，81＝3×**27**，141＝3×**47**，…より，□に当てはまる数は**7**から**20**大きくなるごとにある。

⑥ 5×5×5×5×5×5×5＝78125，78125÷55＝1420余り25より，求める余りは**25**である。

━━━━━━━━━━━《解答例》━━━━━━━━━━━

Ⅰ (1)$\frac{3}{4}$ 〔別解〕0.75 (2)160

Ⅱ (1)4 (2)0 (3)160 (4)30 (5)131.88 (6)下図

Ⅲ (1)1302 (2)えんぴつ…14 ノート…6 ※(3)えんぴつ…3 ノート…8／えんぴつ…6 ノート…6

えんぴつ…9 ノート…4／えんぴつ…12 ノート…2

Ⅳ (1)① 1 ② 2 ③ 3 ④ 4 ⑤ 7 (2)6 (3)284

(4)お互いの，元の数と 1 以外の約数の和が，もう一方の数になる。

Ⅴ (1)54 (2)下図

Ⅵ (1)1800 (2)下グラフ (3)48

※Ⅲ(3)の【考え方・求め方】は解説参照

Ⅱ(6)の図

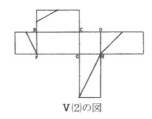

Ⅴ(2)の図

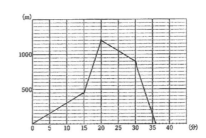

━━━━━━━━━━━《解　説》━━━━━━━━━━━

Ⅰ (1) 与式$=\frac{12}{11}\times(1\frac{3}{4}-\frac{5}{6})-\frac{9}{16}\div2\frac{1}{4}=\frac{12}{11}\times(1\frac{9}{12}-\frac{10}{12})-\frac{9}{16}\div\frac{9}{4}=\frac{12}{11}\times\frac{11}{12}-\frac{9}{16}\times\frac{4}{9}=1-\frac{1}{4}=\frac{3}{4}$

(2) 与式より，$(310-\square)\div5=100-70$　　$310-\square=30\times5$　　$\square=310-150=$**160**

Ⅱ (1) $5:4=(5\times2):(4\times2)=10:8$ だから，$3\times\square-2=10$　　$3\times\square=10+2$　　$\square=12\div3=$**4**

(2) $\frac{2013}{999}=2.015015015\cdots$より，小数点以下は 0，1，5 の 3 つの数を 1 つの周期とした数字の列がくり返される。

$25\div3=8$ 余り 1 より，小数第 25 位の数字は，9 回目の周期の 1 番目の**0**である。

(3) 同じ速さで同じ長さの列車AとBが出会ってから完全にすれ違うまでの 8 秒間

に，列車Aが進む道のりは列車Aの長さに等しい。列車Aがトンネルに完全にかく

れている間に進む道のりは，（トンネルの長さ）－（列車Aの長さ）

したがって，列車Aは 1 km＝1000mを 42＋8＝50（秒）で進むから，

1000÷50＝20 より，列車Aの速さは，毎秒 20m

よって，列車Aの長さは，20×8＝**160**（m）

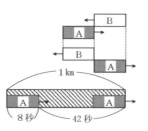

(4) 底辺と高さが等しい三角形は面積が等しいから，右図の

ように形を変えても影の部分の面積は変わらない。

よって，求める面積は，底辺が 5＋7＝12（cm）で高さが

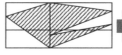

2＋3＝5（cm）の三角形の面積に等しいから，12×5÷2＝**30**（㎠）

(5) 右図のように補助線をひき，記号をおく。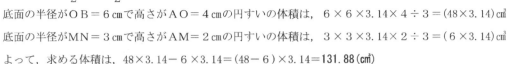

$AM＝AO×\dfrac{1}{2}＝4×\dfrac{1}{2}＝2$（cm）

2つの直角三角形AOBとAMNは，大きさの異なる同じ形の三角形だから，

対応する辺の長さの比は等しく，$OB：MN＝AO：AM＝4：2＝2：1$

$MN＝OB×\dfrac{1}{2}＝6×\dfrac{1}{2}＝3$（cm）

底面の半径がOB＝6cmで高さがAO＝4cmの円すいの体積は，$6×6×3.14×4÷3＝（48×3.14）$㎤

底面の半径がMN＝3cmで高さがAM＝2cmの円すいの体積は，$3×3×3.14×2÷3＝（6×3.14）$㎤

よって，求める体積は，$48×3.14－6×3.14＝（48－6）×3.14＝$**131.88**（㎤）

(6) 長方形や正方形はともに，2本の対角線の交わる点を中心とした点対しょうな図形である。よって，2本の

対角線の交わる点を通る直線をひくと，長方形や正方形は面積を等しく2つに分けることができる。

Ⅲ (1) 税ぬきの金額の合計が$80×8＋120×5＝1240$（円）だから，税こみの金額は，

$1240×（1＋0.05）＝1240×1.05＝$**1302**（円）

(2) 税ぬきの金額を金額と呼ぶことにする。えんぴつとノートと箱を合わせた金額は，$2100÷1.05＝2000$（円），

えんぴつとノートを合わせた金額は，$2000－160＝1840$（円），ノートを20冊買ったときの金額は$120×20＝$

2400（円）であり，実際の金額より$2400－1840＝560$（円）多い。ノート1冊をえんぴつ1本にすると，合わせた金額

は$120－80＝40$（円）少なくなるから，えんぴつは$560÷40＝$**14**（本）買い，ノートは$20－14＝$**6**（冊）買った。

(3) (2)と同様に税ぬきの金額を金額と呼ぶことにし，その金額を1とすると，消費税率が5％なら税こみ金額は，

$1×（1＋0.05）＝1.05$，消費税率が10％なら税こみ金額は，$1×（1＋0.1）＝1.1$となる。$1.1－1.05＝0.05$が

60円にあたるから，えんぴつとノートをそれぞれいくつか合わせた金額は，$60÷0.05＝1200$（円）である。

1200円では，ノートだけなら$1200÷120＝10$（冊）買うことができる。

しかし，えんぴつを少なくとも1本は買うから，ノート何冊かをえんぴつ何本かにかえることを考える。

$120×2＝240$，$80×3＝240$より，ノート2冊の値段とえんぴつ3本の値段は等しいから，

えんぴつが$3×1＝$**3**（本）なら，ノートは$10－2×1＝$**8**（冊）

えんぴつが$3×2＝$**6**（本）なら，ノートは$10－2×2＝$**6**（冊）

えんぴつが$3×3＝$**9**（本）なら，ノートは$10－2×3＝$**4**（冊）

えんぴつが$3×4＝$**12**（本）なら，ノートは$10－2×4＝$**2**（冊）

えんぴつが$3×5＝$**15**（本）なら，ノートは$10－2×5＝0$（冊）となり，条件にあてはまらない。

Ⅳ (2) 6の約数は，1，2，3，6　　$1＋2＋3＝6$より，1けたの完全数は**6**である。

(3) 220の約数は，1，2，4，5，10，11，20，22，44，55，110，220

220の友愛数は，$1＋2＋4＋5＋10＋11＋20＋22＋44＋55＋110＝$**284**

参考として，284の約数は，1，2，4，71，142，284なので，$1＋2＋4＋71＋142＝220$より，成り立つ。

(4) 48の約数は，1，2，3，4，6，8，12，16，24，48　　75の約数は，1，3，5，15，25，75

$2＋3＋4＋6＋8＋12＋16＋24＝75$，$3＋5＋15＋25＝48$より，**お互いの，元の数と1以外の約数の和が，も**

う一方の数になるとわかる。

Ⅴ (1) AB＝1とおけば，AD＝2

ABと長さが等しい辺は，ABをふくめて8本あり，ADと長さが等しい辺はADをふくめて4本ある。

すべての辺の長さを合わせると，$1×8＋2×4＝16$

これが 48 cm にあたるから，ＡＢ＝48÷16＝3 (cm)，ＡＤ＝3×2＝6 (cm)

よって，この直方体の体積は，3×3×6＝**54(cm³)**

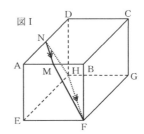

図Ｉ

(2) まず，切り口を考える。切り口の線をひくときは，同じ平面上の2点を

結べばよいから，ＭとＮ，ＮとＨを結ぶことができる。

次に，平行な2つの平面では切り口の線も平行になることから，平行な

面ＡＢＣＤと面ＥＦＧＨでは，ＮＭと平行でＨを通る直線をひく。

すると，この線はＦまでひくことができ，ＭとＦは同じ平面上の点だから，

結ぶことができる。よって，切り口は，図Ｉのような台形になる。

次に，解答らんの展開図に記号を入れると図Ⅱのようになるから，

切り口の線は，ＮＭ，ＭＦ，ＦＨ，ＨＮをひけばよい。

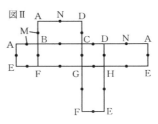

図Ⅱ

Ⅵ (1) 学校からスーパーまでの道のりを①，スーパーから美術館までの道のり

を①，学校から美術館までの道のりを②とする。一郎君と太郎君が同じ時間

に進む道のりの比は，速さの比に等しく，60：90＝2：3である。一郎君が学校からスーパーまでを1往復する

とき，一郎君が進んだ道のりは①×2＝②だから，太郎君が進んだ道のりは，②×$\frac{3}{2}$＝③

つまり，一郎君が学校からスーパーまでを1往復したとき，太郎君は美術館から③－②＝①だけはなれた地点で

あるスーパーにいる。このあと，一郎君が360m進むと，太郎君は360×$\frac{3}{2}$＝540(m)進んで二人がはじめてすれ

違うから，学校からスーパーまでの道のりは，360＋540＝900(m)

学校から美術館までの道のりは，900×2＝**1800(m)**

(2) 2人が同時に出発してから一郎君がスーパーに着く 900÷60＝15(分) までは，二人のきょりは1分あたり

90－60＝30(m)ずつはなれるから，一郎君がスーパーに着いたとき 30×15＝450(m) はなれている。

そのあと，太郎君が美術館に着く 1800÷90＝20(分) までは，二人のきょりは1分あたり 90＋60＝150(m)ずつ

はなれるから，太郎君が美術館に着いたとき 450＋150×(20－15)＝1200(m) はなれている。

一郎君が学校にもどったとき，太郎君はスーパーにいるから，このときの二人のきょりは，(1)より 900m である。

次に，二人がすれ違う 30＋6＝36(分) に二人のきょりは0になるから，(分，m)で表すと (0，0)(15，450)

(20，1200)(30，900)(36，0) の各点を順にまっすぐな線で結べばよい。

(3) はじめてすれ違ってから二回目にすれ違うまでに，二人が進む道のりの和は，学校とスーパーの間を1回

往復したときのきょりに等しく 900×2＝1800(m) だから，はじめてすれ違ってから二回目にすれ違うまでにかか

る時間は，1800÷150＝12(分) である。これは，はじめに学校を出発してから，36＋12＝**48(分後)**

理 科

平成 ㉛ 年度 解答例・解説

━━━《解答例》━━━

Ⅰ 問１．(1)40 (2)0.1 　問２．(1)塩化アルミニウム (2)18.2 (3)1.6 (4)エ

Ⅱ (1)ア．ほにゅう イ．腸 ウ．胃 エ．細胞へき 　(2)カモノハシ／ハリモグラ／ミユビハリモグラ などから１つ
(3)①植物 ②細菌 　(4)①名前…きゅう歯 特徴…イ，カ ②視野はせまいが，物体とのきょりは正確につかむこ
とができる。

Ⅲ (1)ア (2)ウ (3)イ (4)①４ ②11，27 ③イ 　(5)エ 　(6)オ 　(7)A．オホーツク海 B．流氷
(8)ウ，ケ，セ

Ⅳ (1)イ 　(2)①，⑥ 　(3)⑨ 　(4)オ 　(5)エ
※(6)a．７ ～ $\frac{36}{5}$ 　b．$\frac{22}{3}$ ～ ８ 　※ａとｂの範囲にあてはまるものを，それぞれすべて正解とする。

━━━《解 説》━━━

Ⅰ 問１(1) 実験３でふりかけた鉄粉は33.7－22.5＝11.2（ｇ）であり，この11.2ｇの鉄粉を完全に燃やすと実験２と４
の差である48.1－32.1＝16（ｇ）になるから，鉄粉28ｇを完全に燃やすと $16×\frac{28}{11.2}$＝40（ｇ）になる。

(2) 実験１と２で，重さが32.1－22.5＝9.6（ｇ）増加している。(1)より，鉄粉28ｇを完全に燃やすと重さが40－28
＝12（ｇ）増加するから，鉄粉Aに含まれる鉄粉の重さが $28×\frac{9.6}{12}$＝22.4（ｇ）だとわかる。したがって，鉄粉Aに含
まれる金の重さは22.5－22.4＝0.1（ｇ）である。

問２(2) 実験１と２より，5.4ｇのアルミニウムと100 ㎤のうすい塩酸Aがちょうど反応して 26.7ｇの塩化アルミ
ニウムができたことがわかる。したがって，うすい塩酸を 60 ㎤加えたときには，塩化アルミニウムが $26.7×\frac{60}{100}$＝
16.02（ｇ）できる。また，このとき反応したアルミニウムは $5.4×\frac{60}{100}$＝3.24（ｇ）だから，5.4－3.24＝2.16（ｇ）のア
ルミニウムが反応せずに残っている。したがって，16.02＋2.16＝18.18→18.2ｇが正答となる。　　(3) 実験３よ
り，うすい塩酸A45 ㎤とうすい水酸化ナトリウム水よう液C60 ㎤がちょうど中和するから，うすい水酸化ナトリウ
ム水よう液Cが 20 ㎤のときにはうすい塩酸Aが $45×\frac{20}{60}$＝15（㎤）反応して，45－15＝30（㎤）残っている。したがっ
て，30 ㎤のうすい塩酸Aにとけるアルミニウムは $5.4×\frac{30}{100}$＝1.62→1.6ｇである。　　(4) 気体Xは水素である。
水素は最も軽い気体である。

Ⅱ (3) 草食動物（ウシ）はセルロースを分解する物質をつくることができないとある。植物から直接ウシに養分が移動
するのではなく，腸や胃に住まわせている細菌を利用して養分を取り込んでいる。

(4)① ウシは門歯で草をかみきり，Dのきゅう歯で草をすりつぶしている。　　② ライオンの目は前方について
いるため，視野はせまいが，両目で見えるはんい（立体的に見えるはんい）は広く，えものとのきょりを正確につか
むことができる。これに対し，ウシの目は側面についていて，視野が広く，敵を見つけやすい。

Ⅲ (1) 根室海峡側から吹いてきた湿った風が山々にぶつかって上昇すると雲ができ，根室海峡側に雨や雪を降
らせる。オホーツク海側には，雨や雪を降らせて水蒸気を失った風が吹き込んでくるので，晴れることが多くなる。

(2) 満月は地球から見て太陽とちょうど反対にあるので，太陽が南中する正午頃の約半日後の午前０時頃に南中する。

(3) かに座は春に見ることができる。

(4)① 1日→1440分で360度回転するから，1度回転するのにかかる時間は 1440÷360＝4（分）である。

② 太陽は東の地平線からのぼってくるから，東にある地点ほど日の出の時刻や南中時刻は早くなる。南岳は名古屋より 145－137＝8（度）東にあるから，南岳での南中時刻は名古屋での南中時刻（11時59分）より 4×8＝32（分）早い 11時27分である。　③ 高い所からの方がより遠くまで見ることができるので，地上からは地平線（水平線）の下にあって見えない太陽が，高い山の上からは見えることがある。

(5) 影は太陽がある方向の反対方向にできる。日の出の後すぐの太陽は東にあるから，図2は西を向いてとった写真であり，この後，太陽が南の空に向かって動くと，影は北に向かって動くことになる。西を向いているときは，右手側が北だから，エが正答となる。

(6) このような地形を海岸段丘という。

(7) Aは図1の地図中に書かれている名称の中からぬき出すこと，Bは地球温暖化によって減少傾向にある何かの面積であることなどから考える。知床は北半球における流氷の南限とされている。

Ⅳ (1) 電流値の差が，①と②では 3mA，②と③では 2mA だから，③と④では 2mA より小さくなると考えられる。また，グラフより，④が③と同じ電流値になることはないので，イが正答となる。

(2) 直列につなぐ電池の数を増やすと回路に流れる電流が大きくなり，直列につなぐ電球の数を増やすと回路に流れる電流が小さくなる。また，直列につなぐ電池の数と直列につなぐ電球の数の比が同じであれば，回路に流れる電流の大きさが同じになると考えてよい。したがって，⑩では，直列につなぐ電池の数と直列につなぐ電球の数の比が 3：3＝1：1 だから，①と⑥が正答となる。

(3) 電球1個に対する電池の数を求めると，⑤では 1÷2＝0.5（個），⑨では 2÷3＝0.66…（個）になるので，電球1個に対してより多くの電池がつながっている回路⑨の方が明るい。

(4) (3)解説と同様に電球1個に対する電池の数を求めると，表Ⅰのように，⑦の電球1個に対する電池の数が①と②のちょうど真ん中であることがわかる。ここで，電球1個に対する電池の数が①と③のちょうど真ん中の②の電流値が①と③のちょうど真ん中の 6.5mA より大き

表Ⅰ

回路	電球1個に対する電池の数（個）	電流値（mA）
①	1	4
⑦	1.5	5.5mA より大きい
②	2	7
③	3	9

い 7mA であることに着目すると，⑦の電流値は①と②のちょうど真ん中の 5.5mA より大きい（②よりは小さい）と予想できる。

(5)(6) 電球の抵抗の大きさが変化しないとすると，⑪ではAに電池2個，BとCの並列部分に電池1個がつながっていると考えることができ，Aには②の電球に流れる電流と同じ大きさの電流（7mA）が流れ，BとCには①の電球に流れる電流と同じ大きさの電流（4mA）が流れることになるから，Aに流れる電流の値は 7mA より大きく，4＋4＝8（mA）より小さくなると予想できる。ここで，電球の抵抗の大きさの変化を考えると，BとCの並列部分は①の電球よりも電流が流れやすい（抵抗が小さい）ので，BとCの並列部分には1個より少ない数の電池がつながっていることになり，①の電球よりも暗くなる。さらに，Aには2個より多い数の電池がつながっていることになるので，②の電球よりも明るくなる。

![平成30年度 解答例・解説]

==《解答例》==

Ⅰ 問1．(1)ウ (2)ア (3)水素 (4)炭酸カルシウム 問2．(1)68 (2)474

Ⅱ 問1．(1)エ (2)エ 問2．(1)23 (2)18 (3)60 問3．A＝B＞C＞D＝E

Ⅲ (1)エ (2)コ (3)イ，サ (4)ア，エ，ク (5)エ (6)1 (7)⑭，⑫，⑪，⑬

Ⅳ 問1．(1)A．水蒸気 B．酸素 C．二酸化炭素 (2)地球温暖化 (3)ウ (4)イ 問2．118 問3．イ，ウ

==《解説》==

Ⅰ 問1 実験1と2より，水よう液AとBは，アルミニウムをとかして気体を発生させる水よう液なので，片方が塩酸，もう片方が水酸化ナトリウム水よう液である。どちらの場合でも発生する気体Xは水素である。また，実験3より，二酸化炭素を加えると白くにごる水よう液Cは石灰水(水酸化カルシウム水よう液)であり，できた白色の固体は石灰石や貝がらの主成分の炭酸カルシウムである。ここで残りの水よう液Dは食塩水だと分かる。実験4より，炭酸カルシウムに水よう液Aを加えたら二酸化炭素が発生したので，水よう液Aは塩酸だと分かる。その結果，水よう液Bは水酸化ナトリウム水よう液だと分かる。実験5では，塩酸と水酸化ナトリウム水よう液を混ぜ合わせたので，水と塩化ナトリウム(食塩)が生じる。

問2(1) 0.56 gの鉄と 38 ㎤の塩酸がちょうど反応して 200 ㎤の水素が発生するので，鉄 1.0 gとちょうど反応する塩酸は $38×\frac{1.0}{0.56}＝67.8…→68$ ㎤である。 (2) 鉄 1.5 gとちょうど反応する塩酸は $38×\frac{1.5}{0.56}＝101.7…→102$ ㎤なので，90 ㎤の塩酸では，鉄が余って塩酸がすべて使われることが分かる。したがって，塩酸 90 ㎤が反応したときに発生する水素を求めればよいので，$200×\frac{90}{38}＝473.6…→474$ ㎤である。

Ⅱ 問1(1) アは「一定の速さで落ちてくる」の部分が誤り。イは「一定の速さで～上がっていき」「一定の速さで落ちてくる」の部分が誤り。ウは「上がっていくときは，だんだん速くなっていき」「落ちてくるときはだんだん遅くなっていく」の部分が誤り。

(2) 野球ボールの重さは水にかかり，野球ボールと水の合計の重さが容器にかかる。したがって，台はかりには，野球ボールと水と容器のすべての重さの合計がかかるので，台はかりのめもりは150＋800＋700＝1650(g)を示す。

問2(1) ばねAとばねBにかかる重さの合計が 100 gで，ばねののびが等しい場合を図3から読み取ると，右図Ⅰのとおり，ばねAに 40 g，ばねBに 60 gがかかった場合であり，そのときのばねののびは3㎝であることが分かる。したがって，ばねAの長さは20＋3＝23(㎝)である。

(2) A側の棒のはしに 40 g，B側の棒のはしに 60 gの重さがかかるには，おもりからの〔A側の棒の端までの距離：B側の棒の端までの距離〕を，60：40＝3：2にすればよい。棒の長さは 30 ㎝なので，おもりからA側の棒のは

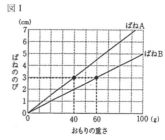

図Ⅰ

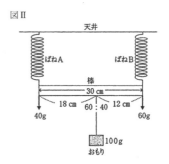

図Ⅱ

しまでの距離は，$30 \times \dfrac{3}{3+2} = 18$（cm）である。

図Ⅲ

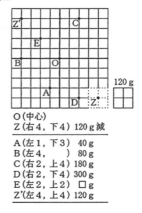

(3) 切断した金あみの重さは $10 \times 12 = 120$（g）であり，その重さがもともとかかっていた点は右図Ⅲの点Zである。金あみを切断せずに，かわりに中心Oについて点Zと対称の位置にある点Z'に 120 g のおもりをつるしたと考えれば，図8と同じ状態になる。この状態でつり合うためには，右図Ⅲの点A〜Z'の位置にそれぞれ指定のおもりをつるしたときに，左と右，上と下で〔支点からの距離×重さ〕が等しくなればよい。Eにつるすおもりを□ g とすると，左は $(\overset{A}{1} \times 40) + (\overset{B}{4} \times 80) + (\overset{E}{2} \times \square) + (\overset{Z'}{4} \times 120) = 840 + 2 \times \square$，右は $(\overset{C}{2} \times 180) + (\overset{D}{2} \times 300) = 960$ となるので，$\square = (960 - 840) \div 2 = 60$（g）となる。Eを 60 g として上と下でも確認すると，上は $(\overset{C}{4} \times 180) + (\overset{E}{2} \times 60) + (\overset{Z'}{4} \times 120) = 1320$，下は $(\overset{A}{3} \times 40) + (\overset{D}{4} \times 300)) = 1320$ となるので正しい。

O（中心）
Z（右4，下4）120 g 減

A（左1，下3）　 40 g
B（左4，　　）　 80 g
C（右2，上4）180 g
D（右2，下2）300 g
E（左2，上2）　□ g
Z'（左4，上4）120 g

問3　問題の回路図は，右図Ⅳのように変形できる。豆電球AとBは同じ条件の並列つなぎとなるので同じ明るさである。DとEは同じ条件の並列つなぎとなるので同じ明るさである。DとEの並列部分がCに直列についているので，AやBに比べCは暗い。また，Cを流れる電流は，DとEを流れる電流の合計なので，DやEに比べCは明るい。したがって，明るさは，A＝B＞C＞D＝Eである。

図Ⅳ

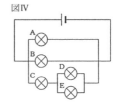

Ⅲ　問1 (1) 蒸散によって植物の体内の水が減ることで，根から水が吸い上げられるので，蒸散を確かめる実験である。

(2) 表のワセリンが「なし」の部分では蒸散が行われず，「あり」の部分では蒸散が行われる。なお，「－」の部分は葉がないということなので，蒸散が行われない「あり」の部分と同じと考えてよい。ワセリンの裏の「あり」と「なし」だけがたがいに反対になっている組み合わせで比べればよいので，①と⑥，②と③，④と⑧，⑤と⑦が当てはまる。したがって，コ（⑤と⑦）が正答である。なお，2枚の葉の裏の蒸散量は，⑧－④＝15－5＝10（cm³）である。

(3) ワセリンの表と裏の「あり」と「なし」が反対になっている③，④，⑥，⑦の中で，ワセリンの表と裏の「あり」と「なし」だけがたがいに反対になっている組み合わせで比べればよいので，イ（③と④），サ（⑥と⑦）が正答である。なお，葉の表と裏では，裏の方が③－④＝11－5＝6（cm³）多いことが分かるので，2枚の葉の表の蒸散量は$\overset{裏}{10} - 6 = 4$（cm³）である。　(4) ワセリンの茎の「あり」と「なし」だけがたがいに反対になっている組み合わせで比べればよいので，①と②，③と⑥，④と⑦，⑤と⑧が当てはまる。したがって，ア（①と②），エ（③と⑥），ク（④と⑦）が正答である。　(5) ⑨は蒸散によって放出された水蒸気が袋の中にたまり，湿度が非常に高くなっていると考えられる。　(6) Xは茎の蒸散量なので，③－（裏の蒸散量）で求められる。したがって，X＝11－10＝1である。

(7) (3)解説より，2枚の葉の表の蒸散量は 4 cm³，(2)解説より，2枚の葉の裏の蒸散量は 10 cm³，(6)より，茎の蒸散量は 1 cm³ である。したがって，⑪の蒸散量は $4 \times \dfrac{2}{2} + 10 \times \dfrac{1}{2} + 1 = 10$（cm³），⑫の蒸散量は $10 \times \dfrac{2}{2} + 1 = 11$（cm³），⑬の蒸散量は $4 \times \dfrac{2}{2} + 10 \times \dfrac{1}{2} = 9$，⑭の蒸散量は $4 \times \dfrac{1}{2} + 10 \times \dfrac{2}{2} = 12$（cm³）である。したがって，多い順に⑭＞⑫＞⑪＞⑬である。

Ⅳ　問1(1)　呼吸やものの燃焼によって，酸素が使われ，二酸化炭素が発生する。光合成

によって，二酸化炭素が使われ，酸素が発生する。　　　(2)　二酸化炭素には，熱を宇

宙空間に逃がさずにためこむ性質があるため，二酸化炭素が増えすぎると，地球が温

暖化すると考えられる。　　　(3)　地表の面積のうち海が占める割合は約 70％である。

(4)　アはフロンなどによって，ウとエは地中のマグマの動きによって引き起こされる。

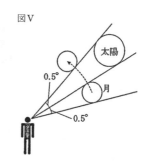

図Ⅴ

問2　月は，太陽の欠けはじめから欠け終わりまでに月の見かけ上の直径2つ分を移

動するので，その角度は $0.5 \times 2 = 1$ (°)である(右図Ⅴ)。太陽と月の角度は 29.5 日

→42480 分で 360° 変化するとあるので，1° 変化するのにかかる時間は $42480 \div 360 = 118$(分)である。

問3　ア．2016 年は $257 - 21 = 236$(回)，1976 年は $220 - 19 = 201$(回)なので誤り。イ．2016 年は 236 回，2013 年は

$237 - 25 = 212$(回)なので正しい。ウ．この期間における変化けい向を読みとるときは，太い直線に着目すればよい。

グラフAでは約 160 回から約 250 回へ増加し，グラフBでは約 10 回から約 20 回へ増加している。Aに対するBの

割合は $\frac{10}{160} \times 100 = 6.25$(%)から $\frac{20}{250} \times 100 = 8$ (%)へ増加しているので正しい。エ．ウと同様に太い直線に着目す

ると，AとBの差が $160 - 10 = 150$ から $250 - 20 = 230$ へ増加しているので誤り。オ．1999 年で計算すると，

$\frac{31}{275} \times 100 = 11.27 \cdots$ (%)となるので誤り。

― 《解答例》 ―

Ⅰ (1)ほう和水溶液　(2)10　(3)硝酸カリウム…192　水…113　(4)63　(5)158　(6)水をじょう発させる。

Ⅱ (1)120　(2)40　(3)4　(4)170　(5)60

Ⅲ (1)名前…はい　記号…A，E，F　(2)[記号／名前]　イネ…[C／はい乳]　ダイズ…[E／子葉]

　　(3)①光　②2，4　(4)①ア，キ　②呼吸をしたから。〔別解〕酸素を吸収したから。

Ⅳ 問1．A．イ　B．カ　C．オ　問2．(1)ア　(2)ウ　(3)でい岩　問3．(1)G　(2)エ　(3)イ　(4)エ

― 《解　説》 ―

Ⅰ (1)　ある温度の 100ｇの水にとける物質の量は，その物質ごとに決まっており，その量をその温度における溶解度という。溶解度いっぱいまで物質がとけている水溶液には，水を増やしたり温度を変えたりしない限りはそれ以上同じ物質はとけない。そのときの水溶液のことをほう和水溶液という。

(2)　グラフより，40℃の水 100ｇには硝酸カリウムが 60ｇとけることがわかるので，40℃の水 25ｇには $60 \times \frac{25}{100} =$ 15（ｇ）とけることがわかる。すでに 5 ｇとかしたので，あと 15 － 5 ＝10（ｇ）とける。

(3)　グラフより，80℃の水 100ｇには硝酸カリウムが 170ｇとけることがわかるので，100＋170＝270（ｇ）の水溶液中に 170ｇの硝酸カリウムがとけている。したがって，305ｇの水溶液中には，$170 \times \frac{305}{270} = 192.03\cdots \rightarrow 192$ ｇの硝酸カリウムがとけており，水は 305 － 192 ＝113（ｇ）である。

(4)　$\frac{170}{270} \times 100 = 62.9\cdots \rightarrow 63\%$

(5)　水 100ｇのとき，80℃のほう和水溶液 270ｇを 20℃まで冷やすと，170 － 30 ＝140（ｇ）の硝酸カリウムの結晶が出てくる。したがって，305ｇの水溶液では，$140 \times \frac{305}{270} = 158.1\cdots \rightarrow 158$ ｇである。

(6)　加熱するなどして水をじょう発させれば，とかす水が少なくなるので，とける物質の量も少なくなり，とけきれなくなった分が固体として出てくる。

Ⅱ (1)　てんびんの左右がつり合うためには，〔かかる力×支点からの距離〕が左右で等しければよい。同じ太さの 60ｇの棒なので，図2において，中央の④の部分に 60ｇがかかっていると考えられる。したがって，おもりAの重さをＡｇとすれば，Ａ×1＝60×2となり，A＝120（ｇ）である。

(2)　おもりCの重さをＣｇとすれば，220×1＝60×1＋C×4となり，C＝40（ｇ）である。

(3)　Cは 40ｇだから，②にかかる力をｂとすると，ｂ＝60＋40＝100（ｇ）である。したがって，おもりBにはたらく浮力は，220 － 100 ＝120（ｇ）である。また，⑦にはたらく力は $\frac{100-60}{4} = 10$（ｇ）なので，浮力は 40 － 10 ＝30（ｇ）となり，Bにはたらく浮力は，Cにはたらく浮力の $\frac{120}{30} = 4$ （倍）である。

(4)　60＋220＋40 － 120 － 30 ＝170（ｇ）である。

(5)　おもりDの重さをＤｇとすると，2つの動かっ車W，Yを4本の糸で引いているので，かっ車を引く糸1本あたりにかかる力は，$\frac{D}{4}$（ｇ）である。①にはたらく力は $\frac{60}{4} = 15$（ｇ）なので，$\frac{D}{4} = 15$ ということになり，D＝60（ｇ）である。

Ⅲ (1)(2) イネはAの部分がはいであり，発芽と最初の成長に必要な養分はCのはい乳にたくわえられている。一方，ダイズではEとFの部分がはいであり，はい乳がないかわりに，発芽と最初の成長に必要な養分はEの子葉にたくわえられている。

(3) 光・水・空気・温度のすべてがそろっている条件2で発芽し，そこから光を与えなかった条件4でも発芽しているので，光は必要ないことがわかる。

(4) ①水酸化ナトリウム水溶液はアルカリ性で，二酸化炭素を吸収する。　②　呼吸をしたことによって酸素が減って二酸化炭素が増え，その二酸化炭素を水酸化ナトリウム水溶液が吸収することで，三角フラスコ内部の空気の体積が減り，赤く着色した水が管を上がってきた。

Ⅳ 問1 川の流れのはたらきとして，しん食(川岸や川底をけずりとること)，運ぱん(けずりとった土砂を運ぶこと)，たい積(運んできた土砂を積もらせること)の3つがある。流れが急な上流ではしん食が盛んであり，また，大きな岩石なども運ぱんされるが，流れがゆるやかな下流ではたい積が盛んであり，運ぱんされるものも細かい砂やどろが主になる。河口付近では，運ぱんされてきた土砂がたい積して，三角形の土地(三角州という)をつくることが多い。

問2(1) 砂の方が泥よりも粒が大きいため，水中にただよっている時間が短くなり，速くしずむ。　(2)　粒の大きなものほど速くしずむと考えられるので，れき→砂→どろの順である。　(3)　主にどろからできている岩石をでい岩，主に砂からできている岩石を砂岩，主にれきからできている岩石をれき岩という。

問3(1) 太陽がのぼってくるときの観測者の位置は，図の地球の，下側の昼夜の境目である。そのときに真南に見えるのは，観測者の真正面のGの月である。　(2)　地球の北半球から南の空のGの月を見ると，左(東)側が光る半月として見えるのでエである。なお，このような形の月を下弦の月という。　(3)　太陽がしずむときの観測者の位置は，図の地球の，上側の昼夜の境目である。そのときに真南に見えるのは，観測者の真正面のCの月である。地球の北半球から南の空のCの月を見ると，右(西)側が光る半月として見える。このような形の月を上弦の月という。

(4) 満月の月の位置は，地球から見て太陽の反対側であるが，月は地球のまわりを公転し，地球は太陽のまわりを公転している。したがって，月が地球のまわりをちょうど1周したときには，月の位置が太陽のちょうど反対側にはならず，満月にはならない。そこからさらに月が少し($\frac{1}{12}$周)公転することで，月の位置が太陽のちょうど反対側にきて満月になる。したがって，$27.3+27.3×\frac{1}{12}=29.575$(日)となり，およそ29.5日となる。

平成 ㉘ 年度 解答例・解説

━━━━━━━━━━━━《解答例》━━━━━━━━━━━━

Ⅰ (1)①カ　②ア　③エ　(2)A．800　B．640　C．2347　D．35　E．燃料

Ⅱ (1)12　(2)10　(3)6　(4)ア　(5)65　(6)2.5

Ⅲ 問1．(1)A．ミジンコ　E．ミカヅキモ　(2)B，D，E，G　(3)D，F　(4)イ，オ　(5)A

　　問2．(1)ア．水　イ．土　(2)植物に光を当てると酸素が発生する。

Ⅳ 問1．(1)エ　(2)エ　(3)エ　(4)カ　(5)エ　　問2．(1)イ　(2)カ

━━━━━━━━━━━━《解　説》━━━━━━━━━━━━

Ⅰ(2)　(A)水1Lの重さが1kgなので，ガソリン1Lの重さはその0.8倍の$1×0.8=0.8$(kg)→800gである。

(B)炭素の重さは800gの80%なので，$800×0.8=640$(g)である。　(C)12gの炭素が燃えると44gの二

酸化炭素ができることから、ガソリン1Lにふくまれる640gの炭素が燃えると、$44 \times \frac{640}{12} = 2346.6 \cdots \rightarrow 2347$ gの二酸化炭素ができる。　(D)120kmの移動にガソリンを10L使ったので、太郎君の家からおじいさんの家までの180kmで$10 \times \frac{180}{120} = 15$(L)のガソリンを使うことになる。したがって、排出する二酸化炭素は2347×15＝35205(g)→35.205→35kgが正答となる。

Ⅱ(1)　表1より、おもりの重さが10g大きくなると、ＡＢ間の長さが2cm大きくなることがわかる。したがって、ばねＰの元の長さはおもりの重さが10gのときの20cmよりも2cm小さい18cmであり、おもりの重さを60gにすると、50gのときの28cmよりも2cm大きい30cmになるので、ばねＰののびは30－18＝12(cm)である。

(2)　図2のようにばねとおもりをつなぐと、ＡＢ間とＣＤ間にはそれぞれおもりaの重さ(20g)がかかる。ＡＢ間は2本のばねＰが並列つなぎになっているので、それぞれのばねに重さ10gずつかかり、どちらも20cmになる。したがって、ばねＱの長さ(ＣＤ間の長さ)は30－20＝10(cm)である。

(3)　ばねＰには20×3＝60(g)の重さがかかるので、ＡＢ間は(1)解説より30cmである。また、ＣＤ間のばねＱ1本には60÷2＝30(g)の重さがかかっており、このときのばねＱの長さ(ＣＤ間の長さ)は42－30＝12(cm)である。(2)解説より、ばねＱは20gの重さがかかると10cmになることがわかるので、おもりの重さが20gと30gのときのＣＤ間の長さの関係から、ばねＱは10gで2cmのびることがわかる。したがって、1本のばねＱに30gの重さがかかっているときののびは$2 \times \frac{30}{10} = 6$(cm)である。

(4)　図4のようにばねとおもりをつなぐと、一方のおもりは壁と同じ役割となり、ばねをもう一方のおもりの重さで引っぱられていることになるので、ばねＰと1個のおもりbをつないだアと同じのびになる。

(5)　(1)解説より、ばねＰは元の長さが18cmで、10gで2cmのびる。(3)解説より、ばねＱは元の長さが6cmで、10gで2cmのびる。これらのことから、ばねＰとＱの元の長さの和は18＋6＝24(cm)で、10gのおもりをつるすと合計で2＋2＝4(cm)のびることがわかる。実験4では、ばねののびの合計が50－24＝26(cm)なので、1個のおもりbの重さは$10 \times \frac{26}{4} = 65$(g)である。

(6)　表1より、ばねＰの長さが22cmになるのは20gのおもりをつるしたときである。また、元の長さが6cmのばねＱの長さが22cmになるのは、$10 \times \frac{(22-6)}{2} = 80$(g)のおもりをつるしたときである。つまり、ばねＰはＢ点を下に20gの力で引っぱり、ばねＱはＤ点を下に80gの力で引っぱっていることになる。棒が水平になるのは、棒の両端を下に引く力と支点から両端までの距離の積が等しくなったときなので、80(g)×□(cm)＝20(g)×10(cm)が成り立ち、□＝2.5(cm)となる。

Ⅲ　問1．(1)　Ａはミジンコ、Ｂはクンショウモ、Ｃはワムシ、Ｄはミドリムシ、Ｅはミカヅキモ、Ｆはゾウリムシ、Ｇはイカダモである。

(2)　光を受けると水と二酸化炭素を材料にして、でんぷんと酸素をつくりだすはたらきを光合成という。光合成は細胞内にある葉緑体という緑色のつぶで行われる。

(3)　ミドリムシやゾウリムシは、たまごを産まないで、分裂によって増える生物である。

(4)　ミジンコはからだやあしに節があるカブトムシやクモと同じなかまであり、これらの生物をまとめて節足動物という。なお、さらに細かく分類すると、ミジンコはカニ、エビ、ダンゴムシなどと同じ甲殻類である。

(5)　Ａ～Ｇの中で実際の大きさが最も大きい生物はＡのミジンコである。実際の大きさが異なる生物を、それぞれけんび鏡で観察し、ほぼ同じ大きさに見えるとき、実際の大きさが大きい生物ほどけんび鏡の倍率は低い。

問2．(1)ア．実験1より，植物に与えたのは水だけだとわかる。イ．ヤナギが 76.7−2.3＝74.4(kg)増えているのに対し，土は 90.7−90.1＝0.6(kg)しか減っていない。

(2) サクラの枝を入れる直前のガラス容器内の空気には，ろうそくの火が燃え続けるのに必要な酸素がふくまれていない。その後サクラの枝を入れ，光をあてた方のろうそくの火がしばらく消えなかったことから，サクラの枝に光をあてることで，ろうそくの火が燃えるのに必要なだけの酸素がつくられたと考えることができる。

Ⅳ 問1．(1) カシオペア座や北斗七星が見られることから，北の空をながめたことがわかる。

(2) 図1と図2のカシオペア座（北斗七星）の動きから，図のほぼ中央にある星は北極星だと考えられる。北極星の高度は観測地点の緯度(35 度)と等しいので，北極星が地平線から3本目と4本目の目盛り線の間にあることから，エが正答となる。

(3) 北極星は地球の回転じくの延長線付近にあるため，時間がたってもほとんど動かず，北の空の星は北極星を中心に 24 時間で約 360 度反時計回りに回っているように見える。北斗七星やカシオペア座に着目すると，図2では図1の位置から約 90 度反時計回りに回った位置にあるので，図2は図1のおよそ $24×\frac{90}{360}＝6$ (時間後)である。

(4) 北の空の星を同じ時刻に観測すると，北極星を中心に 12 ヶ月で約 360 度反時計回りに回っているように見える。北斗七星の位置に着目すると，この日の午前1時（図1の 20 時間前）の位置は右図の通りで，図2の位置はこの日の午前1時から 30 度反時計回りに動いた位置なので，図1の $12×\frac{30}{360}＝1$ (ヶ月後)だと考えられる。

(5) Aの星座はオリオン座である。オリオン座は，北半球にある日本では東の地平線からのぼり，南の空で最も高くなってから西の地平線にしずんでいくが，南半球にあるメルボルンでは東の地平線からのぼり，北の空で最も高くなってから西の地平線にしずんでいく。図3で，北の空に見えるオリオン座は，この後，西の地平線に向かって高度を下げるように動くので，エが正答となる。

問2．(1) 月のかたむきから，この後この月は図4において，右上に動いていくと考えられる。また，月が光っているのは太陽の光を反射しているためであり，このとき太陽は地平線のすぐ下にあると考えられる。太陽も月と同じように右上に向かって動くので，このときの時刻は間もなく太陽が地平線からのぼってくる午前4時ごろだと考えられる。

(2) 図5で，地球からキとカの間に向かって線を引くと，この線が図4の時刻における東側の地平線をあらわす。太陽はこの線のすぐ下にあるので，カが正答となる。

平成 ㉗ 年度 解答例・解説

《解答例》

Ⅰ (1)ウ　(2)●…オ　○…ア　◎…イ　(3)液体…イ　固体…キ　(4)エ　(5)①35 ②40

Ⅱ 問1．(1)イ (2)65 (3)ア　問2．(1)ア (2)ウ，カ (3)イ，カ

Ⅲ (1)エ　(2)A．エ　B．ウ　(3)オゾン層　(4)食物連鎖〔別解〕食物網　(5)ア　(6)オ　(7)ウ

(8)エ　(9)エ

Ⅳ 問1．(1)マグマ　(2)エ　(3)カ　問2．(1)地層　(2)エ　(3)アンモナイト　(4)花こう岩

(5)カ→オ→イ→ウ→エ→ケ

Ⅰ　(1)線こうが燃えることで二酸化炭素が発生するため，石灰水は白くにごる。　(3)うすい塩酸に卵のからや貝がらなどを加えても，二酸化炭素を発生させることができる。　(5)水ＡとＢをまぜたときの温度は

$$\left[\frac{\text{Aの温度（℃）×Aの重さ（g）＋Bの温度（℃）×Bの重さ（g）}}{\text{Aの重さ（g）＋Bの重さ（g）}}\right]$$ で求めることができる。①$\frac{85×300+5×500}{300+500}$

＝35（℃）　②$\frac{70×200+30×300+10×100}{200+300+100}$＝40（℃）

Ⅱ　問１．(1)右図Ⅰ参照。鏡に当たる前の光と鏡の間にできる角度と，鏡に当たった後の光と鏡の間にできる角度の大きさは等しい。したがって，イが正答となる。(2)右図Ⅰで，斜線（しゃせん）部分の三角形に着目すると，Ｙの大きさは180－(90＋40)＝50(度)となるので，Ｘは(180－50)÷2＝65(度)である。(3)右図Ⅱから，右側から出た実線の光は，左側から出た点線の光の右側に見えることがわかる。また，図3では，上下の逆転は起こらないので，アが正答となる。　問２．(1)A側の方位磁石は，B側の方位磁石と同じ向きを指すので，アの向きに動く。(2)電池の＋極と－極を逆にして，電流の流れる向きを逆向きにすると，電磁石のN極とS極も逆になる。入れかえる前の方位磁石の向きから，B側がN極を引きつけるS極になっていることがわかるので，A側はN極であり，入れかえた後はB側がN極，A側がS極になる。(3)エナメル線の巻き数を増やしたり，コイルに流れる電流を大きくしたりすると，電磁石がより強くなる。電池2個を並列につないだときにコイルに流れる電流の大きさは，電池1個のときと同じである。

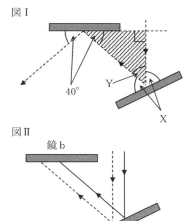

図Ⅰ

40°

Ｙ

Ｘ

図Ⅱ

鏡b

鏡a

Ⅲ　(1)約14億k㎡の水のうち約97％が海水なので，約100－97＝3(％)の約14億×0.03＝0.42億→4200万k㎡が淡水である。　(2)植物は光を受けると，水と二酸化炭素を材料にして，でんぷんと酸素をつくりだす光合成を行う。(5)右図参照。　(6)からだは頭，胸，腹の3つに分かれており，6本の足と4枚の羽はすべて胸についている。(7)おしべでつくられた花粉がめしべにつくことを受粉といい，受粉が行われると，実ができる。こん虫によって受粉が行われる花を虫媒花（ちゅうばいか）という。

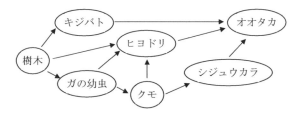

キジバト

オオタカ

樹木

ヒヨドリ

ガの幼虫

クモ

シジュウカラ

Ⅳ　問１．(1)マグマが地表に出てきたものを溶岩という。(3)ねん土(直径0.06㎜以下)，砂(直径0.06㎜～2㎜)，れき(直径2㎜以上)は，つぶの大きさでわけられる。小さなつぶほど河口から遠いところまで運ばれるので，カが正答となる。　問２．(2)ねん土の層をつくるつぶは非常に小さいため，つぶとつぶの間のすき間がほとんどなく，水がしみこみにくい。したがって，ねん土の層のすぐ上で地下水が出やすくなる。(5)つぶが大きいものほど浅い海に積もるので，⑤，④，③の層ができる間に海が徐々に浅くなったことがわかる(カ)。次に，雨や風によるしん食は一度この部分が地上に現れたことの証拠であり，⑦の層にもしん食のあとが見られることから，オ→イ→ウの順になる。再び海に沈んだ後，②，①の層ができる間に海が徐々に深くなったことがわかる(エ→ケ)。

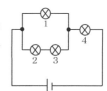

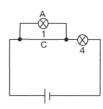

平成 ㉖ 年度 解答例・解説

=== 《解答例》 ===

Ⅰ (1)30　(2)15　(3)ウ，オ　(4)16.2　(5)40.5　(6)34

Ⅱ 問1．(1)B　(2)2，3　(3)4　(4)エ　　問2．(1)1.5　(2)120　(3)A．5　B．1

Ⅲ 問1．(1)葉脈　(2)ア，オ　(3)ウ，エ　　問2．(1)記号…オ　名前…反しゃ鏡　(2)エ　(3)受精　(4)イ

　　(5)イ　(6)1250

Ⅳ 問1．(1)A．ウ　D．ア　(2)a．B　b．D　(3)ウ　　問2．(1)ウ，カ，キ　(2)カ　(3)示準化石　(4)ウ

　　(5)ア　　問3．(1)断層　(2)ア，イ

=== 《解　説》 ===

Ⅰ (1)A液 30 ㎤は，B液 20 ㎤で完全に中和するから，A液 45 ㎤を完全に中和するのに必要なB液は，$45 ㎤×\frac{20㎤}{30㎤}$ ＝30 ㎤ である。　(2)A液を2倍にうすめた水よう液 45 ㎤は，A液 45 ㎤÷2＝22.5 ㎤ と同じはたらきをするから，完全に中和するのに必要なB液は，30 ㎤÷2＝15 ㎤ である。　(4)うすい水酸化ナトリウム水よう液はじゅうぶんにあるから，アルミニウムの重さに比例して発生する水素の量も増えていく。よって発生する水素は，$6 L×\frac{13.5 g}{5 g}$＝16.2 L である。　(5)水素は，空気中の酸素と反応して燃えて水ができる。水素を完全に燃やすのに必要な酸素は，$16.2 L×\frac{1}{2}$＝8.1 L である。酸素は空気中に 20%ふくまれているから，この酸素をふくむ空気の体積は，8.1 L÷0.2＝40.5 L である。　(6)アルミニウムに水酸化ナトリウム水よう液を加えると水素を発生するが，鉄は水酸化ナトリウム水よう液を加えても水素は発生しない。よって，発生した水素の重さから物質Cにふくまれていたアルミニウムの重さがわかる。アルミニウム5gで水素が 0.5g 発生するから，水素が 5.3g 発生するのに必要なアルミニウムは，$5 g×\frac{5.3 g}{0.5 g}$＝53 g である。よって，物質Cにふくまれていた鉄の粉末の割合は，$\frac{80 g－53 g}{80 g}×100$＝33.75%→34% である。

Ⅱ 問1．(1)かん電池を最も長持ちさせるには，直列につながれている豆電球が多いほどよい。豆電球の数が増えると，流れる電流が小さくなり豆電球は暗くなるが，かん電池は長持ちする。Aのスイッチを入れると豆電球2個，Bだと豆電球3個，Cだと豆電球1個になる。よって，Bが正答である。　(2)Cのスイッチを切ったまま，AとBのスイッチを入れた場合の回路をわかりやすくかきなおすと，右図のようになる。直列につながれた豆電球が多いほど，電流は流れにくいから，1より2と3の豆電球の方が暗い。4には，1に流れる電流と2，3に流れる電流をたした電流が流れるから，1よりも明るい。よって，最も暗い豆電球は2と3である。　(3)Bのスイッチは切れているから，2と3の豆電球はつかない。図をかきなおすと右図のようになる。AとCが並列につながれた場合，豆電球のないC側の導線にだけ電流が流れるので，1の豆電球はつかない。結果的に4の豆電球1個だけをつないだ形になる。よって4が正答である。　(4)Bのスイッチのみを入れた場合，2，3，4の豆電球が直列につながれた形になり，豆電球は暗めにつく。次にCのスイッチも入れると，(3)と同じような回路になり，電流は2と3の豆電球には流れず，4の豆電球にだけ流れるので4の豆電球は明るくなる。よって，エが正答である。　問2．(1)ばねを半分に切るとばねののびも半分になる。グラフより，ばねAは60gで3㎝のびているから，正答は1.5㎝である。　(2)ばねの重さは考えないか

ら，ばねAとばねBには同じ重さがかかっている。ばねAとばねBのもとの長さを引くと，ばねAとばねBののびの和は，10 cmである。60 gのおもりをつるしたときののびの和＝2 cm＋3 cm＝5 cm より，のびが2倍の10 cmとなるとき，おもりの重さも2倍の120 gになる。 (3)ばねAは20 gで1 cmのびる。ばねAには 40 g＋60 g＝100 g の重さがかかっているから，ばねAののびは5 cmである。ばねBは30 gで1 cmのびる。2つのばねBそれぞれに 60÷2＝30 g ずつ重さがかかっているから，ばねB1つののびは1 cmである。

Ⅲ 問1．(2)ヒイラギは葉脈が網目状（あみめじょう）になっている。このような葉脈をもつ植物を双子葉類という。同じように葉脈が網目状の植物は，アのアサガオとオのツツジである。イのユリ，ウのトウモロコシ，エのイネの葉脈は平行になっている。平行な葉脈をもつ植物を単子葉類という。 (3)ヒイラギのように1年中緑色の葉をつけている樹木を常緑樹という。ウのアカマツ，エのツバキが正答である。 問2．(1)明るさは反射鏡としぼりで調節するが，ア〜オにしぼりはないので，オの反しゃ鏡が正答である。 (2)頭側から尾側に血液が流れている①が動脈，尾側から頭側に血液が流れている②が静脈である。魚はえらで酸素を取り入れて心臓に送っているから，心臓に近い動脈の方が酸素が多く，心臓にもどる静脈の方が二酸化炭素や不要物が多いと考えられる。(4)メダカはその場にとどまろうとする性質がある。流れがない場合はまわりの景色で位置を判断しているから，たてじま模様を反時計まわりに回すと同じ位置にとどまろうとして，たてじま模様の動きと同じ方向に泳ぐ。よって，イが正答である。 (5)流れをつくると，流れの動きを体で感じその場にとどまるために流れに逆らうように泳ぐ。よって，イが正答である。 (6)採集した50匹のメダカの中に2匹の印のついたメダカがいたので，メダカ50匹は池にすむメダカの $\frac{2匹}{50匹}＝\frac{1}{25}$ にあたると考えられる。よって，池にすむメダカの数＝50匹÷$\frac{1}{25}$＝1250匹 となる。

Ⅳ 問1．Aは一日中晴れており，Bは一日中天気が悪く，Cは12時頃までは日が出ていたがその後天気が悪くなった。日が出ていれば最高気温は14時頃になるはずである。Dは晴れていれば気温が上がるはずの6時〜10時まで気温が下がり続けその後上昇しているから，昼頃から天気が良くなったと考えられる。 (1)Aは一日中晴れていたと考えられるから，一日中日が出ていたウである。Dは昼頃から気温が上昇していることから，日照時間が13時から18時まであったアである。(2)aは降水量は少ないが一日中雨が降っていたから，Bである。bは夜中から11時位まで雨が降っていたからDである。 (3)台風には反時計回りに風がふきこみ，進行方向が北東なので，風の向きと進行方向が重なる向かって右側に特に強い風がふく傾向がある。よって，ウがまちがっている。 問2．(1)川が曲がって流れているところでは外側ほど流れが速く，けずるはたらき（しん食作用）も大きいので川岸がけずられがけができ，川底は深くなる。内側は，流れが遅く積もらせるはたらき（たい積作用）が大きくなるので，川底は浅く川原ができる。よってウ，カ，キが正答である。 (2)(3)アンモナイトは中生代，三葉虫は古生代，ビカリアは新生代の示準化石（しじゅんかせき）である。示準化石とは地層ができた時代を知る手がかりとなる化石のことである。 (4)アンモナイトが入っていたことから，マグマの固まってできたエのかこう岩は除外される。つぶが見えないほど細かいことからウのでい岩が正答である。 (5)石が積み重なっている方向に川が流れていると考えられるからアが正答である。アの矢印の下の積み重なった3つの石を見るとわかりやすい。 問3．(2)ウとエの地震は震源が海底である。よって，アとイが正答である。

━━━━━━━━━━━━━━━━━━ 《解答例》 ━━━━━━━━━━━━━━━━━━

I (1)11　(2)46　(3)19.5　(4)31.5　(5)4.6　(6)4.8

II　問1．(1)150　(2)B．200　C．150　(3)D．150　E．150

　　問2．(1)B．ウ　C．エ　(2)ア　(3)ア，イ

III　(1)ア，ウ　(2)食物連鎖（しょくもつれんさ）　(3)エ　(4)赤潮　(5)ア　(6)ア

IV　問1．①ア　②イ　③カ　④ク　⑤コ　　問2．(1)オ　(2)エ　(3)エ　(4)ウ　(5)イ　(6)ウ

━━━━━━━━━━━━━━━━━━ 《解　説》 ━━━━━━━━━━━━━━━━━━

I　(1)固体がとける重さは水の重さに比例する。10℃の水100gに硝酸カリウムは最大で22gとけるので，50g

では 22(g)×$\frac{50(g)}{100(g)}$＝11(g) までとける。　(2)30℃の水100gに硝酸カリウムは46gとける。30℃における

硝酸カリウムのほう和水よう液は 100(g)＋46(g)＝146(g) となるので，100gの水をすべて蒸発させると

46gの硝酸カリウムがでてくる。　(3)30℃で73gの硝酸カリウムのほう和水よう液には，(2)の半分であること

から，50gの水と23gの硝酸カリウムがふくまれていることがわかる。(1)の解説と同様の計算をして，50℃の

水50gに硝酸カリウムは 85(g)×$\frac{50(g)}{100(g)}$＝42.5(g) までとけるので，あと 42.5(g)－23(g)＝19.5(g)

とける。

(4)〔水よう液のこさ(%)＝$\frac{とけている物質の重さ(g)}{水よう液全体の重さ(g)}$×100〕で求めることができる。したがって，(2)の解説

より $\frac{46(g)}{146(g)}$×100＝31.50…≒31.5(%) が正答となる。　(5). (3)の解説より，水10gを蒸発させると，水は

40gになるので，30℃の水40gには 46(g)×$\frac{40(g)}{100(g)}$＝18.4(g) までとける。したがって，23(g)－

18.4(g)＝4.6(g) がとけきれずにでてくる。　(6)10%の水よう液には 100(g)×$\frac{10(%)}{100}$＝10(g)，30%の水

よう液には 100(g)×$\frac{30(%)}{100}$＝30(g) の硝酸カリウムがふくまれている。これらを混ぜると水 90＋70＝

160(g)，硝酸カリウム 10＋30＝40(g) の水よう液になる。10℃の水160gには 22(g)×$\frac{160(g)}{100(g)}$＝35.2(g)

まで硝酸カリウムがとけるので，40(g)－35.2(g)＝4.8(g) がとけきれずにでてくる。

II　問1．(1)棒が水平につり合うとき，左右のおもりの重さの比は左右の支点からおもりまでの距離（きょり）の逆の比と等し

くなる。左右の支点からの距離の比が 60(cm)：40(cm)＝3：2 なので，左右のおもりの重さの比は2：3となる。

したがって，おもりAの重さは 100(g)×$\frac{3}{2}$＝150(g) となる。(2)左右の支点からの距離の比が 60(cm)：80(cm)＝

3：4 なので，左右のばねはかりにかかる重さの比は 4：3となる。したがって，ばねはかりBには 350(g)×

$\frac{4}{3＋4}$＝200(g) かかり，Cには 350－200＝150(g) かかる。(3)200gのおもりと100gのおもりで1つずつ，(2)の

ように考えてみよう。次図のように考えて，200gのおもりでは，Dに 200(g)×$\frac{2}{2＋3}$＝80(g)，Eに120gの重

さがかかり，100gのおもりでは，Dに 100(g)×$\frac{7}{7＋3}$＝70(g)，Eに30gの重さがかかる。したがって，Dには

80＋70＝150(g)，Eには 120＋30＝150(g) の重さがかかる。なお，この問題では2つのおもりをつけた状態でつ

り合っているため，２つのおもりの合計300ｇが等しく左右にわかれていると考えてもよい。

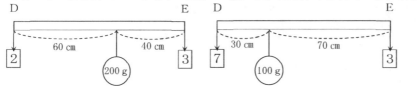

問２．図６のＡで，方位磁針のＮ極が電磁石の左はしに引きつけられていることから，この電磁石は左はしが
Ｓ極，右はしがＮ極になっていることがわかる。電磁石のまわりにできる磁石の力がはたらくようすは，棒磁
石と同じなので，Ｂはウ，Ｃはエが正答となる。(2)(3)電磁石にできる極は，電流の向きとコイルの巻く向きで
決まる。電流の向きか，コイルの巻く向きのどちらかが逆になると，電磁石にできる極も逆になり，２つとも
逆になると元に戻る。図６の電磁石にできる極は，図５の電磁石にできる極と同じで，コイルの巻く向きが逆
になっているので，電流が流れる向きも図５と逆になる。図４，５から，それぞれの電磁石にできる極は下図
のようになる。また，電磁石にできる極は，右図のような方法で知ることもできる。

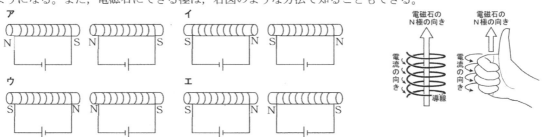

Ⅲ　(1)ブラックバスのような生物を外来種(がいらいしゅ)という。(5)変化が起こった生物の上下で次の変化が起こる。Ａの増加
によって，たくさん食べられるようになるＢは減少する。その後，Ｂの減少によって，Ａはえさ不足になるため
元に戻り，Ｃは食べられる数が減るため増加する。このような数の変化をくり返し，やがて図１の状態に戻る。

Ⅳ　問１．①〜③太陽や星座の１日の動きは，地球が１日で１周，西から東へ回転している(自転という)ため起
こる見かけの動きである。⑤太陽の光が当たっていない間は温度が下がっていくので，気温が最も低くなるの
は真夜中ではなく，日の出ごろとなる。　問２．(2)ア〜エの時刻に着目し，星座早見で，それぞれの時刻の目
もりが８月12日か13日付近にあるものを選べばよい。なお，目もりを細かく見ると，８月13日の午前１時50
分ごろであることがわかる。(3)表面温度は，星の色から判断することができ
る。ベガ，アルタイル，デネブは白色をしているのに対し，アンタレスは赤
色をしている。(4)地球は太陽の周りを西から東へ１年(12か月)で１周(360度)
している(公転という)。そのため，同じ星座が同じ時刻に見える位置は，１
か月で約　360÷12＝30(度)　西に移動する。したがって，真東の目の高さにあ
ったオリオン座が真南の空(90度西に移動したことになる)最も高く見られる
のは　90÷30＝３(か月)　後の11月となる。(5)時刻板を実際に回して調べる他
に，問１の解説より，東の空から真南の空に90度分移動するには，１時間で

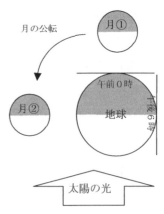

360÷24＝15(度)　移動するので，90÷15＝６(時間)後の午前８時ごろとわかる。(6)月は東の地平線から出てき
た時刻で，見える形が決まっている。右図で月①(満月)は午後６時ごろ，月②(下弦の月)は午前０時ごろに東
から出てくる。午前２時ごろに東から出てきた月の形は，月②よりもさらに新月に近づいた形になる。

社 会

平成 **31** 年度 解答例・解説

═══════════ 《解答例》 ═══════════

問1．エ　　問2．ウ　　問3．(1)イ　(2)①カ　②イ→エ→ア→ウ　　問4．米騒動

問5．(1)1．関東　2．ヒートアイランド　3．フェーン　(2)エ　　問6．ア　　問7．(1)四日市　(2)イ

問8．(1)エ　(2)A．議院内閣　B．優越　　問9．減反　　問10．(1)イ　(2)①魏志倭人伝　②エ

問11．島原・天草一揆　　問12．エ　　問13．イ　　問14．(1)環境問題　(2)エ　　問15．イ　　問16．イ，オ

問17．日中平和友好　　問18．(1)イ　(2)A．エ　B．イ　　問19．(1)ア→ウ→エ→イ　(2)イ

(3)ア．健康　イ．最低限度　(4)オ　　問20．イ　　問21．(1)井伊直弼　(2)6　　問22．やませによる冷害のため不

作となり，十分に食料が手に入らなかったため。　　問23．国名…遠江　理由…都から遠い浜名湖があるから。

問24．漢字…震　理由…阪神・淡路大震災や新潟県中越地震，東日本大震災など多くの地震に見舞われた時代だっ

たから。

═══════════ 《解 説》 ═══════════

A　問1　エが誤り。国学は江戸時代に起こった学問である。

　　問2　ウが正しい。グレーテス(ポルトガル)＞潘基文(韓国)＞アナン(ガーナ)＞ガリ(エジプト)の順に新しい。

　　問3(1)　イが誤り。ロシアの人口は約1億4300万人と世界第9位である。　　(2)①　カが正しい。Aの朝鮮出兵

は，応仁の乱(1467年)と関ヶ原の戦い(1600年)の間の，1592年に始まった文禄の役と1597年に始まった慶長の役

をまとめたものである。Bの戦いは白村江の戦いであり，大化の改新を始めた中大兄皇子が，百済の復興を助ける

ために朝鮮に兵を送ったが大敗した戦いである。その後，北九州を中心に水城・山城などを築き，防人を配備する

ようになった。Cの渡来人は古墳時代に中国や朝鮮半島から渡ってきた人々である。Dの朝鮮通信使は，江戸時代

に将軍の代替わりごとに江戸を訪れた使節である。　　②　イ．日清戦争(1894年)→エ．日露戦争(1904年)→ア．韓

国併合(1910年)→ウ．関東大震災(1923年)

　　問4　第1回大会が1915年であることから，中止になった第4回大会は1918年になる。Bの見出しに「白米」，

Bの記事の冒頭に「米価の暴騰」などとあることからも米騒動が想像できる。

　　問5(1)①　関東平野は，関東地方の平野で群馬県や栃木県の南部まで広がる。熊谷市は埼玉県の北部に位置する。

②　フェーン現象は，空気のかたまりが乾燥しているときと湿っているときの気温の変化の違いによって起きる現

象である。湿っている空気のかたまりは100m上昇または下降

すると気温が約0.6℃変化する。乾燥している空気のかたまり

は100m上昇または下降すると気温が約1℃変化する。

例えば，地上600mで気温10℃の乾燥した空気のかたまりが，

山を越えるために2000mまで上昇するときを考えた図が右図

である。山の斜面を上がっていくと1000mの地点で乾燥した空気から湿った空気に変わったとする。1000mまでは

乾燥した空気なので1000m地点の空気のかたまりの気温は1×(1000−600)÷100＝4(℃)下がって6℃になる。湿

った空気のかたまりは2000mまで上昇すると0.6×(2000−1000)÷100＝6(℃)下がって0℃になる。上昇していく

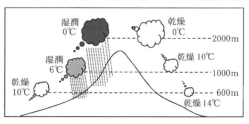

途中で雨を降らせた空気のかたまりは，山頂で乾いた空気に変わり 600m 地点まで下降すると，$1 \times (2000-600) \div 100 = 14$(℃)上がって 14℃になる。　　　(2)　エが正しい。秩父は埼玉県の北西部の地名である。鹿鳴館は現在の東京都千代田区に建てられた。足尾銅山鉱毒事件は群馬県や栃木県で起きた。日光東照宮は栃木県にある。

問6　倉敷市は瀬戸内海に面した都市だから，比較的温暖で 1 年を通して降水量が少ない瀬戸内の気候に属するのでアを選ぶ。イは日本海側の気候の金沢市，ウは太平洋側の気候の高知市，エは中央高地(内陸性)の気候の松本市の気温と降水量である。

問7(1)　四大公害病については右表参照。

(2)　イがどれにもあてはまらない。東経140 度の経線については右地図参照。新幹線は三重県以外を通っている。世界遺産

公害名	原因	発生地域
水俣病	水質汚濁 (メチル水銀)	八代海沿岸 (熊本県・鹿児島県)
新潟水俣病	水質汚濁 (メチル水銀)	阿賀野川流域 (新潟県)
イタイイタイ病	水質汚濁 (カドミウム)	神通川流域 (富山県)
四日市ぜんそく	大気汚染 (硫黄酸化物など)	四日市市 (三重県)

登録地としては富山県の五箇山や熊本県の天草がある。政令指定都市は熊本市・新潟市がある。

問8(1)　エがあてはまらない。憲法改正の発議は国会の権限である。　　　(2)A　直後に「内閣は国会の信任にもとづいて成立し，内閣が国会に対して連帯して責任を負います。」とあることから議院内閣制と判断する。　B　衆議院の優越には，内閣総理大臣の指名のほか，予算の議決・予算の先議・法律案の議決・条約の承認などがある。

問9　減反政策は，米の生産過剰を抑えるために米農家の作付面積を削減させるものであった。

問10(1)　イが正しい。A は土偶，B は埴輪である。埴輪は古墳時代につくられた。　　　(2)①　「卑弥呼」の記述があることから『魏志倭人伝』と判断する。　②　エが誤り。使者は日本から中国に送られたものである。

問12　エが正しい。農産物や畜産物を輸入することを，水を輸入することと同じとみなした考えである。

問13　イが正しい。A から食糧依存度が，C から依存度の高い農畜産物に必要な仮想水輸入量がわかる。

問14(1)　「水の汚れ」「酸性雨」から『環境』が導き出されればよい。　　　(2)　エがふさわしい。地面に撒いた水が熱さで蒸発するときに，地面の熱をうばうことで涼しく感じるのが打ち水である。水のはたらきを利用した昔からの工夫である。

B **問15**　イが正しい。都道府県知事と参議院議員の被選挙権年齢は満 30 歳以上である。残りは満 25 歳以上。

問16　イとオが正しい。伊藤博文，木戸孝允，吉田松陰は長州藩の出身である。

問17　2018−40＝1978(年)より，日中平和友好条約を導く。1972 年の日中共同声明とともに覚えておこう。

問18(1)　イが誤り。雑徭は，地方における年間 60 日以内の労働である。

(2)　社会保障関係費(33.7%)＞国債費(23.8%)＞地方交付税交付金(15.7%)＞公共事業関係費(6.1%)＞文教及び科学振興費(5.5%)＞防衛関係費(5.3%)の順だから，A はエ，B はイである。

問19(1)　アは十七条の憲法(飛鳥時代)，イは大日本帝国憲法(明治時代)，ウは御成敗式目(鎌倉時代)，エは武家諸法度寛永令(江戸時代)だから，ア→ウ→エ→イである。　　　(2)　イが正しい。成年年齢が 18 歳に引き下げられたことで，18 歳からローンが組めるようになった。しかし，飲酒・喫煙などの年齢制限は 20 歳以上と変わっていない。　　　(3)　健康で文化的な最低限度の生活を営む権利を生存権という。　　　(4)　オが正しい。G．立憲改進党の結成(1882 年)→(1890 年　直接国税 15 円以上を納める満 25 歳以上の男子に選挙権が与えられる)→A．八幡製鉄所が操業(1901 年)→C．日英同盟(1902 年)→D．吉野作造が民本主義を提唱(1914 年)→H．国際連盟が発足(1920年)→(1925 年　満 25 歳以上の男子に選挙権が与えられる)→F．二・二六事件(1936 年)→B．ポツダム宣言受諾(1945 年 8 月)→(1945 年 11 月　選挙法が改正され満 20 歳以上の男女に選挙権が与えられる)→E．サンフランシスコ平和条約の締結(1951 年)

問20　イが正しい。最高裁判所裁判官の国民審査は衆議院議員総選挙時に行われるからＢは誤り。

問21(1)　資料は日米修好通商条約であり，アメリカの領事裁判権を認め，日本に関税自主権がない不平等条約であった。大老であった井伊直弼は，幕府に反対する者を安政の大獄(1858〜1859年)で処罰したために反感を買い，1860年，桜田門外で暗殺された(桜田門外の変)。　(2)　第4条に領事裁判権について，第6条に関税自主権についての記述がある。絵はノルマントン号事件を批判したもので，和歌山県沖で船が沈没した際，イギリス人船長が日本人の乗客を見捨てたにもかかわらず，日本の法律で裁けなかったために軽い刑罰で済んだ事件である。これにより，領事裁判権(治外法権)の撤廃を求める声が高まった。

問22　「サムサノナツ」から「やませ」を導く。「やませ」は，初夏から夏にかけて，東北地方の太平洋側に吹く冷たく湿った風で，冷害を引き起こす。

問23　古代の浜名湖は淡水湖で，奈良から見て琵琶湖よりはるか遠くにあることから遠江と名付けられた。

問24　平成には，阪神淡路大震災・新潟県中越地震・東日本大震災・熊本地震・大阪府北部地震・北海道胆振東部地震と多くの地震による被害があった。令和が災害の少ない時代になることを切に願います。

=《解答例》=

問1．(1) 5，3　(2)①イ　②ウ　③ア　④エ　　問2．コンテナ　　問3．え　　問4．エ　　問5．エ

問6．ク　　問7．イ　　問8．(1)飛驒　(2)富士宮市　(3)移動にかかる時間　　問9．真珠　　問10．(1)30　(2)ウ

問11．(1)ア　(2)イ　(3)エ　(4)ウ　　問12．イ　　問13．(1)A．内閣　B．委員会　(2)ア

問14．持たずつくらず持ちこませず　　問15．(1)310　(2)エ　　問16．(1)多治見　(2)伊勢　(3)濃尾

問17．(1)天智　(2)長安　(3) I → II → III　(4)松山　　問18．(1)竹崎季長　(2) 2　理由…石塁がつくられているから。

問19．種子島　　問20．オ，エ，イ　　問21．エ　　問22．ア　　問23．イ　　問24．人間の仕事が奪われる

問25．佐藤栄作　　問26．(1)ア　※(2)右図

※の説明は解説を参照してください。

=《解　説》=

A 　**問1(1)** 　日本国憲法の公布日は 1946 年 11 月 3 日，施行日は 1947 年 5 月 3 日である。　　**(2)** 　①にあてはまるのは浦賀だから神奈川県のイを選ぶ。②にあてはまるのは下田だから，静岡県のウを選ぶ。日米和親条約で開いたのは下田と函館である。これらのうち総領事館があったのは下田である。③は函館だから，北海道のアを選ぶ。④は萩だから，山口県のエを選ぶ。

　問2 　貨物輸送用の容器とあることからコンテナと答える。規格に合わせたコンテナを使用することで，船から積み下ろしたコンテナを積み上げることや，鉄道やトレーラーに積み直して輸送することが可能になる。

　問3 　グローバル化とは，国や地域などの境界を越えて，世界規模で物事が関連することをいう。ふるさと納税は，地球規模の話とは言えないので，えが最もつながりが浅い。

　問4 　享保のききんは，徳川吉宗の享保の改革が行われている期間に起きた。天明のききんは，老中田沼意次が失脚する原因となったききんである。天保のききんで苦しむ人々の姿を見て，救民を掲げて挙兵したのが大塩平八郎の乱である。以上のことからエを選ぶ。青木昆陽は，かんしょ(さつまいも)の栽培を徳川吉宗から命じられ，関東地方に普及させた人物である。

　問5 　カナダは，G 7 (主要国首脳会議)のメンバーだから発展途上国とは言えないので，エを選ぶ。

　問6 　「欧米の人々の反対を受けて」とあることから，キリスト教禁止に関するクを選ぶ。

　問7 　古事記は奈良時代初頭の 712 年に完成した。長岡京に都を移したのは，奈良時代後半の 784 年である。遣唐使が廃止されたのは 894 年である。平将門の乱は 935 年である。守護・地頭の設置が認められたのは 1185 年である。観阿弥・世阿弥親子が活躍したのは，室町時代の 3 代将軍足利義満のころである。朝鮮出兵が行われたのは 16 世紀末の 1592 年・1597 年のことである。生類憐みの令は，江戸幕府の 5 代将軍徳川綱吉によって出された。

日光東照宮は江戸幕府の3代将軍徳川家光によってつくられたから⑧である。東大寺は，奈良時代に聖武天皇によって建てられたから②である。法隆寺は，飛鳥時代に聖徳太子によって建てられたから①である。平等院鳳凰堂は，平安時代の11世紀に藤原頼道によって建てられたから⑤である。よって，イを選ぶ。

問8(1)　飛騨山脈(北アルプス)は，長野県中部と岐阜県北部の県境から北にのびる山脈だから，リニア中央新幹線のルートが通過しない。　　(2)　リニア中央新幹線の駅の中に静岡県はないことから，静岡県東部の都市である富士宮市を選ぶ。　　(3)　1930年のころは日本列島が大きく，1964年，2045年と変化するにつれて，日本列島が小さく変形していくことから，「移動にかかる時間」と考える。1964年には東海道新幹線が開通したことで東京－大阪間にかかる時間が大幅に短縮された。

問9　志摩半島の英虞湾では，以前から真珠の養殖がさかんである。

問10(1)　被選挙権については，右表参照。

(2)　築地市場から豊洲市場への移転計画は，豊洲市場の移転予定地の土壌汚染がひどく，ベンゼン・ヒ素・シアン化合物などが環境基準を上回る数値で検出され，問題となっている。

選挙権	満18歳以上
衆議院議員・都道府県の議会議員・市(区)町村長・市(区)町村の議会議員の被選挙権	満25歳以上
参議院議員・都道府県知事の被選挙権	満30歳以上

※2018年2月現在

問11(1)　かつお節は，静岡県焼津市や鹿児島県枕崎市でさかんに生産されるからアである。　　(2)　写真中に川中島白桃とあることからイである。川中島は，長野県の信濃川と犀川で囲まれた地域である。　　(3)　将棋ごまの生産で有名なのは山形県の天童市だからエである。　　(4)　しょう油の生産は，千葉県の野田市や銚子市でさかんだから，ウである。ウは野田市あたりを指している。

問13(2)　衆議院の優越事項の1つに，予算先議権があるからアを選ぶ。

問15(1)　憲法改正の発議には，衆議院・参議院それぞれの議会で，総議員の3分の2以上の賛成を必要とする。2018年2月現在の衆議院の議員定数は465人だから，$465 \times \frac{2}{3} = 310$(人)以上の賛成が必要である。　　(2)　新しい人権とは，日本国憲法には規定されていないが，現代の社会で生活するために必要不可欠な基本的人権を言う。

B　問17(1)　「百済救援の軍を送った後に天皇に即位した」とあることから天智天皇(中大兄皇子)を導く。中大兄皇子が敗れた戦いは，白村江の戦いである。　　(2)　「奈良の都」は平城京のことだから，唐の都の長安を答える。

(3)　白村江の戦いは飛鳥時代，奈良の都「平城京」は奈良時代，Ⅲは平安時代に藤原道長が読んだ和歌だから，Ⅰ→Ⅱ→Ⅲの順である。　　(4)　解説文中に，「都から九州に向かう…途中の熟田津」とあることから愛媛県を選ぶ。

問18(1)　元寇は防衛戦であったため，活躍した御家人に十分な恩賞を与えることができなく，多くの御家人が不満に思っていた。はじめ恩賞が与えられなかった竹崎季長は，先陣を切ったことをアピールし，肥後国(現在の熊本県)の地頭に任命された。　　(2)　よく出題される内容である。1度目の襲来である文永の役では，元軍の集団戦法と火器(てつはう)の使用に苦戦したため，2度目の襲来に備えて，博多湾沿岸に石塁や防塁を築いた。

問19　鉄砲は，種子島に漂着した中国の倭寇船に乗っていたポルトガル人によって伝えられた。

問20　桶狭間で今川義元を破る(1560年)→美濃を平定し，天下布武の印を使い始める(1567年)→足利義昭を京都から追放し，室町幕府を滅ぼす(1573年)だから，オ→エ→イ。アとカは豊臣秀吉，ウは徳川家康のことがらである。

問21　アは籾の選別をするための唐箕，イは田を深く耕すための備中ぐわ，ウは籾の選別や精米に使った千石通し，エは脱穀のための千歯こきだから，エを選ぶ。

問22　1700年代半ばから1800年代初めの日本は，国学や蘭学が発達したころから化政文化が江戸を中心に発展していたころだから，アを選ぶ。狩野永徳は安土桃山文化を代表する画家，与謝野晶子は明治時代の歌人，井原西鶴は江戸時代の元禄文化を代表する小説家である。

問23　風刺画は，日清戦争（1894年）直前の東アジアを描いたものだから，イを選ぶ。日清戦争の講和条約である下関条約で獲得した遼東半島は，その後のロシア・フランス・ドイツによる三国干渉で清に返還されたが，他の選択肢が明らかに間違っているためイを正答とする。アは富岡製糸場ではなく八幡製鉄所ならば正しい。ウは日英同盟が結ばれたのは1902年のことだから誤り。エは日清戦争の講和条約は下関条約だから誤り。

問24　例えば，自動運転技術が発達すると，バスやタクシーを無人で運転することが可能になることが考えられる。また，製造業の生産ラインが完全機械化されることで，多くの製造業に携わる人々の仕事が奪われる危険性もある。

問25　ノーベル平和賞を受賞した内閣総理大臣とあることから，佐藤栄作を導く。佐藤栄作は，非核三原則を発表したことが評価され，ノーベル平和賞を受賞している。沖縄返還は，佐藤栄作首相とニクソン大統領の間で話し合われた。

問26(1)　公害対策基本法は1967年に制定された。世の中がバブル景気に沸いたのは1980年代半ばから1990年代前半までである。第1次石油危機は1973年に起きた。朝鮮戦争は1950年に起きた。以上のことからエ→ア→ウ→イとなる。　　(2)　解答例は，乳児のミルクを無料で支給する場所を伝えたものである。災害時に乳児のミルクを確保することは難しいことから，それらを避難所などで支給していることを伝える必要がある。それを哺乳瓶の下に無料を表すＦＲＥＥと加えることで表現してみた。

FREE

平成29年度 解答例・解説

=== 《解答例》 ===

問1．(1)一般型は減少，特設型は増加，全体は減少しているが，2016年は増加する見通しである。　(2)東日本大震災

問2．(1)※問題不適切のため，全員正解　(2)客土　問3．オ　問4．イ　問5．C→A→D→F→B→E

問6．経済産業　問7．カ　問8．エ　問9．B　問10．(1)皇室典範　(2)摂政　(3)ウ　問11．ウ

問12．内村鑑三　問13．ウ　問14．ウ　問15．(1)西南戦争　(2)①奈良県　②三重県　③岐阜県　④滋賀県

問16．新渡戸稲造　問17．都道府県名…鹿児島県　2日目に訪れる島…屋久島　3日目に訪れる島…種子島

問18．ア〔別解〕ウ　問19．オ　問20．ア．肉牛　イ．メロン　ウ．い草　エ．らっきょう

問21．(1)1945，8，6　(2)原爆投下に対する賛成意見が反対意見を上回っていたから。　問22．エ

問23．(1)絵画…ウ　人物名…雪舟　(2)混雑しているかどうかの基準　問24．エ

問25．満25歳以上の男子／満20歳以上の男女／満18歳以上の男女　問26．イ，オ，ア

問27．建物に近く，幅の広い駐車スペースが確保してある点。　問28．ア

問29．料理の仕方を教えてくれる電子レンジ

=== 《解 説》 ===

問1 (1) グラフをみると，2016年の公衆電話回線数は，2005年以降で初めて増加に転じる見込みとなっていることがわかる。一般型公衆電話の数は2016年も減少傾向にあるものの，2011年以降設置されるようになった特設型公衆電話の回線数が増加傾向にあり，これが全体としての公衆電話回線数を底上げした。　(2) グラフで，特設型公衆電話が2011年以降設置されるようになったことから，2011年3月11日に起こった東日本大震災がきっかけになったと判断したい。

問2 (1) パイロットファームは根釧台地につくられたため，問題が成立していない。　(2) 石狩平野はかつて泥炭地であったが，ほかの土地から質の良い土を運んできて土壌を改良する客土が行われ，現在では日本有数の稲作地帯となっている。

問3 サミットは，日本・アメリカ・カナダ・イギリス(ア)・フランス(イ)・ドイツ(ウ)・イタリア(エ)の7か国(G7)およびEU内の欧州理事会の議長・欧州委員会の委員長で構成される。2014年に起こったウクライナ問題のため，オのロシアがサミットのメンバーから外されたので覚えておこう。

問4 契約については，イブン先生が2ページで説明していて，「当事者間での合意を契約という」「合意とは，互いの意思・気持ちが一致すること」とある。桃太郎はキビダンゴをあげる代わりに鬼退治についてくることを求め，イヌ・キジらはキビダンゴを受け取る代わりに鬼退治についていくので，これは契約の概念に沿ったものといえる。

問5 安倍晋三内閣(自民公明連立内閣2006年9月～2007年9月)→福田康夫内閣(自民公明連立内閣2007年9月～2008年9月)→麻生太郎内閣(自民公明連立内閣2008年9月～2009年9月)→鳩山由紀夫内閣(民主党内閣2009年9月～2010年6月)→菅直人内閣(民主党内閣2010年6月～2011年9月)→野田佳彦内閣(民主党内閣2011年9月～2012年12月)→安倍晋三内閣(自民公明連立内閣2012年12月～)　民主党は，2017年現在ある民進党の前身である。

問6　経済産業省は，日本の産業や経済の発展，貿易などに関する仕事を担当する。

問7　「第1次」について，18世紀の後半にイギリスで始まった産業革命は，蒸気機関の発達によってもたらされたものである。

問8　AI (Artificial Intelligence：人工知能)は，今後さまざまな分野で人間より高度な判断力を有していくと考えられるので，エは誤り。

問9　商品名が大きく表示してあっても，男性が育児や家事に参加しやすくなるとはいいがたい。なお，親子連れで利用しやすい多目的トイレが増えれば，男性でも乳幼児のおむつを替えやすくなるというメリットがある。

問10　(2)　第五条に，「摂政は天皇の名でその国事に関する行為を行ふ」とある。　(3)　ウについて，皇室典範の第一条で「皇位は，皇統に属する男系の男子が，これを継承する」と定められているので，現行のままでは女性の天皇が誕生することはない。

問11　アは1922年，イは1950年，ウは1889年，エは1868年なので，1887年の少し後といえるのはウのみである。

問12　3つ目の空欄のあとにある「キリスト教主義の立場から日露戦争に反対した」から判断できる。日露戦争に反対した人物としてほかに，弟を思う立場から反対した与謝野晶子，社会主義者の立場から反対した幸徳秋水らがいる。

問13　日露戦争の講和条約はポーツマス条約である。ポーツマス条約には，北緯50度以南の樺太(サハリン)を割譲すること・韓国における日本の優越権を認めること・旅順・大連の租借権，満州の長春以南の鉄道の利権をそれぞれゆずること・沿海州・カムチャツカ半島沿岸の漁業権を認めること，などが定められたので，ウが正答となる。アは二十一か条の要求，イは下関条約(日清戦争の講和条約)，エは日米和親条約の内容である。

問14　日蓮は鎌倉時代，二宮尊徳らは江戸時代，西郷隆盛は明治時代に活躍した。Aは江戸時代末期，Bは室町時代，Cは奈良時代，Dは明治時代，Eは平安時代，Fは飛鳥時代，Gは戦国時代のできごとである。

問15　(1)　征韓論が退けられ政府を去った西郷隆盛は，鹿児島に帰郷して私塾を開いていたが，特権をうばわれたことに不満を持っていた士族らにかつぎ上げられ，1877年に西南戦争を起こした。

問16　新渡戸稲造は，旧5000円札の肖像画に用いられた。

問17　「研修旅行はどうでした？西郷隆盛像は見ましたか？」とあるので，行先は鹿児島県と判断できる。2日目は「縄文杉」から屋久島，3日目は「JAXAの宇宙センター」から種子島と判断する。

問18　アは旧石器時代，ウは弥生時代について述べた文である。

問19　Bの参議院議員選挙は，3年に1回行われる。2016年に実施されたので，次は2019年，その次は2022年の予定である。Dの消費税増税は2019年10月を予定されている。

問20　アについて，兵庫県では但馬牛が生産されている。イについて，夕張市は北海道の都市で，炭鉱の閉鎖にともなう人口減少で2007年に財政破綻した。ウについて，い草は畳表の原料として使われる。エについて，らっきょうは鳥取砂丘でつくられている。

問21　(1)　1945年8月6日午前8時15分に広島，その3日後の9日午前11時2分に長崎に原子爆弾が投下された。
　　(2)　アメリカ国内では，「原爆は戦争の早期終結に不可欠だった」として，日本への原爆使用を肯定的にとらえる意見が多数を占めていた。

問22　万葉集は奈良時代につくられたので，エが正答となる。アは鎌倉時代，イは飛鳥時代，ウは江戸時代のできごとについて述べた文である。

問23　(1)　アは江戸時代に葛飾北斎が描いた『富嶽三十六景』の一つ，イは古墳時代につくられた高松塚古墳の壁画，ウは室町時代に雪舟が描いた『秋冬山水図』，エは平安時代に描かれた『源氏物語絵巻』である。　(2)　ほぼ同じ時間帯に名古屋市美術館を訪れているにもかかわらず，人によって混雑の感じ方が異なっていることに着目して考える。

問24　下線部㉑のあとの文をみると，「二人はインドネシア出身」「(インドネシアは)人口は2億人を超える世界最大のイスラーム教の国」とある。したがって，二人はイスラーム教の信徒(ムスリム)である可能性が高い。ムスリムは豚を不浄なものとして食べないので，エのように「とんかつ」をごちそうするのは禁忌(タブー)である。

問25　日本の選挙権の歴史について，右表参照。

問26　アは1992年，イは1964年，ウは1946年，エは1951年，オは1973年のできごとである。

問27　建物の入口の近くに駐車スペースがあるのは，

選挙法改正年 (主なもののみ抜粋)	直接国税の要件	性別による制限	年齢による制限
1889年	15円以上	男子のみ	満25歳以上
1925年	なし	男子のみ	満25歳以上
1945年	なし	なし	満20歳以上
2015年	なし	なし	満18歳以上

移動にかかる手間を減らすためであり，幅の広い駐車スペースが確保してあるのは，車いすでの乗降をしやすくするためである。

問28　2016年には，ブラジルのリオデジャネイロで夏季オリンピックが開催された。ブラジルは，日本の正反対の位置にあるので，日本との時差は約12時間であり，アは誤り。

平成28年度　解答例・解説

― 《解答例》 ―

問1．対策…人口に段差がある。　理由…浸水深0.2m未満なので，水が入る心配がないから。

問2．(1)オイルショックの影響で，火力発電が減少している。　(2)原発事故の影響で，原子力発電が減少している。　問3．(1)記号…イ　都道府県名…三重県　(2)②栃木県　③岩手県　④山形県　⑤秋田県　⑥富山県

(3)④　問4．(1)①主権　②憲法　③平和　(2)A．国民主権　B．平和主義　C．基本的人権の尊重

問5．(1)A．カ　B．サ　C．ス　D．タ　(2)高句麗　(3)エ　問6．ア　問7．(1)A．和同開珎

B．左京　(2)ア　(3)桓武天皇　(4)4　(5)作者…紫式部　天皇…一条天皇　問8．(1)三方を山に囲まれ，敵から攻められにくいから。　(2)ア　問9．(1)玉音　(2)エ　問10．エ　問11．ウ　問12．いさはや

問13．大消費地に近い。

― 《解　説》 ―

問1．「水害ハザードマップ」を見ると，「写真あ」の地点は浸水深が「0.5m〜1.0m」と予想されていることがわかり，「写真い」の地点は浸水深が0.2m未満と予想されていることがわかる。このことと，「写真あ」にだけ段差があることを重ね合わせて考えよう。

問2．(1)1973年と1974年を比べると，火力の発電量が1割ほど減少していることがわかる。石油危機は，第四次中東戦争をきっかけとして，1973年にアラブの産油国が石油価格の大幅な引き上げなどを実施したために，世界経済が大きく混乱して起こった。日本ではトイレットペーパーなどが不足するのではないかと騒ぎになり，

買いだめする人々が増えたため，各地で品不足が発生した。　⑵2011年と2012年を比べると，原子力の発電量が大きく落ちこんでいることがわかる。東日本大震災は震源地に近かった東北地方に壊滅的な被害をもたらし，太平洋沿岸部に立地していた福島第一原子力発電所では放射能漏れの事故が起こった。この事故の影響を受け，全国の原子力発電所は安全点検のため稼働を停止した。

問３．⑴イ．松尾芭蕉は伊賀出身である。　⑵②「日の光」から，栃木県日光市にある日光東照宮を導く。

③「光堂」とは，中尊寺金色堂のこと。中尊寺金色堂は，12世紀に奥州藤原氏によって建てられた阿弥陀堂である。お堂には金箔が貼られていることから，松尾芭蕉は「光堂」と詠んだ。　④「最上川」より考える。最上川は，米沢盆地や山形盆地を通って，庄内平野をへて日本海に流れ込んでいる。　⑤山形県の北にある県だから，秋田県である。　⑥能登半島の東に位置することから，富山県である。「有磯海」とは富山湾のこと。

⑶①は江戸(現在の東京都)であり，小笠原諸島が世界遺産に登録されている。②は日光東照宮，③は平泉，⑤は白神山地，⑥は五箇山の合掌造り集落が世界遺産に登録されている。⑦は大垣(岐阜県の地名)で詠まれたものであり，白川郷の合掌造り集落が世界遺産に登録されている。

問４．⑵A．国会は国民の代表者で構成される機関である。　C．「自由」の言葉から考える。

問５．⑴A．「摂関政治の時代までは古代」とあるので，摂関期と院政期の間が適切である。　B．近世は「織田信長・豊臣秀吉に始まり」とあるので，中世の終わりは戦国時代と安土桃山時代の間が適切である。　C．「『近代』は，江戸幕府が倒れ，欧米に倣った政権を作る明治維新以後」とあるので，近世の終わりは江戸時代と明治時代の間が適切である。　D．「日本史では太平洋戦争の敗北後を現代に区分しています」とあるので，昭和20年までと昭和20年以降，占領下の時代の間が適切である。日本は1945年(昭和20年)に敗戦した。

⑵【史料】が高句麗中心の内容となっていることから考える。好太王(広開土王)の碑文には，4世紀末～5世紀初頭にかけて，倭軍が新羅・高句麗と交戦し，これを高句麗が打ち破ったことなどが記されている。

⑶「外国の銀貨を持ちこみ，日本の金貨を安く手に入れました」に合致する比率を考える。また，「銀貨より金貨の方が実質的な価値は高かったこと」を覚えておこう(したがって，銀貨1枚で金貨15枚と交換できてしまうアとイは誤り)。ウについて，日本では銀貨15枚で金貨1枚と交換できる比率であり，外国では銀貨5枚で金貨1枚と交換できる比率である。この場合，外国の銀貨15枚を日本に持ちこむと金貨1枚と交換することができ，外国で金貨1枚を銀貨に交換すると5枚に交換することができる。最初にあった銀貨15枚が5枚にまで減ってしまっているので，ウは誤り。エについて，日本では銀貨5枚で金貨1枚と交換できる比率であり，外国では銀貨15枚で金貨1枚と交換できる比率である。この場合，外国の銀貨5枚を日本に持ちこむと金貨1枚と交換することができ，外国で金貨1枚を銀貨に交換すると15枚に交換することができる。最初にあった銀貨5枚が15枚に増えており，両替するだけで手にする銀貨が増えたことがわかるから，エが正答となる。

問６．銀行は，個人・企業から集める預金の利率よりも，個人・企業に貸し出す貸付の利率の方を高くすることによって利潤を得ている。たとえば，貸付利率である利子(ｂ)の利子率を10%とし，預金利率である利子(ａ)の利子率を1%とすると，100万円を貸し出したときの利子が10万円，100万円を預かったときの利子が1万円となり，銀行は，10－1＝9(万円)の利潤を得ることができる。以上より，アが正答となる。

問７．⑵ア．口分田は6年ごとにつくられる戸籍に基づき，6歳以上の男女に支給された。

⑶右表参照。桓武天皇は，仏教勢力を政治から遠ざけるため，平城京から長岡京に都を移し，次いで平安京に都を移した。

⑷二重線が婚姻関係にあったことを示しているから，嬉子・威子・妍子・彰子の4人である。

遷都を行った年	遷都のときの天皇	遷都後の都
694年	持統天皇	藤原京
710年	元明天皇	平城京
聖武天皇の治世の頃		恭仁京　難波京　紫香楽宮
784年	桓武天皇	長岡京
794年		平安京

問8．(1)山に囲まれていること・海に面していること，の二つに触れて解答をまとめてもよい。

(2)「南北朝を統一した」のは，3代将軍足利義満である。イとウは8代将軍足利義政，エは足利尊氏について述べた文である。

問9．(1)1945年，広島・長崎に原爆が投下されたことを受けて，日本はついに降伏を決意し，1945年8月14日ポツダム宣言を受諾し，翌15日に昭和天皇がラジオによる玉音放送で国民に敗戦を伝えた。

(2)平成は1989年に始まった。アは1951年，イは1950年，ウは1972年，エは1992年のできごとである。

問10．エ．1990年代後半(平成7～平成11年)は，ほかの年と出生数や合計特殊出生率にちがいがないので，第3次ベビーブームが発生したとは読み取れない。

問11．1549年，フランシスコ・ザビエルは，キリスト教の布教のため鹿児島に上陸し，平戸・山口・京都と西日本各地を訪れた後，大分を回り2年あまりで日本を去った。このとき，中国には明という王朝が栄えていたから，ウが正答。清が明に取って代わったのは17世紀(江戸時代)のことである。

問12．諫早湾について，堤防排水門の開門か閉門かをめぐって，有明海の漁業従事者と干拓地の農業従事者らが対立していることも合わせて覚えておこう。

問13．栃木県・群馬県・千葉県はいずれも関東地方の県であり，大消費地である東京都・神奈川県に近いところにある。これらの県では，生乳を鮮度さが求められる飲用牛乳として出荷することが多い。一方，大消費地から離れた熊本などでは，消費地に届くまでに時間がかかるため，飲用牛乳として出荷するよりも，日持ちのするバターなどの乳製品に加工してから出荷することが多い。

平成 ㉗ 年度 解答例・解説

=== 《解答例》 ===

問1．阿蘇山…熊本県　雲仙岳…長崎県　桜島…鹿児島県　由布岳…大分県　　問2．長野県

問3．③伊能忠敬　⑩野田　　問4．(1)文…エ　形…キ　(2)蛇行していた河川の流路がまっすぐになった。／海岸にうめ立て地ができた。　　問5．漢書地理志　　問6．イ　　問7．イスラム教〔別解〕ユダヤ教

問8．倭寇と正式な貿易船を区別するため。　　問9．(1)180　(2)イ　　問10．積極的

問11．(1)ア　(2)刑事　(3)エ　　問12．(1)A．基本的人権　B．永久　(2)エ　　問13．行基

問14．(1)中華人民共和国〔別解〕中国　(2)エ　　問15．小野妹子　　問16．ウ　　問17．白河上皇

問18．ア　　問19．イ　　問20．減反　　問21．エ　　問22．ア　　問23．イ〔別解〕ウ　　問24．ウ

=== 《解　説》 ===

問1．阿蘇山は，世界有数のカルデラ(火山の活動によって形成された円形のくぼ地)を持つ火山である。
　　由布岳は，「由布」という言葉から推測できる。大分県の由布院温泉は知っておこう。

問2．きれいな水や空気がある諏訪盆地に精密機械の工場が多く進出し，その後，松本・安曇野などにも工場が進出した。

問3．③伊能忠敬は，全国を測量し，日本で初めて正確な地図を作った人物である。イブン先生の「そうだね。～」で始まる会話文を参考にしよう。⑩野田佳彦は，2009年から2012年まで続いた民主党内閣の最後の内閣

総理大臣である。2012年8月，野田内閣(2011年9月～2012年12月)のとき，消費税が2014年4月から8％になると決定された。

問4．(1)間宮林蔵によって調査が行われた島は樺太である。間宮海峡は，タタール海峡とも呼ばれている。アとケは種子島，イとクは佐渡島，ウとカは台湾の，それぞれ説明文と島の形を示している。

(2)A付近の様子から川の流れがまっすぐになったこと，B・C付近の様子から海岸が埋め立てられたことがそれぞれわかる。淀川は，明治時代に起こった大洪水をきっかけに川幅を大きく拡げ，大雨の時に降った水を一気に海に流せるようまっすぐにする大改修が行われた。また，大阪湾の埋め立て地には市街地や工場がつくられ，日本の経済発展に大きく貢献した。

問5．『漢書』地理志に，倭(日本)は100あまりの国が分立していて，中には漢に朝貢する国もあったとの記述が残されている。1世紀頃の倭の記述がある中国の歴史書を『後漢書』東夷伝といい，3世紀頃の倭の記述がある中国の歴史書を『魏志』倭人伝という。

問6．地中海はヨーロッパとアフリカの間に位置し，ナイル川はアフリカを流れる河川である。したがって，Bがヨーロッパ・Cがアフリカとなり，最も広い面積を持つAがアジアとなる。よって，イが正答。

問7．ユダヤ教から，キリスト教・イスラム教が分かれたため，これら3つの宗教の聖地は共通している。

問8．1404年，足利義満は海賊行為を行う倭寇の取り締まりを条件に，明の皇帝から明との貿易を許された。このとき，倭寇と正式な貿易船を区別するため，写真の勘合という合札が用いられたため，この貿易を勘合貿易という。

問9．(1)野田内閣の任期については，問3⑩の解説参照。会話文を見ると，ユーダイ君が「こういう法律(＝社会保障と税の一体改革関連法)っていうのは国会で決めるんですよね？通常国会ってのを学校で習いました。」と発言しており，イブン先生がそれを「そうだね。」と肯定している。また，問題文の「なお，」以下を見ると，「継続案件」という言葉が出てくる。通常国会(常会)は，毎年1月中に召集され，会期は150日間である。その後，内閣の求めなどにより臨時国会(臨時会)が召集され，通常国会で審議が終わらなかった法律案についての継続審議が行われる。したがって，第180回の国会が正答。

(2)Aは，毎年1月中に召集されているから通常国会である。Bは，決まってAの後に開かれているから臨時国会である。会期が1か月以内で収まっているCは特別国会(特別会)だから，イが正答。特別国会は，衆議院議員総選挙の後，ほかのすべての案件に先だって，内閣総理大臣の指名を行う国会である。

問10．2014年，安倍内閣は，集団的自衛権(ある国が攻撃されたとき，その国と密接な関係にある国が共同して防衛する権利)の行使が憲法の解釈上，可能であるとする閣議決定を行った。

問11．(1)(2)2009年に始まった裁判員制度は，重大な刑事事件の一審について，くじで選ばれた国民が裁判官とともに裁判に参加し，有罪か無罪か，有罪であればどのような刑罰が適当かを決定する制度である。

問12．(1)憲法第11条は，日本国憲法の三大原則の1つ，基本的人権の尊重に関する規定である。日本国憲法の三大原則にはほかに，平和主義・国民主権がある。

(2)BとCに入る言葉は頻出であり，この部分が判断できれば正答をエに絞ることができる。

問14．(1)日本の近隣諸国が上位に来ることから考えよう。

(2)エ．問題文中の「ムスリマ」とは女性のムスリムのこと。ムスリムは，イスラム教の教えに従い，豚肉を食べず，1日5回，聖地のメッカに向かって祈りをささげる。

問 15. 聖徳太子は遣隋使を派遣し，特に小野妹子は隋の皇帝煬帝にあてた国書をもって派遣された。この国書には，隋と対等な国交を目指した聖徳太子の意気ごみが表れている。

問 16. ウ．和歌は，娘が立后したことを喜んで藤原道長がよんだ歌である。「この世はまるで私の世のように思う 満月の欠けたところがないように」の意。

問 17. 院政とは，天皇の位をゆずり，上皇となった後も，政治の実権をにぎること。先例にとらわれない，自由な政治が行われた。

問 18. アは，「管領」「鎌倉府」などから室町幕府，イは，「執権」「六波羅探題」などから鎌倉幕府，ウは，「大老」「老中」などから江戸幕府の組織を表した図だとわかる。

問 19. ア．縄文時代の貝塚から貝がらが見つかるなど，日本では古くから貝類が食用として利用されていた。
ウ．日本は，ミネラル(カルシウムやマグネシウムなど)が少ない軟水である。　エ．「お食い初め」は，生後100目に行われる。

問 20. 減反政策は，食の多様化がすすみ，米の消費量が減少したために実施されている。

問 21. ア．坂本龍馬は，土佐藩出身である。　イ．勝海舟が西郷隆盛を説得し，江戸城の無血開城が実現した。
ウ．五箇条の御誓文ではなく五榜の掲示ならば正しい。キリスト教禁止の高札は，1873 年に撤廃された。

問 22. 問 20 の解説参照。現代は，食の多様化が進んでいるため，米の割合が低く，畜産物・油脂類・小麦の割合が高い。したがって，アが正答。

問 23. イ．ラジオ放送が始まったのは大正時代だが，全国に普及したのは昭和時代のことである。　ウ．夏目漱石ではなく小林多喜二など。小林多喜二の書いた『蟹工船』は，プロレタリア文学の代表作である。

問 24. ウ．a．「新幹線ひかり号」より，1964 年頃。　b．「デンキせんたくき」より，1950 年代後半。
c．「国電だんぼう節約」より，石油危機の起こった 1973 年。　d．大阪万博のようすがえがかれているから，1970 年。

![平成 26 年度 解答例・解説]

《解答例》

Ⅰ　問１．イ　　問２．都道府県名…島根(県)　記号…イ　　問３．戦国時代だったから。　　問４．ウ

　　問５．ア　　問６．イ　　問７．イ　　問８．ウ　　問９．武家諸法度

Ⅱ　問１．(1)国事行為　(2)エ　　問２．15円以上の税金を納めた25才以上の男子　　問３．B

　　問４．B，C　　問５．憲法改正　　問６．ア　　問７．A．ウ　B．インターネット

Ⅲ　問１．エ　　問２．ニューヨーク　　問３．イ　　問４．総会　　問５．イ

Ⅳ　問１．温室効果　　問２．エ　　問３．(1)伊勢湾　(2)[都道府県名，記号]　A．[広島(県)，ウ]

　　B．[奈良(県)，イ]　C．[京都(府)，オ]

Ⅴ　問１．北西　　問２．下図

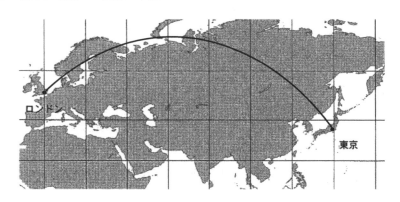

《解　説》

Ⅰ　問１．イ　伊勢神宮は三重県にある。ア　京都　ウ　静岡　エ　岡山

　問２．ア　『源氏物語絵巻』(平安時代)　イ　『南蛮人渡来図屏風』(安土桃山時代)

　ウ　金剛力士像(鎌倉時代)　エ　『天橋立図』室町時代

　問３．戦国時代は，応仁の乱(1467年)をきっかけに始まった。

　問４．ウ　空海ではなく最澄。

　問５．ア　日本で最初の万国博覧会は，大阪で開催された(1970年)。

　問６．マドリードは，スペインの首都である。ア　ポルトガル　ウ　オランダ　エ　ドイツ

　問７．イ　下関条約(日清戦争の講和条約)で台湾を得て，ポーツマス条約(日露戦争の講和条約)で樺太の南半分を得た。アは日清戦争後の日本の領土，ウは日清戦争以前の日本の領土を示している。

　問８．A　イラク戦争は，イラクが大量破壊兵器を隠し持っている可能性があるにもかかわらず，国連の査察に従わないことなどを主な理由として，アメリカがイラクの首都バグダッドを空爆して始まった戦争である。イラクのクウェート侵攻をきっかけに始まったのは，湾岸戦争(1991年)である。

　問９．武家諸法度は，徳川秀忠が将軍のときに，徳川家康の命令で出されたきまり。1635年，徳川家光により参勤交代の制度が加えられた。

Ⅱ　問１．(2)エ　外国と結んだ条約を承認するのは国会の仕事である。

問2．1925年，国に納めた税金の額による制限が撤廃されて満25歳以上の男子に選挙権が与えられ（普通選挙法），太平洋戦争終結後の1945年12月に，満20歳以上の男女に選挙権が与えられた。

問3．A・C・D・Eの任期はいずれも4年である。なお，Aの衆議院には解散があるため，必ずしも任期の4年をまっとうするとは限らない。

問4．右表参照。

衆議院議員・都道府県の議会議員・市区町村長・市区町村の議会議員の被選挙権	満25歳以上
参議院議員・都道府県知事の被選挙権	満30歳以上

問6．ア　裁判員は，希望するしないにかかわらず，衆議院議員を選ぶ選挙権を持つ国民の中から選ばれる。

問7．A　投票率は，特に若年層が低く，その改善が問題となっている。

Ⅲ　問1．エ　Bについて，国連の193番目の加盟国は，2011年に独立した南スーダン共和国である。

問3．イ　ユニセフ（UNICEF）は，国連児童基金という。国連教育科学文化機関とよばれるのは，ユネスコ（UNESCO）である。

問5．ア　アメリカ　ウ　フランス　エ　中国　オ　カナダ

Ⅳ　問1．温室効果ガスの削減をめぐり，世界的な取り組みが模索されている。

問2．エの範囲には，海抜の低いツバルが含まれている。

問3．(2)ア　青森県　エ　和歌山県　なお，和歌山県の那智大社は，「紀伊山地の霊場と参詣道」の一部として，世界文化遺産に登録されている。

Ⅴ　問1．通常，地図は上が北を指す。

問2．【地図3】中に直線で結んだ線（右図参照）が，解答用紙の地図上で，最短距離として表される。二点間の最短距離を大圏航路といい，航海図（解答用紙の地図）では，これが弓なりの形になって表される。

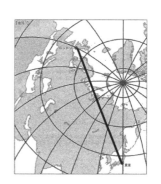

![平成25年度 解答例・解説]

=== 《解答例》 ===

Ⅰ　[県名／記号]　(1)[宮城／ウ]　(2)[三重／キ]　(3)[長野／ア]　(4)[茨城／カ]　(5)[島根／エ]

(6)[長崎／オ]　(7)[愛媛／ク]

Ⅱ　(1)2　(2)2，午前9　(3)①イ　②2，午前3

Ⅲ　(1)オ　(2)イ　(3)カ　(4)ウ

Ⅳ　(1)ア．浦賀　イ．陸奥宗光　ウ．小村寿太郎　(2)エ〔別解〕イ　(3)岩倉具視　(4)イ，オ　(5)鹿鳴館

(6)イ　(7)内村鑑三　(8)ウ

Ⅴ　(1)二酸化炭素　(2)ウ　(3)エ　(4)ウ

Ⅵ　(1)a．1946，11，3　b．国民主権　(2)ウ　(3)ウ→ア→イ

=== 《解説》 ===

Ⅰ　イ．高知県，ケ．和歌山県。

(1)ウ．かきの養殖第1位は広島県（2011年）。日本三景の1つ「宮島」がある。

(2)キ. 三重県では，石油化学工場から出るばい煙にふくまれる亜硫酸ガスにより，四日市ぜんそくが発生した。「神宮」とは伊勢神宮のこと。

(3)ア. リンゴの生産量第1位は青森県(2011年)。

(4)カ. 臨海地域には，鹿島臨海工業地帯が発達している。

(5)エ.「世界遺産」として石見銀山が登録されている。

Ⅱ (1)2. メルカトル図法では，高緯度になるほど実際の面積より拡大して表示される。そのため，緯度0度の赤道上(線ⓒⓓをふくむ緯度：アフリカ大陸のビクトリア湖周辺を通る)が最も正確に表される。

(2)日本の標準時子午線は，兵庫県明石市を通る東経135度。経度差は，

135−105＝30(度)。1時間につき15度の経度差が生じるから，時差は，30÷15＝2(時間)。日付変更線の西側に近いほど(東経180度に近いほど)，時刻は早く進むから，イルクーツクの時刻は東京の2時間前となる。

(3)①日付変更線(ほぼ経度180度に沿って引かれている線)を，西から東に超えるときには1日遅らせ，東から西に超えるときには1日進める。

②時差は，(135＋120)÷15＝17(時間)。サンフランシスコに着いたとき，東京の時刻は2日の午後8時だから，その17時間前がサンフランシスコの時刻となる。(2)の計算手順も参照。

Ⅲ (1)①701年，②1232年，③7世紀初頭。

(2)①1051年，②1221年，③1159年。

(3)①1333年，②1167年，③1086年。

(4)①平安時代，②奈良時代，③鎌倉時代。

Ⅳ (2)①は日米修好通商条約。イ. 日米修好通商条約によって開始された貿易の相手国は，当然アメリカのみである。なお，貿易そのものは，アメリカは南北戦争のために力を入れられなかったため，イギリスが最大の貿易相手国だった。エ. これを安政の五か国条約という。ア・ウ. 日米和親条約。

(4)ア. 1881年，イ. 1902年，ウ. 1877年，エ. 1873年，オ. 1868年。

(6)イ. Y. 伊藤博文ではなく黒田清隆。

(7)幸徳秋水は社会主義の立場から，与謝野晶子は戦地に向かった弟を思う気持ちから，それぞれ日露戦争に反対した。

(8)ウ. X. 明治時代ではなく大正時代。

Ⅴ (2)ウ. 下線部②直前「この値が大きいほど〜負荷が大きい」に着目する。日本は，食料の多くを輸入に頼っているため，この値が大きくなる。

(3)エ. ア〜ウもそれぞれ地産地消の長所だが，「本文中から読み取れる」とあるため，輸送にかかるエネルギーの削減について述べているエが正答。

(4)本文5〜6行目より，t×kmで求める。なお，距離は概算値である。

ア. 1000 t ×8000 km＝800(万) t km，イ. 1500 t ×1000 km＝150(万) t km，

ウ. 1000 t ×18000 km＝1800(万) t km，エ. 500 t ×18000 km＝900(万) t km。

Ⅵ (1)a. 日本国憲法の施行は，1947年5月3日。

ｂ．日本国憲法の基本原則はほかに，基本的人権の尊重・平和主義である。

⑵ア・イ・エは夫婦別姓を支持する意見。

⑶Ａ・ウ．「保母」という表現になっていることに着目する。同様に呼称が変わったものに，「看護婦・看護士→看護師」「スチュワーデス→キャビンアテンダント(客室乗務員)」などがある。Ｂ・ア.個人情報に関する一文(※応募書類は〜)がないことに着目する。

■ ご使用にあたってのお願い・ご注意

（1）問題文等の非掲載

　著作権上の都合により，問題文や図表などの一部を掲載できない場合があります。

　誠に申し訳ございませんが，ご了承くださいますようお願いいたします。

（2）過去問における時事性

　過去問題集は，学習指導要領の改訂や社会状況の変化，新たな発見などにより，現在とは異なる表記や解説になっている場合があります。過去問の特性上，出題当時のままで出版していますので，あらかじめご了承ください。

（3）配点

　学校等から配点が公表されている場合は，記載しています。公表されていない場合は，記載していません。

　独自の予想配点は，出題者の意図と異なる場合があり，お客様が学習するうえで誤った判断をしてしまう恐れがあるため記載していません。

（4）無断複製等の禁止

　購入された個人のお客様が，ご家庭でご自身またはご家族の学習のためにコピーをすることは可能ですが，それ以外の目的でコピー，スキャン，転載（ブログ，ＳＮＳなどでの公開を含みます）などをすることは法律により禁止されています。学校や学習塾などで，児童生徒のためにコピーをして使用することも法律により禁止されています。

　ご不明な点や，違法な疑いのある行為を確認された場合は，弊社までご連絡ください。

（5）けがに注意

　この問題集は針を外して使用します。針を外すときは，けがをしないように注意してください。また，表紙カバーや問題用紙の端で手指を傷つけないように十分注意してください。

（6）正誤

　制作には万全を期しておりますが，万が一誤りなどがございましたら，弊社までご連絡ください。

　なお，誤りが判明した場合は，弊社ウェブサイトの「ご購入者様のページ」に掲載しておりますので，そちらもご確認ください。

■ お問い合わせ

　解答例，解説，印刷，製本など，問題集発行におけるすべての責任は弊社にあります。

　ご不明な点がございましたら，弊社ウェブサイトの「お問い合わせ」フォームよりご連絡ください。迅速に対応いたしますが，営業日の都合で回答に数日を要する場合があります。

　ご入力いただいたメールアドレス宛に自動返信メールをお送りしています。自動返信メールが届かない場合は，「よくある質問」の「メールの問い合わせに対し返信がありません。」の項目をご確認ください。

　また弊社営業日（平日）は，午前９時から午後５時まで，電話でのお問い合わせも受け付けています。

2025 春

株式会社教英出版

〒422-8054　静岡県静岡市駿河区南安倍３丁目 12-28

TEL　054-288-2131　　FAX　054-288-2133

URL　https://kyoei-syuppan.net/

MAIL　siteform@kyoei-syuppan.net

２０１９年度

名古屋中学校

中 学 入 学 試 験 問 題

算　　　数

(60分)

注 意 事 項

◎ 「始め」の合図があるまで中を見てはいけません。

◎ 解答用紙は別になっています。

◎ 答えは解答用紙のきめられた「らん」に書きなさい。

◎ 円周率は3.14とします。

◎ 直線は三角定規を使ってひきなさい。

算　　数

I　　次の問いに答えなさい。

（1）　$28-\{28-4\div(8-2)\times9\}\div11$ を計算しなさい。

（2）　$\dfrac{1}{1+\dfrac{1}{1+\dfrac{1}{1+0.25}}}$ を計算しなさい。

（3）　9でわると8あまり，10でわると9あまり，12でわると11あまる整数があります。このような整数で，1000にもっとも近い整数を求めなさい。

（4） 右下の図の①から⑦までの7つの部分を，青色，黄色，赤色のすべての色を使ってぬり分けます。
となりあった部分は同じ色でぬらないとき，何通りのぬり方がありますか。となりあった部分とは，右上の図の『ア』と『イ』の関係を表し，『ア』と『ウ』の関係はとなりあっていないこととします。

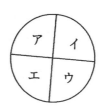

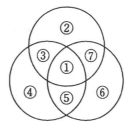

（5） 右の図の印をつけた角の大きさの合計を求めなさい。

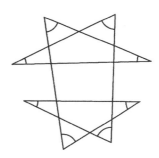

（6） 右の図の円の半径は6cmで，円周上に円周を12等分にする点があります。このとき，色がついた部分の面積を求めなさい。

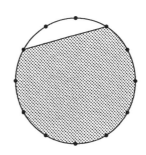

（7） ある池の周りにそって池を一周する道があります。その道を一郎君と三郎君は時計回りに，二郎君は反時計回りに同じ地点を同時に出発して歩くことにしました。一郎君は分速75m，二郎君は分速60m，三郎君は分速40mで歩きます。二郎君は一郎君とはじめて出会ってから7分後に三郎君と出会いました。三人全員が速さを保つとき，次の問いに答えなさい。

① 二郎君と一郎君がはじめて出会ったのは，歩き始めてから何分後ですか。

② この池を一周する道の長さは何mですか。

Ⅱ 　名古屋中学校の生徒の間でゲームＡがはやっています。いま，ひろし君はゲームＡで，次に2回連続で勝つと勝率が2分5厘上がり，逆に2回連続で負けると勝率が3分7厘5毛下がります。ゲームＡは引き分けはなく必ず勝敗が決まり，

　　　　　(勝率) = (ゲームＡで勝った回数) ÷ (ゲームＡをした回数)

となります。また，

　　　　　(10毛) = (1厘)

です。このとき，次の問いに答えなさい。

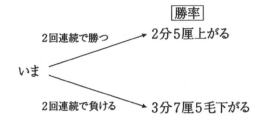

（1）　ひろし君はいままでにゲームＡを何回しましたか。

（2）　ひろし君はいままでにゲームＡで何回勝ちましたか。

Ⅲ　次の会話文を読み，あとの問いに答えなさい。

ひろし：先生，こんにちは。
先　生：やあ，ひろし君。こんにちは。
ひろし：先生，何か面白い問題ありませんか？
先　生：面白いかどうかわからないけれども，1問やってみようか？
ひろし：はい！　お願いします。
先　生：ではさっそくやってみよう！

《問題①》

　　あるお店の缶ジュースは，空き缶3本と新しい缶ジュース1本を交換してくれます。
途中で飲んだ缶ジュースと合わせて，飲むことのできる缶ジュースが100本であるた
めには，少なくとも何本の缶ジュースを買う必要がありますか。

ひろし：え，先生，この問題簡単すぎませんか？　だって，3本のジュースを買えば，実際は4本
　　　　飲むことができるから，　　　　ア　　　　を計算して，75本ですよね？
先　生：本当にそれでいいかい？
ひろし：別のお店で新しい缶ジュースを買ってきたり，空き缶を拾ってきたり，他の人からもらう
　　　　のはなしですよね？
先　生：そりゃそうだよ。
ひろし：じゃあ，合ってると思いますけど…
先　生：空き缶と交換した新しい缶ジュースの空き缶のことを忘れてないかい？
ひろし：あっ，そっか！　交換した缶ジュースも空き缶になるから，その分の計算もしなければい
　　　　けないのですね！
先　生：その通り！
ひろし：なるほど，ぼくは，ちゃんと問題の意味を理解していなかったのですね…
先　生：算数に限らず，文章の意味を正しく理解することはとても大事なことです。これからは，
　　　　もう少し注意深く問題を読みましょうね！
ひろし：はい，先生！　わかりました！

２０１９年度

中学入学試験問題

理　科

（40分）

注　意　事　項

◎「始め」の合図があるまで中を見てはいけません。

◎解答用紙は別になっています。

◎答えは解答用紙のきめられた「らん」に書きなさい。

理　　科

I 次の問いに答えなさい。

問1 鉄粉と金を使って，以下の実験を行いました。(1)～(2)の問いに答えなさい。ただし，鉄は燃やす前はさびず，金は燃えないものとします。

〔実験1〕 同じ割合で金が混ざった鉄粉AとBの重さをはかると，それぞれ22.5gでした。

〔実験2〕 鉄粉Aを完全に燃やすと，32.1gになりました。

〔実験3〕 鉄粉Bに，金が混ざっていない鉄粉をふりかけて重さをはかると，33.7gでした。これを鉄粉Cとします。

〔実験4〕 鉄粉Cを完全に燃やすと，48.1gになりました。

(1) 金が混ざっていない鉄粉28.0gを完全に燃やすと何gになりますか。

(2) 鉄粉Aに含まれる金の重さは何gですか。

問2 以下の実験を行いました。(1)～(4)の問いに答えなさい。

〔実験1〕 5.4gのアルミニウムにうすい塩酸Aを加え続けると，100.0cm³加えたところでアルミニウムは全部とけ，気体Xの発生が止まりました。反応後のよう液をBとします。

〔実験2〕 よう液Bを加熱し水を蒸発させたところ，白い粉Yが26.7g残りました。

〔実験3〕 うすい塩酸A45.0cm³にうすい水酸化ナトリウム水よう液Cを加え続けると，60.0cm³でちょうど中和しました。

〔実験4〕 うすい塩酸A45.0cm³にうすい水酸化ナトリウム水よう液Cを20.0cm³加えた後，生じた食塩がすべて水にとけていることを確認しました。反応後のよう液をDとします。

〔実験5〕 よう液Dに5.4gのアルミニウムを加え，反応させました。

(1) 白い粉Yの名前を答えなさい。

(2) 5.4gのアルミニウムにうすい塩酸Aを60.0cm³加えた後，よう液を加熱し水を蒸発させました。残ったアルミニウムと白い粉Yはあわせて何gになりますか。小数第2位を四捨五入し，小数第1位まで答えなさい。

（3）　実験5でよう液Dにアルミニウムは何gまでとけますか。小数第2位を四捨五入し、小数第1位まで答えなさい。

（4）　気体Xは理科室でつくることができますが、空気中にはほとんどありません。この理由を、次のア～オから1つ選び、記号で答えなさい。

　　　ア　気体Xは空気中のちっ素と反応し、アンモニアになるから。
　　　イ　気体Xは空気中の二酸化炭素と反応しやすいから。
　　　ウ　気体Xは空気中の水分と反応しやすいから。
　　　エ　気体Xは空気より非常に軽いから。
　　　オ　気体Xは空気より非常に重いから。

Ⅱ　次の会話文を読んで，下の問いに答えなさい。

ゆうた：先生，先週からうちでおばあちゃんのウサギをあずかっています！　ウサギもぼくたちヒト
　　　　と同じ（　ア　）類ですよね。

先　生：そうだよ。ウサギも子を産んでお乳を飲ませて育てるんだ。きみのところはネコを飼っ
　　　　ていたよね？

ゆうた：はい，そうです。ネコがウサギをおそわないように注意しています。ネコとウサギとでは
　　　　えさが全然ちがうのですね。

先　生：ネコは肉食動物，ウサギは草食動物だから，えさだけでなくからだのつくりもいろいろ
　　　　ちがっているよ。例えば，（　イ　）の長さは，ネコは身長の４〜５倍，ウサギは10倍，ウ
　　　　シは25倍もある。ウシは（　ウ　）も４つに分かれていて，長い時間をかけて食べた植
　　　　物の養分を取り込んでいるんだ。

ゆうた：なぜ，草食動物は養分を取り込むのに時間がかかるのですか？

先　生：植物の細胞には，かたちを保持するために（　エ　）があることは知っているよね。こ
　　　　れはセルロースという炭水化物でできているけれど，草食動物はセルロースを分解する
　　　　物質をつくることができないんだ。

ゆうた：それじゃあ，草を食べても意味ないじゃないですか！

先　生：だから，（　イ　）や（　ウ　）の中にセルロースを分解吸収できる細菌を住まわせて，
　　　　そのはたらきを利用したり，それ自体を消化吸収したりすることで，食べた植物の養分
　　　　も取り込んでいるんだ。

ゆうた：そういえば，ウサギはふんを食べるって本当ですか？

先　生：ウサギは小さめの（　ウ　）が１つしかなくて（　イ　）もウシよりは短い。消化吸収
　　　　しきれなかったものは，ゼリーのようなものに包んだやわらかいふんとして排出するん
　　　　だ。これをもう一度食べて消化吸収をくり返し，養分をしっかり取り込んでいるんだよ。

ゆうた：よーし，家に帰ってしっかり観察しようっと！

(1)　文中の（ア）〜（エ）にふさわしい語句を，それぞれ答えなさい。ただし，（イ）（ウ）はそれぞ
　　れ漢字1文字で答えなさい。

(2)　文中の下線部Aとは異なり，卵を産む（ア）類がいます。その動物名を1つカタカナで答えな
　　さい。

(3) 文中の下線部Bのように，異なる生物どうしには「食べる食べられる」の関係がみられ，その結果，ある生物のもつ養分が別の生物へ移動することになります。左の会話文でみられる生物間における養分の移動を，次のように示しました。矢印の左側の生物から右側の生物に養分が移動することを示しています。次の①②にあてはまる生物を，文中より探して答えなさい。

（　①　）　→　（　②　）　→　（　ウ　シ　）

(4) 下図は，ライオンとウシの頭骨のスケッチです。文中の下線部Cについて，次の問いに答えなさい。

ライオン　　　　　　　　　　　　　　　　　ウ　シ

①　図中のDの歯の名前を答えなさい。また，ウシのDの歯の特徴(とくちょう)としてあてはまるものを，次のア～カからすべて選び，記号で答えなさい。

ア　するどい　　　　　イ　平たい　　　　　ウ　肉をかみきる
エ　草をかみきる　　　オ　肉をすりつぶす　　カ　草をすりつぶす

②　ライオンとウシでは，目のつき方にも違いがあり，そのため，見え方もそれぞれ違いがあります。見え方の違いを「視野」と「きょり」という語句を用いて，句読点を含め30文字以内で答えなさい。ただし，「ライオンはウシとくらべて」という書き出しに続けて書きなさい。なお，「視野」とは目に見えるはんいのことです。

Ⅲ　次の問いに答えなさい。

　　　　Nさんは，2018年7月27日に，ユネスコの世界自然遺産になっている北海道の知床半島を訪れました。

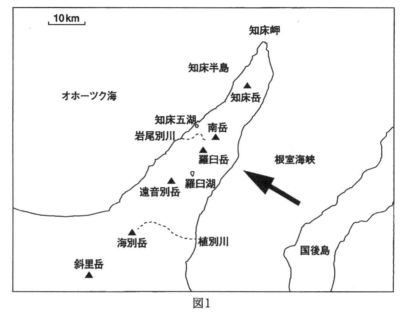

図1

（1）　知床半島の中央には高さ1500m前後の山々が連なっています。また，知床半島には，図1の矢印のように，根室海峡側から湿った風が吹いていることが多いといいます。このことから，知床半島のオホーツク海側の町と根室海峡側の町をくらべたときに，晴れる日が多いのはどちらでしょうか。どちらかを選び，アまたはイの記号で答えなさい。

　　　ア　オホーツク海側　　　　　イ　根室海峡側

（2）　Nさんが羅臼岳に登った日の夜はよく晴れていました。ある時刻に空を見ると，真南の空に満月がかがやいていました。何時頃に空を見たと考えられますか。最も適切なものを次のア〜オから1つ選び，記号で答えなさい。

　　　ア　午後6時頃　　　　イ　午後9時頃　　　　ウ　午前0時頃　　　　エ　午前3時頃
　　　オ　午前6時頃

(3) この日の夜に見ることができなかった星座として，最も適切なものを次のア〜オから1つ選び，記号で答えなさい。

  ア　さそり座　　　イ　かに座　　　ウ　みずがめ座　　　エ　おおぐま座
  オ　カシオペア座

(4)　Nさんは，次の日の朝に南岳の山頂から日の出を見ようと考えました。日の出の時刻を調べる前に，まずは太陽が南の空で一番高い位置にくる時刻（南中時刻）を計算してみることにしました。次の問いに答えなさい。

  ①　地球は，北極と南極をむすぶ軸を中心に1日で1回転しています。このことを自転といいます。1日を24時間として，地球が角度1度だけ自転するのに何分かかるか求めなさい。

  ②　名古屋（北緯35度，東経137度）における太陽の南中時刻は11時59分でした。知床半島南岳（北緯44度，東経145度）における太陽の南中時刻を，24時間制の時刻表記で答えなさい（例：午後2時は14時と答えます）。

  ③　Nさんは，南岳の緯度と経度だけを使って，前もって調べておいた日の出の時刻に合わせて南岳の山頂へ到着しました。このときの太陽のようすについて述べた文のうち，最も適切なものを次のア〜オから1つ選び，記号で答えなさい。ただし，水平線から昇る太陽をさえぎるものはないものとします。

  ア　時間通りにちょうど日の出をむかえた太陽を見ることができる。
  イ　山の高さが原因で，日の出の時刻が早まるため，太陽はすでに昇っている。
  ウ　山の高さが原因で，日の出の時刻が遅れるため，太陽はまだ昇っていない。
  エ　光が大気によって曲げられて，日の出の時刻が早まるため，太陽はまだ昇っていない。
  オ　光が大気によって曲げられて，日の出の時刻が遅れるため，太陽はすでに昇っている。

(5) 図2は，南岳の山頂から，日の出の後に太陽を背にしてとった写真です。南岳山頂の影が〇印のところに写っています。このあと時間がたったときに，南岳山頂の影が動いていく方向として，最も適切なものを図2の**ア～エ**から1つ選び，記号で答えなさい。

図2

(6) 知床半島の先端は，一部分が「だん」のようになっています（図3の ：…： で囲まれた部分）。この「だん」のような地形が生まれた原因について述べた文のうち，最も適切なものを次の**ア～オ**から1つ選び，記号で答えなさい。

図3

ア 山に降った大量の雨が山から海に流れるときに，大地をけずり，「だん」ができた。

イ ヒトが生活するために山を切り開き，「だん」を作って田畑や放牧地として使った。

ウ 海や陸の野生動物が何年にもわたって生活するなかで，「だん」ができた。

エ 噴火によって流れ出たマグマが，海で冷やされて，「だん」の形に固まった。

オ 海のはたらきによって「だん」になった部分が，大地の隆起または海面の低下によって，地上に現れた。

中 学 入 学 試 験 問 題

社　　会

(40分)

注 意 事 項

◎ 「始め」の合図があるまで中を見てはいけません。

◎ 解答用紙は別になっています。

◎ 答えは解答用紙のきめられた「らん」に書きなさい。

◎ 教科書中に漢字で書かれている語句は，全て漢字で
答えなさい。

次の A ・ B の文章を読んで，それぞれの文章に対する問いに答えなさい。

A　初田先生の中学3年生の社会の授業中です。

初田：今日は「①水」をテーマに話をしようと思います。グローバルな水危機という課題
　　　がますます大きくなりつつあることを受けて，②国連総会は③2018年3月22日
　　　から「水の国際行動の10年」をスタートさせました。まずは，「水」について思い付
　　　くキーワードを，ふせんに書いてみよう。

打ち水	水害	水の汚れ	水田	みそぎ	仮想水	水不足	農業用水
洪水	工業用水	高潮	生活排水	酸性雨	水資源	生活用水	津波

以下，ふせんに書かれたキーワードに基づいて話が展開する…

アキト：④今年の夏はとても暑かったので，家の前の道路に[打ち水]をおこないました。

　初田：熊谷市では観測史上最高の41.1度を観測した。とても暑い夏だったね。

アキト：地元の多治見市でも気温の最高記録を更新しました。⑤どうしてこんなに気温が
　　　　上がるんだろう。

　初田：まずは熊谷市と多治見市の共通点を考えてみよう。

サツキ：そうだなぁ，いずれも内陸県にありますね。

カズキ：それに，南に大都市がある。

アキト：確かに！東京と名古屋ですね。高温と何か関係がありそうだな。

　初田：そうだね。次回の授業までに調べておこう。「水」に関して他にはどうかな？

サツキ：今年は大きな[水害]もありました。

　初田：「平成30年7月豪雨」だね。

タクト：川が決壊して[洪水]になった⑥倉敷市真備町地区の被害の映像をテレビでみま
　　　　した。

初田：水はわたしたちの生活にとってなくてはならない重要なものだけど，[洪水]，[津波]など凶器と化すこともある。汚れた水を口にすることでたちまち命が危険にさらされる場合もある。

カズキ：⑦四大公害病のうちの3つは[水の汚れ]が原因ですものね。

アキト：[水田]には，夏の気温を下げるなど気温を安定させる働きがありますね。それに，[洪水]や土砂くずれの防止にも役立っています。

サツキ：[水田]といえば，⑧安倍内閣が半世紀近く続いてきた米の生産調整である（　X　）政策を廃止しました。

初田：そうだね。その目的はわかるかな？

カズキ：えぇと…農家の創意工夫を促して競争力を強めることですよね。

初田：その通り。今後どのような影響があるか注目だね。

カズキ：ところで，[みそぎ]っていうのは何ですか？

アキト：古墳時代にはじまった，川の水に入って罪やけがれを落としきよめることだよ。歴史の⑨原始・古代の時代の授業で勉強しました。

タクト：よく「水」から[みそぎ]を連想できたね。宗教的にも「水」は重要な意味合いがある場合がありますね。

初田：そうだね。インドではガンジス川での沐浴が有名だけど，⑩キリスト教主義の本校に通っている諸君なら，洗礼という言葉が出てきてほしかったな。

アキト：すみません…。

初田：[仮想水]という言葉があるけど，知っている人どのくらいいるかな？

タクト：「バーチャル・ウォーター」ですよね。聞いたことはあるけど…詳しくはわかりません。

初田：（　　　　　　　　　Y　　　　　　　　　）だよ。

サツキ：なるほど，ということは，たとえば，小麦を輸入したとしたら…。

カズキ：小麦の生産には大量の水が必要だから…。

タクト：そうか，小麦の輸入は，生産に必要な水を輸入しているのと同じことになるのか〜。

初田：そういうこと。日本は降水量も多く，全体として必要な[水資源]が足りなくなることはないけど，だからといって，⑪世界の水問題と無関係というわけではない。
よし，それじゃあ，最初に挙がったキーワードに加えて話の中で新たに出てきたキーワードもふくめて⑫分類して整理してみよう。同じグループの語句をまとめて，グループに名前をつけて，関連のあるものを線でつないでみよう。

問1　下線部①について，室町時代に作られた京都の竜安寺（龍安寺）というお寺には，枯山水という石と砂で山や水などを表す様式の石庭があります。室町時代の文化について述べた文としてまちがっているものを次のア〜エから一つ選び，記号で答えなさい。

　　ア　雪舟は中国で約2年間本格的な水墨画にふれ，研究を重ねながら絵のうでをみがいた。
　　イ　日本の伝統芸能である能が，観阿弥・世阿弥の父子によって，大成された。
　　ウ　たたみやふすまを取り入れた書院造という日本独自の建築様式が完成した。
　　エ　本居宣長が『古事記』の研究を進めるなど，国学という学問がおこった。

問2　下線部②について，2018年9月，核実験の禁止を訴える国連総会の会合が国連本部で開かれ，8月に現職として初めて長崎原爆の日の式典に参列した事務総長や各国の代表らが，核兵器のない世界を実現させるため包括的核実験禁止条約（CTBT）の早期発効が必要であると訴えました。現在（2018年12月31日現在）の国連事務総長を，次のア〜エから一つ選び，記号で答えなさい。

　　ア　潘基文　　　イ　アナン　　　ウ　グテーレス　　　エ　ガリ

問3　下線部③について，次の問いに答えなさい。

　（1）　7月，サッカーワールドカップがロシアで開催されました。「ロシア」に関する説明文としてまちがっているものを次のア〜エから一つ選び，記号で答えなさい。

　　ア　現在（2018年12月31日現在）の大統領はプーチンである。
　　イ　国土面積は世界第1位で，人口は世界第2位である。
　　ウ　日本との間に北方領土問題を抱えている。
　　エ　首都はモスクワである。

（2） 朝鮮半島では，南北首脳会談が開催されました。また，6月に史上初の米朝首脳会談が開催されました。これに関連して，日本と朝鮮半島との関係についての次の問いに答えなさい。

① 日本と朝鮮半島との関係に関するA〜Dのことがらが起きた時代を，右の年表の①〜⑥にふりわけたものとして正しいものを下の**ア〜カ**から一つ選び，記号で答えなさい。

A　朝鮮出兵の際，日本に連れてこられた人々からすぐれた焼き物をつくる技術が伝わり，有田焼や薩摩焼がつくられた。

B　中国と新羅の連合軍に敗れたのち，朝廷は，九州に城を築いたり兵士を集めたりして防衛に力を入れた。

C　中国や朝鮮からやってきた渡来人が，金属加工，建築や土木工事，養蚕や織物などの技術を日本各地に伝えた。

D　12回にわたって朝鮮通信使が日本をおとずれ，各地で歓迎を受けた。朝鮮通信使の一行は多い時には500人にものぼった。

年表
①
大化の改新
②
平治の乱
③
承久の乱
④
応仁の乱
⑤
関ヶ原の戦い
⑥

古い↑　↓新しい

ア A-③ B-② C-④ D-⑥　　**イ** A-② B-③ C-① D-⑤
ウ A-① B-③ C-② D-④　　**エ** A-⑤ B-④ C-① D-③
オ A-② B-③ C-⑥ D-⑤　　**カ** A-⑤ B-② C-① D-⑥

② 近代における日本と朝鮮半島との関係を述べた次の**ア〜エ**の文章を年代の古い順に並べ替え，記号で答えなさい。

ア 日本は，朝鮮の人々の強い反対をおしきって，朝鮮を植民地にした。

イ 朝鮮での反乱に援軍を送った中国とそれに対抗して出兵した日本との戦争が始まった。

ウ 関東大震災後，「朝鮮人が暴動を起こす」という根拠のないうわさが流れた。

エ 朝鮮をめぐる日本とロシアとの対立が戦争へと発展した。

—4—

問4　下線部④について，2018年の夏の全国高等学校野球選手権大会は1915年の第1回大会から数えて100回目の記念大会となりました。しかし，歴代優勝校は98校しかありません。それは，2度中止になっているからです。第4回大会は，あるできごとのため，中止になりました。次の新聞記事はその中止を伝えるもので，記事のなかの█には中止の理由となったできごとが入ります。█に入るできごとを答えなさい。

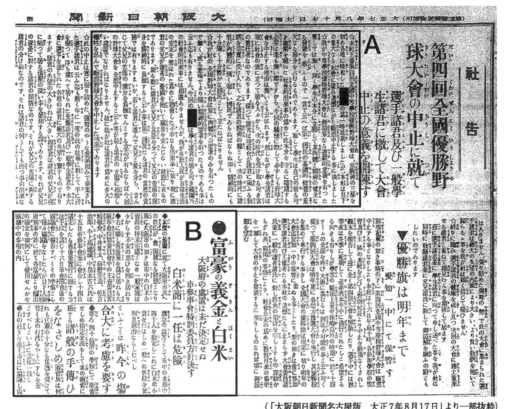

（「大阪朝日新聞名古屋版　大正7年8月17日」より一部抜粋）

A

☆本社主催第四回全国中等学校優勝野球大会は、京阪神の三都を初め各地に蜂起した■■の為一時延期しましたが、本社は目下の重大なる形勢に鑑み遺憾ながら断然中止する事に決しました

☆我が中等学校優勝野球大会は無論単なる遊戯的意義を有った催しでは無く、深く学生の本分に立脚して其肉体と精神の健全な発達を希うもので一言で云えば第二国民の基礎的修養の重大なる部分を占むるものであります。従って諸君は現社会が諸君に与うる可き当然の責任者なのであります。然しながら学生諸君は現に社会の表に立って居る人々から、次の時代を受け取る可き当の責任者なのであります。従って諸君は現社会が諸君に与うる教訓を切実に受け入れて之を諸君の精神の糧として次の時代に諸君が肉体的に強く逞しい国民であらねばならぬ如く精神的にも十分強く十分豊かな国民として立たねばなりません

☆我が社の全国野球大会は単に肉体的の要求のみを有ったもので無く、或る意味でより強い精神的要求を有ったものである事は云う迄も有りません。今回の■■は学生諸君の居る可き範囲外に、我が多数人民が日常生活の安定を奪われた為に勃発した不幸なる出来事に依り現に諸君の父兄が深甚の憂慮を抱いて寝食を安んじない状態に在るのであります。斯る際に諸君が父兄と其憂を分つて父兄の苦痛の幾分を精神的に負担すると云う事は第二国民たる諸君の当然の責務ではあり有りますまいか。若し諸君に進んで父兄と憂を分ち、甘んじて父兄の苦痛の幾分を負担せんとする意志が有るならば今回の野球大会を全然中止すると云う事が最も諸君の立場に相応しい処置でなければなりません。故に我が社は諸君の為めに多大の犠牲を忍んで断然野球大会を中止した次第であります

B

富豪の義金と白米

大阪府の処置は未だ決定せぬ
市参事会特別委員方針決す
白米商に一任は危険

◆米価の暴騰に就いて大阪府市民へ応急の処置として市中の米商中の四十人を指定しこれに白米の小売を行わしめ一般への供給を便利且円滑ならしむべし

殊に大阪市の如きは市中の白米小売商の持米空虚となり一般家庭は少なからず不安の思いを抱き居れり

◆右に関し善後策を講じ居れる大阪市会特別委員会中の主査委員宮崎敏介、中井隼太、前野芳造、中島米吉氏は十五日市参事会室に会合し十四日議定したる善後策実行に関する方法手段を講じ十六日市会閉会後の協議会に報告すべくその準備として種々協議をなしたるが目下大阪府知事の許に於いて名富豪より醵出の義金をいかにして使用せんかを協議中の事項の内

白米商に一任は危険
ということは昨今の場合大いに考慮を要す

諸般の手伝い
をなさしめ

◆寧ろ四十箇所の学校にて販売せしめ指定米商をして米の販売に関する諸般の手伝いをなさしめ販売所は何れも官憲の十分なる保護を受けて普く米の行渡るようにするを至とすべしという意見一致し

◆右の趣きを池上市長に開陳し尚

（A，Bは、新聞記事の一部をわかりやすく加工・修正して作成）

問5　下線部⑤について，次の問いに答えなさい。

（1）　アキトくんは，熊谷市が高温となる理由を調べるために，インターネットで検索したところ，熊谷地方気象台のウェブサイトが見つかりました。そこで説明されていた2つの理由をアキトくんは次のようにまとめました。次の文章の（　1　）〜（　3　）にあてはまる語句をそれぞれ答えなさい。

① 　熊谷市は（　1　）平野の奥まったところに位置し，南からの涼しい海風の進入が遅くなります。また，海風は東京などの大きな都市を通ってくる間に暖められて，気温の上昇を抑える効果が小さくなります。これには，大都市で人工の熱などのために気温が高くなる，「（　2　）現象」も影響していると考えられます。

② 　上空の風が，（　1　）平野の北側や西側の山から吹き下ろす際に高温となるため気温が上がります。これを「（　3　）現象」といいます。

（2）　熊谷市のある都道府県について述べた文として正しいものを次のア〜エから一つ選び，記号で答えなさい。

ア　明治政府はこの都道府県に鹿鳴館という洋館を建て，そこで外国人を招いて舞踏会などを開き，日本の洋風化を示そうとした。

イ　この都道府県にある足尾銅山の精錬所から出るけむりや鉱毒によって，農作物や家畜に被害が出るようになった。

ウ　この都道府県には，日光東照宮がある。江戸幕府をひらいた徳川家康がまつられており，現在，世界遺産に登録されている。

エ　自由民権運動のさなか，農民の声におされて過激になった民権派はこの都道府県で秩父事件などの暴動をおこした。

問6　下線部⑥について，次の表は，倉敷市，金沢市，松本市，高知市のある県の県庁所在都市の気温と降水量（1981～2010年の平均）をあらわしたものです。倉敷市のある県の県庁所在都市にあてはまるものを表中のア～エから一つ選び，記号で答えなさい。

		1月	2月	3月	4月	5月	6月	7月	8月	9月	10月	11月	12月	年平均
ア	気温(℃)	4.9	5.5	8.8	14.5	19.3	23.3	27.2	28.3	24.4	18.1	12.3	7.3	16.2
	降水量(mm)	34.2	50.5	86.7	92.3	125.0	171.5	160.9	87.4	134.4	81.1	51.2	31.0	1105.9
イ	気温(℃)	3.8	3.9	6.9	12.5	17.1	21.2	25.3	27.0	22.7	17.1	11.5	6.7	14.6
	降水量(mm)	269.6	171.9	159.2	136.9	155.2	185.1	231.9	139.2	225.5	177.4	264.9	282.1	2398.9
ウ	気温(℃)	6.3	7.5	10.8	15.6	19.7	22.9	26.7	27.5	24.7	19.3	13.8	8.5	17.0
	降水量(mm)	58.6	106.3	190.0	244.3	292.0	346.4	328.3	282.5	350.0	165.7	125.1	58.4	2547.5
エ	気温(℃)	-0.6	0.1	3.8	10.6	16.0	20.1	23.8	25.2	20.6	13.9	7.5	2.1	11.9
	降水量(mm)	51.1	49.8	59.4	53.9	75.1	109.2	134.4	97.8	129.4	82.8	44.3	45.5	932.7

（『2018/19日本国勢図会』をもとに作成）

問7　下線部⑦について，次の問いに答えなさい。

（1）　四大公害病のうち，水の汚れが直接の原因ではない病気が発生した都市名を答えなさい。

（2）　四大公害病が発生した都市のある都道府県のどれにも**あてはまらないもの**を次のア～エから一つ選び，記号で答えなさい。

ア　新幹線が通過している。　　　イ　東経140度以東にある。
ウ　世界遺産登録地がある。　　　エ　政令指定都市がある。

—8—

問8　下線部⑧について，次の問いに答えなさい。

（1）　内閣の仕事にあてはまらないものを次の**ア～オ**から一つ選び，記号で答えなさい。

　　ア　条約を締結する。　　　　　　**イ**　天皇の国事行為について助言と承認を行う。
　　ウ　政令を制定する。　　　　　　**エ**　憲法の改正を発議する。
　　オ　最高裁判所の長官を指名する。

（2）　2018年10月，第4次安倍改造内閣が発足しました。これについて述べた次の文章の
　　（　A　）・（　B　）に入る語句をそれぞれ答えなさい。

　　　自民党の総裁選がおこなわれ，石破茂氏を破り安倍晋三首相が勝利しました。今回
　の自民党の総裁選は実質的に内閣総理大臣を選ぶ選挙でもあります。
　　　日本は（　A　）制のしくみをとっています。（　A　）制のしくみのもとでは，内閣は
　国会の信任にもとづいて成立し，内閣が国会に対して連帯して責任を負います。日本で
　は，国会の選挙で最も多くの議席を獲得した政党の党首が内閣総理大臣となり内閣を
　組織します。
　　　現在，衆議院の議席の過半数を自民党が占めています。そのため，衆議院においては
　自民党の総裁が内閣総理大臣に指名されることになります。仮に参議院で別の人物が
　内閣総理大臣に指名されたとしても，衆議院の（　B　）により，衆議院の議決が国会
　の議決となります。よって，今回の自民党の総裁選は，実質的に内閣総理大臣を選ぶ選
　挙といえるのです。

問9　Ａの文章中の（　X　）にあてはまる語句を答えなさい。

問10　下線部⑨について，次の問いに答えなさい。

（1）　縄文時代につくられたのは次のAとBのどちらか。また，その説明として正しいのは下の
ⅠとⅡのどちらか。正しい組合せを下のア〜エから一つ選び，記号で答えなさい。

A　　　　　　　　　　　　　　　　　B

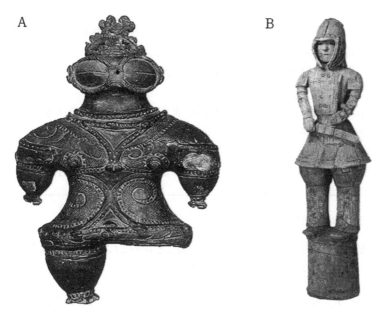

(Aは東京国立博物館Webサイトhttps://www.tnm.jp/modules/r_free_page/index.php?id=1906#top，
Bは浜島書店『新詳日本史』より引用)

Ⅰ　武人のすがたをあらわしていると考えられ，権力者の墓にならべられたものである。
Ⅱ　胸や丸みを帯びた形から女性と考えられ，豊かなめぐみを願ってつくられたと考えられる。

ア　AとⅠ　　　　　イ　AとⅡ　　　　ウ　BとⅠ　　　　エ　BとⅡ

（2）　次の文章は，3世紀中ごろの日本の様子を知ることができる中国の歴史書を現代語でわかりやすくまとめたものです。これをもとに下の問いに答えなさい。

　　　倭は帯方郡（中国の地名）の東南の海の中の山ばかりの島に住んでいた。漢の時代には百あまりの小さな国が中国に使いを送っていたが，現在そのような関係にあるのは30か国である。
　　　女王のいる国より北側の同盟国には一大率という役人が送られ，その国を監視している。周りの国々はこの一大率を非常に恐れている。
　　　下戸と呼ばれる一般の人々が，支配者階級の大人と道で出会うと，道の横の草の中に入り道をあけ，ひざまずいていた。
　　　この国は長く戦争状態が続いていたが，女性の王を立て，小国をまとめた。その女王が卑弥呼である。神のお告げを伝え，まじないをし，人々をよく統率した。
　　　239年，倭の女王は難升米を使者とし，帯方郡に送ってきた。皇帝は卑弥呼に対して，称号を与え，金印に紫のヒモをつけ，帯方郡の役人を通してこれを与えた。

---

①　この歴史書の名前を答えなさい。

②　この歴史書の上記の部分から読みとれることがらとして**明らかなまちがいを含むもの**を次のア～エから一つ選び，記号で答えなさい。

ア　ひとつの大きな国家ではなく，小国同士が争っていたが，それをまとめたのが卑弥呼であった。

イ　すでに身分差があり，支配者は，強い権力を持っていた。

ウ　一大率と呼ばれる役人が各国を監視していた。

エ　中国から日本に使者が送られ，卑弥呼は称号や鏡をもらった。

問11　下線部⑩について，2018年7月「潜伏キリシタン関連遺産」の世界文化遺産登録が決定されました。これに関連して，この地域で1637年，3万人余りのキリシタンの農民が重い年貢の取り立てとキリスト教に対する厳しい取りしまりに反対して，一揆を起こしました。この一揆の名前を答えなさい。

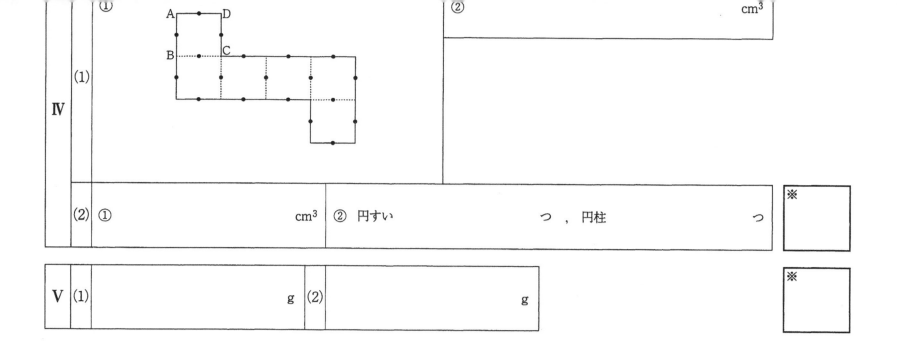

IV	(1)	①		②		cm^3

	(2)	①	cm^3	② 円すい	つ , 円柱	つ

※

V	(1)		g	(2)		g

※

※印のらんには何も書き入れないこと。

受 験 番 号		氏 名	

※ 得 点	※100点満点 (配点非公表)

	(1)	(2)	(3)	(4)		
III				① 分	② 時 分	③
	(5)	(6)	(7)			(8)
			A	B		

	(1)	(2)	(3)	
IV				の電球
	(4)	(5)	(6)	
			a	b

※印のらんには何も書き入れないこと。

受験番号		氏名	

※得点 ※50点満点（配点非公表）

K 教英出版

| 問18 | (1) | | (2) | | | 問19 | (1) | | → | → | → |

| 問19 | (2) | | (3) | ア | | イ |

| 問19 | (4) | | 問20 | |

※

| 問21 | (1) | | (2) | 第　　　条 |

| 問22 | |

| 問23 | 国名 | 理由 |

| 問24 | 漢字 | 理由 |

※

※印のらんには何も書き入れないこと。

| 受験番号 | | 氏名 | |

| ※得点 | ※50点満点
(配点非公表) |

社 会 解 答 用 紙

| 問1 | | 問2 | | 問3 | (1) | |

| 問3 | (2) | ① | | ② | → → → | 問4 | |

| 問5 | (1) | 1 | 平野 | 2 | 現象 | 3 | 現象 |

| 問5 | (2) | | 問6 | | 問7 | (1) | 市 | (2) | |

| 問8 | (1) | | (2) | A | 制 | B | |

| 問9 | | 政策 | |

※

| 問10 | (1) | | (2) | ① | | ② | |

| 問11 | | 問12 | | 問13 | |

※

| 問14 | (1) | | (2) | |

【解答

理 科 解 答 用 紙

I

問1		問2	
（1）	（2）	（1）	（2）
g	g		g

問2	
（3）	（4）
g	

※

II

（1）			
ア	イ	ウ	エ

（2）	（3）	
	①	②

（4）
①

名前	特徴

（4）
②

ライオンはウシとくらべて

算 数 解 答 用 紙

I	(1)		(2)		(3)	
	(4)	通り	(5)	°	(6)	cm²
	(7)	① 分後	② m			

※

II	(1)	回	(2)	回

※

III	(1)	
	考え方	
	(2)	
		本

※

問12 <u>A</u>の文章中の（　　　　　　　Y　　　　　　　）に入る文として正しいと考えられるものを
次のア〜エから一つ選び, 記号で答えなさい。

ア　現実には存在しないが, 電子データとして存在しインターネット上でやりとりされる水の分
量のこと

イ　実際に現地に行かなくても水に触れているかのような体験をすることができるシステムの
こと

ウ　仮に日本で今よりも多くの降水量があったとした場合に, 栽培することができる作物の分
量のこと

エ　仮に輸入した作物を日本で生産していたとしたら, 必要になっていたであろう水の分量の
こと

問13　下線部⑪について，初田先生は次のA～Dの資料のうちのいずれかを根拠として下線部の主張をしました。主張の根拠となりうるものを二つ選び，その組み合わせを下のア～カから一つ選び，記号で答えなさい。

A　日本の食料自給率（％）

	2016 （概算）
穀物（食用・飼料用）	28
米	97
小麦	12
大豆	7
野菜	80
果実	41
肉類（鯨肉を除く）	53
鶏卵	97
牛乳・乳製品	62
供給熱量自給率	38

農林水産省食料需給表による。会計年度。重量ベース。

B　地球上の水

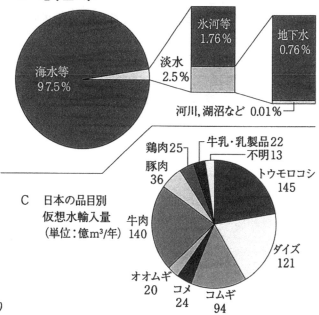

C　日本の品目別
仮想水輸入量
（単位：億m³/年）

D　日本の年降水量のうつりかわり

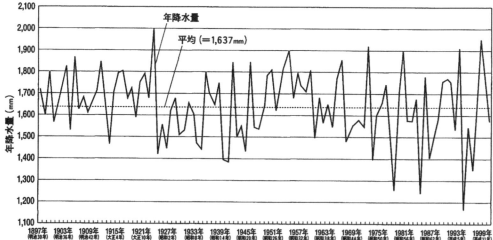

（Aは2018/19日本国勢図会，Bはhttp://www.mlit.go.jp/common/001020285.pdf，Cは沖大幹『水の未来』岩波書店 T. Oki, M. Sato, A. Kawamura, M. Miyake, S. Kanae, and K. Musiake, Virtual water trade to Japan and in the world, *Virtual Water Trade*, Edited by A.Y. Hoekstra, Proceedings of the International Expert Meeting on Virtual Water Trade, Delft, The Netherlands, 12-13 December 2002, Value of Water Research Report Series **No.12**, 221-235, February 2003.を参照し加工して作成，Dはhttp://www.mlit.go.jp/common/001020285.pdfに掲載の図を加工して作成）

ア　AとB　　イ　AとC　　ウ　AとD　　エ　BとC　　オ　BとD　　カ　CとD

問14 下線部⑫について，アキトくんたちは，ふせんを次のように整理しました。これを見て，下の問いに答えなさい。

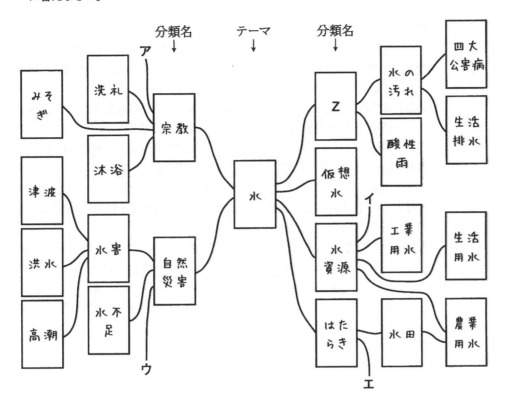

（1） Zにはどのような語句が入ると考えられるか，答えなさい。

（2） 「打ち水」のふせんはどこに配置するのがふさわしいと考えられるか，図中のア〜エから一つ選び，記号で答えなさい。

B 内村先生による受験生向けのオープンキャンパスの体験授業の様子です。

内村：今日はオープンキャンパスの社会科の授業に参加してくれてありがとう。本日の授業を担当する内村です。それでは早速ですが，今から君たちに日本地図を配るね。

ユウタ：先生。この地図に書かれている地名がまちがっています。新潟県が越後と書かれていたり，長野県が信濃と書かれています。

タカシ：本当だ。他にも，長門とか，美作とか，見たことない地名ばかりだね。それに，⑬沖縄や北海道が描かれていないよ。

内村：素晴らしい。よく気が付いたね。それでは，この地図は一体何に使われた地図だろう。

オサム：あれっ。よく見たら⑭鹿児島県が薩摩と書かれているよ。これってもしかして，昔の地図じゃないですか。大河ドラマで薩摩が何とかって言ってた記憶があるもん。

内村：その通り！実はこの地図は，奈良時代の日本の様子を描いたものなのだよ。

タカシ：先生。でもなぜ，奈良時代なのですか。

内村：いい質問だね。実はね，奈良時代に入ると，天皇は日本をひとつにまとめるために，⑮中国にならって，⑯律令という今でいう⑰法律のようなものをつくり，国家づくりをはじめていったんだ。その時にはじめて，現在の都道府県のように，日本の各地を分けていったんだ。今の愛知県も尾張，三河というように全国各地を分けていったんだね。

ユウタ：先生！今でも尾張や三河という地名は残っていますね。

オサム：他にもあるよ。三重県の伊勢や岐阜県の飛騨もそうだ！

内村：よく気が付いたね。でも半島や平野などの地形を見てみると，もっとたくさんあるよ。

タカシ：伊豆半島！讃岐平野！それから相模湾！もしかして千葉県の房総半島って安房と上総をあわせたものじゃないかな。

内村：いいところに目をつけたね。このように昔の人たちが作った日本の形は今の私たちの世の中にも大きく残っているということなんだよ。

ユウタ：あれっ。でも先生。この上総という地名の北側に下総という地名があります。これってまちがっていませんか。

内村：するどい指摘だね。他にも疑問に思うところはあるかな？

オサム：北陸地方には，越前・越中・越後という地名があります。前・中・後はどのように決めているのでしょうか。

タカシ：中国地方の備前・備中・備後もです。どこが基準なんだろう。

内村：基準を考えるヒントをあげよう。現代では高速道路の上り下りは何を基準にしているだろう？

ユウタ：ぼく，知ってます！⑱東京を基準にしているんですよね！

内村：その通り！現在は東京が基準，じゃあこの地図の当時は…。

タカシ：わかった，そういうことか！

内村：ちらほらわかった子がいるみたいだね。現在の私たちの考えだと首都が東京にあるから，関東を中心に考えてしまいがちだけど，日本の歴史を見てみると，⑲<u>明治時代以降</u>を除くと，関西が中心だったころの方が多いんだ。⑳<u>東北地方</u>が一番遠いから陸奥と表現していたのも分かるよね。

オサム：なるほど～。

内村：それじゃあ，最後に問題です。滋賀県を㉑<u>近江</u>という理由は何でしょう。そして，「江」というのは湖をあらわしているんだけど，何という湖でしょう。みんなで相談して考えてみて。わかったら先生のところに答えを言いに来て。じゃあ，はじめ！

……児童同士の話し合いで盛り上がる

内村：見事，全員正解！残念ながら，そろそろ時間だから今日の話はここまで。㉒<u>来年</u>みんなが，名古屋中学校に入学したらこの話の続きをしよう。みんなが名古屋中学校に入学してくれるのを楽しみにしているよ。今日は来てくれてありがとう。

【児童に配られた日本地図】

問15　下線部⑬について，2018年，沖縄県知事選挙が行われました。都道府県知事の被選挙権年齢は，次の**ア〜エ**のどれと同じですか。一つ選び，記号で答えなさい。

　　ア　衆議院議員　　　**イ**　参議院議員　　　**ウ**　市町村長　　　**エ**　都道府県議会議員

問16　下線部⑭について，名古屋中学校では，中学3年生の研修（修学）旅行で屋久島・種子島とともに鹿児島市内を訪れます。薩摩出身の人物として正しいものを次の**ア〜オ**から**全て**選び，記号で答えなさい。

　　ア　伊藤博文　　**イ**　大久保利通　　**ウ**　木戸孝允　　**エ**　吉田松陰　　**オ**　西郷隆盛

問17　下線部⑮について，2018年は，わが国と中国との間に（　　　　　　　）条約が結ばれて40周年の年でした。（　　　　　　　）にあてはまる語句を答えなさい。

問18　下線部⑯には，税のしくみも定められています。税や財政について，次の問いに答えなさい。

　（1）　律令のしくみで定められている税の負担について述べた文として**まちがっているもの**を次の**ア〜エ**から一つ選び，記号で答えなさい。

　　　ア　租は，収穫の約3％の稲を地方の役所へおさめるものである。
　　　イ　雑徭とは，都の警備をおこなうことである。
　　　ウ　調・庸は，布，塩，綿などの特産物を都へおさめるものである。
　　　エ　万葉集には九州の警備をする防人のうたがおさめられている。

　（2）　次のグラフは，国の2018年度の予算案の歳出における主な使い道の割合をあらわしたグラフです。グラフ中のA・Bにあてはまるものを下の**ア〜オ**から一つずつ選び，記号で答えなさい。

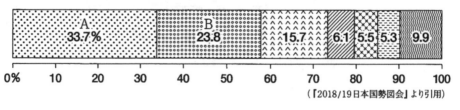

（『2018/19日本国勢図会』より引用）

　　ア　防衛関係費　　　　　**イ**　国債費　　　　　**ウ**　公共事業関係費
　　エ　社会保障関係費　　　**オ**　文教及び科学振興費

問19　下線部⑰に関連して，さまざまなきまりについて次の問いに答えなさい。

（1）　次の資料ア～エを年代の古い順に並べ替えなさい。

ア
　人の和を大事にしなさい。
　仏教を厚く信仰しなさい。
　天皇の命令を守りなさい。

イ
　神武天皇以来絶えることのない，天皇がこれを統治するのである。
　天皇は陸軍及び海軍の軍事司令命令権を行使する。
　日本の国民は法律の範囲内において，思想・信条・言論の自由を持つ。
　議会は二院制を取り，貴族院，衆議院を設置する。

ウ
　頼朝公が決めて以来，守護や地頭のふるまいが，きわめて道理から外れている。ただちに諸国の守護の職務は，昔のように，京都の御所の警護と，謀反や殺人などの犯罪人の取り締まりなどの大犯三箇条に限りなさい。
　女性が養子をとることは，律令では許されないが，頼朝公の時以来現在に至るまで，子供のない女性が土地を養子に譲り与える事例は，武士の慣習として数えきれない。

エ
　文武弓馬の道を極めることに専念しなければならない。
　自分の城を修理する場合は，あらかじめ届け出ること。新しく城郭を築くことは禁止する。
　将軍に報告せず，勝手に結婚してはならない。
　大名は参勤交代で国元から江戸にやってきて奉仕しなければならない。

（2）　2018年6月，「ある法律」の一部が改正され，成年年齢が現行の20歳から18歳に引き下げられました。「ある法律」を次のア～エから一つ選び，記号で答えなさい。

　ア　刑法　　　イ　民法　　　ウ　商法　　　エ　国籍法

（3）　日本国憲法の次の条文中の（　ア　）・（　イ　）にあてはまる語句を，それぞれ答えなさい。

　日本国憲法第25条1項
　　「すべて国民は，（　ア　）で文化的な（　イ　）の生活を営む権利を有する。」

（4）　公職選挙法が改正され, 選挙権があたえられる年齢が満18歳以上に引き下げられました。次のA〜Hのことがらを, 選挙権の移りかわりを表した年表中の $\boxed{1}$ 〜 $\boxed{4}$ にふりわけたものとして正しいものを, 下の**ア〜カ**から一つ選び, 記号で答えなさい。

A　八幡製鉄所がつくられる。
B　ポツダム宣言が受諾される。
C　日英同盟を結ぶ。
D　吉野作造が民本主義を唱える。
E　サンフランシスコ平和条約が結ばれる。
F　二・二六事件が起こる。
G　立憲改進党が結成される。
H　国際連盟が発足する。

年 表
$\boxed{1}$
直接国税15円以上を納める満25歳以上の男子。
$\boxed{2}$
満25歳以上の男子。
$\boxed{3}$
満20歳以上の男女。
$\boxed{4}$
満18歳以上の男女。

（古い↑　↓新しい）

ア　$\boxed{1}$-CG　$\boxed{2}$-ADH　$\boxed{3}$-F　$\boxed{4}$-BE
イ　$\boxed{1}$-ACG　$\boxed{2}$-DH　$\boxed{3}$-F　$\boxed{4}$-BE
ウ　$\boxed{1}$-ACG　$\boxed{2}$-DH　$\boxed{3}$-BF　$\boxed{4}$-E
エ　$\boxed{1}$-AG　$\boxed{2}$-CDH　$\boxed{3}$-F　$\boxed{4}$-BE
オ　$\boxed{1}$-G　$\boxed{2}$-ACDH　$\boxed{3}$-BF　$\boxed{4}$-E
カ　$\boxed{1}$-G　$\boxed{2}$-ACH　$\boxed{3}$-BDF　$\boxed{4}$-E

問20　下線部⑱について, 最高裁判所は1ヵ所, 東京にのみあります。最高裁判所について述べた次の文章AとBの正誤の組み合わせとして正しいものを下の**ア〜エ**から一つ選び, 記号で答えなさい。

A　最高裁判所は法律などが合憲か違憲かについての最終決定権を持つことから, 「憲法の番人」と呼ばれる。

B　参議院議員選挙と同時に, 最高裁判所長官の国民審査が行われる。

ア　A-正　B-正　　　**イ**　A-正　B-誤　　　**ウ**　A-誤　B-正　　　**エ**　A-誤　B-誤

問21　下線部⑲について，右の絵は19世紀に起きたある事件を風刺したものです。この事件は，江戸時代の終わりに結ばれた次の資料の不平等条約がきっかけで，大きな問題になったものです。この絵と資料をもとに，下の問いに答えなさい。

(ビゴー筆，1887年6月「トバエ」9号，日本文教出版『小学社会6年上』より引用)

第3条　下田，函館のほか，神奈川，長崎，新潟，兵庫を開港すること。

　神奈川港を開いた6か月後，下田を閉ざすこと。

　これらの港については，アメリカ人には住む場所を設けて，そこへの滞在を許可する。

　日米両国人が商売をするときには，役人は一切これに関わらず，自由な商売を保障する。

第4条　全て日本に対して輸出入する商品は別冊の通りの税率で，日本政府へ関税を納めること。

　また，アヘンの輸入は禁止する。もしアメリカ商船がアヘンを三斤以上持ってきた場合は，超過分は没収する。

第5条　外国のお金に関しては，日本のお金と同種類のものは，同量をもって通用する。

第6条　日本に対して法を犯したアメリカ人は，アメリカコンシュル裁判所において取り調べのうえ，アメリカの法律によって罰すること。

　アメリカ人に対して違法行為のあった日本人は，日本の役人がこれを明らかにして，日本の法律で裁くこととする。

（1）　この不平等条約が結ばれた当時の大老は誰か。人物名を答えなさい。

（2）　この絵の事件をきっかけにして改正すべきだという考えが広まった不平等な内容は第何条に書かれているか，資料をもとに答えなさい。

問22　下線部⑳について，次の詩は，岩手県出身の宮沢賢治の「雨ニモマケズ」の一部分です。二重下線部で，作者がオロオロ歩いているのは空腹のためだと考えられます。なぜ空腹だと考えられるのでしょうか。関係するこの地域特有の自然現象にふれて説明しなさい。

雨ニモマケズ　風ニモマケズ
雪ニモ夏ノ暑サニモマケヌ　丈夫ナカラダヲモチ
〜中略〜
ヒドリノトキハナミダヲナガシ　　サムサノナツハオロオロアルキ
ミンナニデクノボートヨバレ
ホメラレモセズ　クニモサレズ
サウイフモノニ　ワタシハナリタイ

問23　下線部㉑について，「江」という文字が使われている国名が近江以外にもう一つあります。それを地図中から探しなさい。その上で，なぜその名称が付けられているのかを B の文章を参考にして説明しなさい。ただし，具体的な地形名を解答に入れること。

問24　下線部㉒について，2019年4月末で「平成」が終わり，新しい元号となります。君たちが生まれた平成時代には，さまざまな出来事がありました。その出来事を振り返った上で，平成時代を象徴する漢字を1字選ぶとしたら，君ならどのような漢字を選びますか。平成時代に起こった具体的な出来事や現象を一つ以上挙げ，その漢字を選んだ理由を説明しなさい。

K 教英出版

(7) 図4は，知床と関係する，あるデータの変化を表したグラフです。右下がりの破線は長期の変化傾向を示しており，この変化の原因として，地球温暖化の影響が考えられています。縦軸の単位に注意して，何のデータの変化を表したグラフか，A，Bに入る言葉を答えなさい。ただし，Aは，図1の地図中に書かれている名称の中から，ぬき出しなさい。

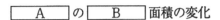

A の B 面積の変化

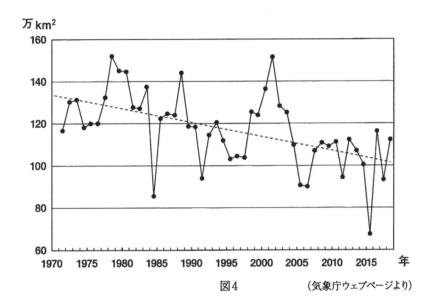

図4　　　　　　（気象庁ウェブページより）

(8) 2018年の夏の時点で，日本で知床のほかにユネスコの世界自然遺産に認定されている場所を次のア～チから3つ選び，記号で答えなさい。

ア　阿寒湖	イ　釧路湿原	ウ　白神山地	エ　蔵王山	オ　尾瀬ヶ原
カ　飛驒山脈	キ　富士山	ク　三宅島	ケ　小笠原諸島	コ　天橋立
サ　鳥取砂丘	シ　秋芳洞	ス　桜島	セ　屋久島	ソ　奄美大島
タ　沖縄島	チ　西表島			

Ⅳ　　次の問いに答えなさい。

【実験1】
　図1のように同じ性能の電池と電球を使って，①〜③の3つの回路をつくりました。

　それぞれの回路に流れる電流値を調べたところ，次のような結果が得られました。

回路	電流値（mA）
①	4
②	7
③	9

　このように電池の数を増やしても電流の値が同じ割合で増えなかったのは，電球の持つ抵抗（電流の流れをさまたげるもの）のためだと考えられます。電球を流れる電流が増えるとともに電球が熱をおび，それによって電球の持つ抵抗が大きくなったからだと予想できます。よって，電池の個数を増やすと，次のグラフのように電流の値が増加していくと予想できます。

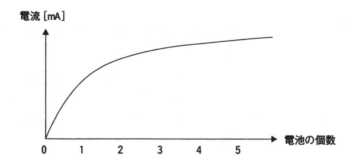

　この電球の性質を考えにいれて，以下の問いに答えなさい。

(1)　下の図のように実験1で用いた電球と電池4個をつないで回路④をつくりました。この回路に流れる電流の値として最もふさわしい説明を、次の**ア〜ウ**から1つ選び、記号で答えなさい。

電池4個

　ア　電流の値は11(mA) になると予想できる。
　イ　電流の値は9(mA) よりも大きく、11(mA) よりも小さいと予想できる。
　ウ　電流の値は11(mA) よりも大きいと予想できる。

【実験2】
　図2のように実験1で用いた電池と電球を使って、⑤〜⑩の6つの回路をつくりました。そして①〜⑩の10個の回路において、電球1個の明るさについて調べました。
　その結果、同じ回路のなかの電球の明るさは全て同じでしたが、異なる回路では明るさのちがう電球もありました。ただし、電球の明るさは電球を流れる電流が大きいほど明るくなるものとします。

図2

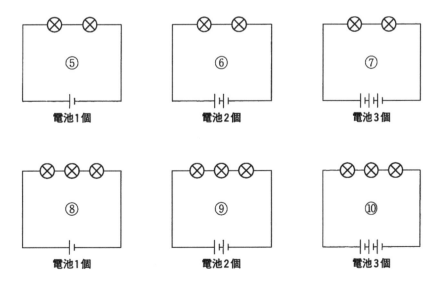

（2）　回路⑩の電球1個の明るさと全く同じ明るさの電球を含む回路を，①～⑨からすべて選び，番号で答えなさい。

（3）　回路⑤の電球と回路⑨の電球では，どちらが明るいですか。明るい方を⑤または⑨の番号で答えなさい。

（4）　回路⑦を流れる電流の値について最もふさわしい説明を，次の**ア**～**キ**から1つ選び，記号で答えなさい。

　　ア　電流の値は4（mA）より小さくなると予想できる。

　　イ　電流の値は4（mA）になると予想できる。

　　ウ　電流の値は4（mA）より大きく，5.5（mA）より小さくなると予想できる。

　　エ　電流の値は5.5（mA）になると予想できる。

　　オ　電流の値は5.5（mA）より大きく，7（mA）より小さくなると予想できる。

　　カ　電流の値は7（mA）になると予想できる。

　　キ　電流の値は7（mA）より大きくなると予想できる。

【実験3】
　図3のように実験1で用いた電池3個と電球3個を使い, 回路⑪をつくり電流を流しました。

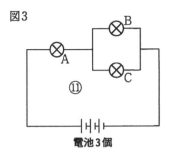

図3

　この回路の3つの電球を図3のようにA, B, Cと呼ぶことにします。電球の性能はまったく同じなので, BとCには同じ値の電流が流れていると予想できます。よって, Aに流れている電流の値は, Bに流れている電流の値の2倍であると考えられます。これらのことを考えにいれて, 次の問いに答えなさい。

(5)　電球A, Bの明るさについて最もふさわしい説明を, 次の**ア～カ**から1つ選び, 記号で答えなさい。

　　ア　Aの明るさは回路①の電球と同じで, Bの明るさは回路②の電球と同じである。
　　イ　Aの明るさは回路②の電球と同じで, Bの明るさは回路①の電球と同じである。
　　ウ　Aの明るさは回路②の電球よりも明るく, Bの明るさは回路①の電球よりも明るい。
　　エ　Aの明るさは回路②の電球よりも明るく, Bの明るさは回路①の電球よりも暗い。
　　オ　Aの明るさは回路②の電球よりも暗く, Bの明るさは回路①の電球よりも明るい。
　　カ　Aの明るさは回路②の電球よりも暗く, Bの明るさは回路①の電球よりも暗い。

(6)　実験1の結果から, 電球Aを流れる電流の値は

$$(\quad a\quad)\,mA\ <\ 電流の値\ <\ (\quad b\quad)\,mA$$

の不等式 (不等号を含んだ関係式) を満たすことが予想できます。上式のaとbにあてはまる数値をそれぞれ答えなさい。ただし, aには予想できる数字のなかでなるべく大きな値を, bにはなるべく小さな値をあてはめなさい。また, 答えが整数以外のときは, 分数で答えなさい。

K 教英出版

K 教英出版

（1） □　ア　□に入る式を答えなさい。ただし，2つ以上の式で答えてはいけません。

（2） 交換した缶ジュースも空き缶になるから，その分の計算もしなければいけないとあります
　　が，この点に注意して，問題①の正しい答えを求めなさい。
　　この問題は考え方も書きなさい。

Ⅳ　次の問いに答えなさい。

（1）　右の図は，1辺の長さが9cmの立方体です。Pは辺
　　　ADのまん中の点，Qは辺CDのまん中の点です。この
　　　とき，次の問いに答えなさい。

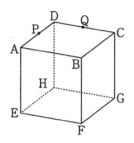

①　この立方体を，3点E，P，Qを通る平面で切ると，断面にできる平面図形の辺は展開
　　図にどのようにかくことができますか。右下の展開図に合うようにかきなさい。

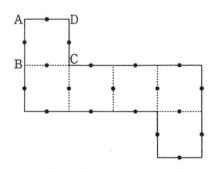

●はすべて辺のまん中の点です

②　この立方体を，3点E，P，Qを通る平面で切り分けるとき，頂点Bをふくむ立体の体積を
　　求めなさい。

（2） 底面の円の半径と高さがともに3cmの円すい2つ
と，底面の円の半径と高さがともに3cmの円柱がたく
さんあります。底面どうしをつなげると，右の図のよう
な立体を作ることができます。このとき，次の問いに答
えなさい。

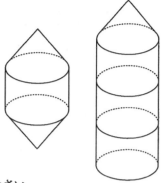

① 円すい1つと円柱2つをつなげた立体の体積を求めなさい。

② 円すいと円柱をいくつかつなげた立体の体積を求めたところ，989.1cm³となりました。
この立体は円すいと円柱をいくつずつつなげましたか。

Ⅴ　　15％の食塩水900gを入れた容器A，9％の食塩水600gを入れた容器B，水1200gを入れた容器Cがあります。いま，【作業1】を1回だけ行い，そのあと，【作業2】を1回だけ行ったら，容器A，容器B，容器Cに入っている食塩水の濃度がすべて同じになりました。このとき，次の問いに答えなさい。

【作業1】
　容器A，容器Cから同じ量ずつ食塩水または水をとり，容器Aの分を容器Cに，容器Cの分を容器Aに入れて，それぞれよくかきまぜます。

【作業2】
　容器B，容器Cから同じ量ずつ（【作業1】と同じ量とは限りません）食塩水をとり，容器Bの分を容器Cに，容器Cの分を容器Bに入れて，それぞれよくかきまぜます。

（1）　【作業1】でとった食塩水または水の量は何gですか。

（2）　【作業2】でとった食塩水の量は何gですか。

K 教英出版

2018年度　　　　名古屋中学校

中学入学試験問題

算　　　数

(60分)

注　意　事　項

◎ 「始め」の合図があるまで中を見てはいけません。

◎ 解答用紙は別になっています。

◎ 答えは解答用紙のきめられた「らん」に書きなさい。

◎ 円周率は3.14とします。

◎ 直線は三角定規を使ってひきなさい。

算 数

Ⅰ   次の問いに答えなさい。

（1） 原価800円の品物に2割の利益を見込んで定価をつけ，さらに定価から30％引きで売ったときの売値は何円になりますか。

（2） $\left(\dfrac{9}{8}-0.375\right)\div\dfrac{6}{5}-\left(2\times0.25-\dfrac{1}{3}\right)$ を計算しなさい。

（3） 6で割ると商と余りが等しくなる整数をすべてたすといくつになりますか。

（4） 1591と1677の最大公約数を求めなさい。ただし1ではないことはわかっています。

（5） 面積が105cm²の三角形ＡＢＣがあります。辺ＡＢ，ＢＣ，ＣＡ上にそれぞれ点Ｄ，Ｅ，Ｆを，ＡＤ：ＤＢ＝1：2，ＢＥ：ＥＣ＝2：3，ＣＦ：ＦＡ＝3：4となるようにとります。このとき三角形ＤＥＦの面積は何cm²になりますか。

（6） Ａチーム，Ｂチームの2チームが試合をし，先に4試合に勝ったチームを優勝とします。第1試合はＡチームが勝ちました。このときＢチームが最終的に優勝するときの試合の進み方は何通りありますか。ただし各試合に引き分けはないものとします。

（7）　次の図は，1辺が8cmの正方形の中に半径8cmで中心角が90°のおうぎ形と直角をはさ
　　　む2辺の長さが8cm，4cmである直角三角形が正方形の辺にそって入っている図です。
　　　　図の中のアの部分とイの部分の面積はどちらがどれだけ大きくなりますか。

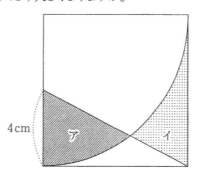

（8）　点が1cm間かくで縦横それぞれ6個ずつ並んでいます。この図の点の中から4個の点を
　　　選んで正方形を作るとき，面積が異なる正方形は何種類作ることができますか。

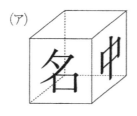

（9）　次の図は立方体の見取り図（ア）と展開図（イ）です。

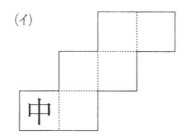

　　　　（イ）を組み立てたとき，（ア）のように「名中」の文字が横に並ぶ面に表示されるように，
　　　解答らんの（イ）の図に「名」の字を向きも考えて書きこみなさい。

Ⅱ　生徒の合計人数が40人のクラスで，通学に地下鉄を使う人と自転車を使う人の人数を調べて，下の人数の表にその一部を書きこみました。次の問いに答えなさい。

（1）　地下鉄と自転車の両方を使う人は何人いますか。

（2）　自転車は使いますが，地下鉄は使わない人は全体の何％ですか。

	自転車を使う	自転車を使わない	合計
地下鉄を使う			32
地下鉄を使わない		2	
合計		10	40

Ⅲ　右の図のような台形ABCDを直線ABを軸として1回転させてできる立体を考えます。
　　次の問いに答えなさい。

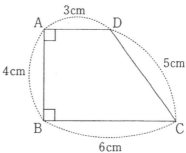

　　（1）　この立体の体積を求めなさい。

　　（2）　この立体の表面積を求めなさい。

Ⅳ　みつき君と先生との以下の会話文を読み，あとの問いに答えなさい。

みつき：先生，ひろし君からおもしろい話を聞きました！
先　生：こんにちは，みつき君。どうしたんだい？そんなに興奮して‥
みつき：とても不思議な話なんです。先生，好きな数字を一つ言ってください。
　　　　ただし1けたの数でお願いします。
先　生：じゃあ先生は算数が好きだから3にするね。
みつき：3ですね。では12345679に3をかけてみてください。
先　生：いきなり計算ですか？わかりました，（計算して）37037037になりました。
みつき：ではその数字に9をかけてみてください。
先　生：（計算して）ほう，333333333になりましたね。
みつき：すごいですよね。僕はラッキーセブンの7が好きだから，12345679に7をかけて，
　　　　9をかけたら，777777777になったんです！
先　生：みつき君，これはなぜかわかりますか？
みつき：えっ先生はわかるのですか？
先　生：それは計算の式を見ればわかりますよ。順番を変えて計算をすれば
　　　　12345679×9＝ ア 　ということですよね。
みつき：そっかあ，単純なことだったんだ。なんか喜んでがっかりしちゃったよ‥
　　　　でもどうしてこうなるのかな？偶然かな？
先　生：この結果はですね，12345679という数が，12345679＝333667×37と分解
　　　　できること，さらに3×333667＝1001001，3×37＝111となることをあわせて
　　　　考えると納得できると思います。
みつき：えっと，ちょっと式を作って考えてみます。

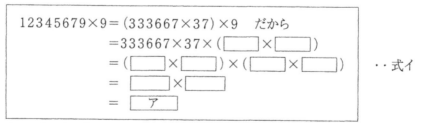

なるほどこういうことだったのですね。
先　生：こうやって数字のちょっとしたことに面白さを感じたりしないかい？
みつき：はい，とても面白いと思います。ほかにも知りたいです。

２０１８年度

中学入学試験問題

理　科

(40分)

― 注 意 事 項 ―

◎ 「始め」の合図があるまで中を見てはいけません。

◎ 解答用紙は別になっています。

◎ 答えは解答用紙のきめられた「らん」に書きなさい。

K 教英出版

理　科

（2018中理科）

Ⅰ　次の問いに答えなさい。

問1　水よう液A〜Dは, 食塩水, 塩酸, 水酸化ナトリウム水よう液, 石灰水のいずれかです。次の実験1〜5の結果をもとに, （1）〜（4）の問いに答えなさい。

〔実験1〕　アルミニウムに水よう液Aを加えると, アルミニウムはとけ, 気体Xが発生した。
〔実験2〕　アルミニウムに水よう液Bを加えると, アルミニウムはとけ, 気体Xが発生した。
〔実験3〕　水よう液Cに二酸化炭素を加えると, 白くにごり, 水にとけない固体Yができた。
〔実験4〕　固体Yに水よう液Aを加えると, 二酸化炭素が発生した。
〔実験5〕　水よう液Aと水よう液Bを混ぜ合わせると, 水よう液Dができた。

（1）　水よう液Bを次のア〜エから1つ選び, 記号で答えなさい。

　　ア　食塩水　　　イ　塩酸　　　ウ　水酸化ナトリウム水よう液　　　エ　石灰水

（2）　水よう液Dを次のア〜エから1つ選び, 記号で答えなさい。

　　ア　食塩水　　　イ　塩酸　　　ウ　水酸化ナトリウム水よう液　　　エ　石灰水

（3）　気体Xの名前を漢字で答えなさい。

（4）　固体Yの名前を答えなさい。

問2　0.56gの鉄に塩酸を加えると気体が発生しました。塩酸を少しずつ増やしていくと, 38cm³加えたところで, 鉄はすべてとけ, 気体の発生は止まり, 気体の体積は200cm³になりました。次の問いに答えなさい。

（1）　鉄1.0gをとかすのに必要な塩酸は何cm³になりますか。小数第1位を四捨五入し, 整数で答えなさい。

（2）　鉄1.5gに塩酸90cm³を加えたとき, 発生する気体の体積は何cm³になりますか。小数第1位を四捨五入し, 整数で答えなさい。

Ⅱ　次の問いに答えなさい。

問1

（1）　校庭で地上から校舎の3階の高さ（10 m）まで，手で真上に野球ボールを投げ上げたとき，投げてから地面につくまでの間，野球ボールの速さはどのように変化しますか。説明として最も適切な文章を次の**ア〜エ**から1つ選び，記号で答えなさい。ただし，空気の抵抗は考えないものとします。

　ア　手から離れた瞬間が一番速いが，速さはだんだん遅くなっていき，一番上に達した後は，地面にぶつかるまで一定の速さで落ちてくる。

　イ　手から離れた後，一定の速さでボールは上がって行き，一番上で一瞬速さは0になる。その後は，地面にぶつかるまで一定の速さで落ちてくる。

　ウ　手から離れた後，上がっていくときは，だんだん速くなっていき，落ちてくるときはだんだん遅くなっていく。

　エ　手から離れた後，上がっていくときは，だんだん遅くなっていき，落ちてくるときはだんだん速くなっていく。

（2）　図1のように，台はかりの上に水を入れた容器を乗せ，その水に野球ボールを浮かべました。野球ボールは，完全に水に浮いていて，容器には触れていなかったとすると，台はかりのめもりは何gを示しますか。説明として最も適切な文章を，次の**ア〜エ**から1つ選び，記号で答えなさい。ただし，容器の重さは700g，水の重さは800g，野球ボールの重さは150gであるとします。

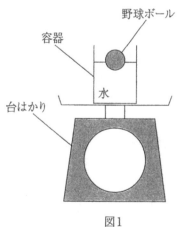

図1

ア　野球ボールは浮力により水に浮いているので，その分軽くなっている。この場合の浮力は150gであるため，台はかりのめもりは，容器の重さと水の重さの和の1500gから浮力の大きさを引いた1350gを示す。

イ　野球ボールは浮力により水に浮いているので，その分軽くなっており，重さはなくなっていると考えられるので，台はかりのめもりには影響せず，容器と水の重さの和の1500gを示す。

ウ　野球ボールは浮力により水に浮いているので，その分軽くなっており，台はかりのめもりは容器，水，野球ボールの重さの和の1650gから浮力の大きさを引いた値を示す。

エ　野球ボールは浮力により水に浮いているが，野球ボールの重さは実際になくなったわけではないため，容器，水，野球ボールの重さの和の1650gを示す。

問2 　もともとの長さがともに20cmのばねAとばねBに，図2のように，つるすおもりの重さを
かえて，重さとのびの関係を調べると図3のようになりました。
　今，図4のように天井からつるしたばねAとばねBを，長さ30cmの棒の両はしにとりつ
けて棒を水平につり下げてあります。ばねAとばねBおよび棒や糸の重さは考えないものと
して，次の問いに答えなさい。

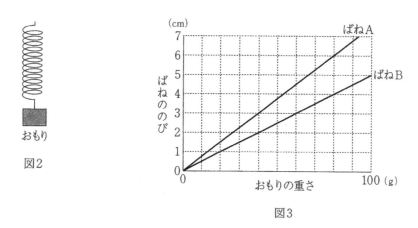

図2

図3

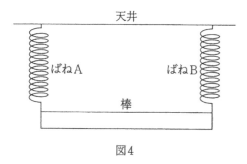

図4

（1）　図5のように，糸につるした100gのおもりを棒につり下げたとき，棒は水平のままでした。このとき，ばねAの長さは何cmになっているか答えなさい。

（2）　（1）のとき，おもりをつけた糸は，ばねA側の棒のはしから何cmのところに取り付けてあるか答えなさい。

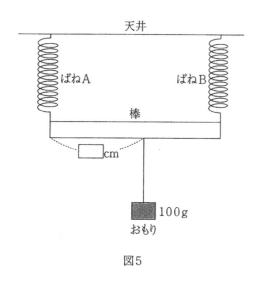

図5

（3）　図6のように，どこも同じ太さの針金でいちように作られた1辺100cmの正方形の金あみ
があります。針金は1cmあたりの重さが1gで，金あみの正方形のあみ目の1辺は10cmとな
っています。板の中心である点Oに糸を取り付けて天井からつるすと金あみは水平になってつ
り合いました。次に，図7に示した×印のところで金あみを切断すると，金あみは図8のように
なり，点Oに糸を取り付けてつるすと水平にならずにかたむいてしまいました。しかし，図7の
点Aに40g，点Bに80g，点Cに180g，点Dに300gのおもりをつるしたあと，点Eにある
重さのおもりをつるすと，金あみは水平になってつり合いました。このとき，点Eに何gのおもり
をつるしたか答えなさい。

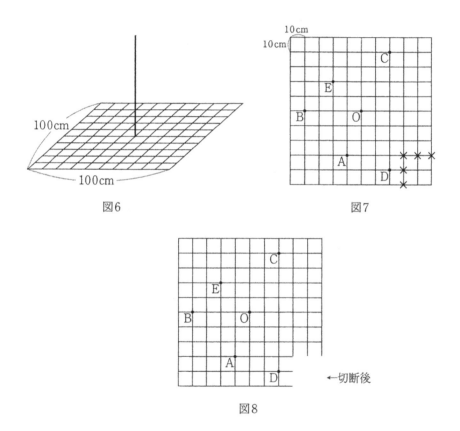

図6　　　　　　　　　　　　　図7

図8

２０１８年度

中学入学試験問題

社　　会

（40分）

注　意　事　項

◎「始め」の合図があるまで中を見てはいけません。

◎解答用紙は別になっています。

◎答えは解答用紙のきめられた「らん」に書きなさい。

◎教科書中に漢字で書かれている語句は，全て漢字で
　答えなさい。

社会

次の A ・ B の文章を読んで, それぞれの文章に対する問いに答えなさい。

A 名古屋中学校3Ａ教室で椎名（シイナ）先生による進学講座「2017年のできごと総まとめ」が実施されています。

シイナ：①2017年の話題で関心のあるものについて班ごとにレポートにまとめてくるのが課題だったね。順番に発表してもらおう。では, ハルトから。

ハルト：はい。㋐外来種である南米原産のヒアリが神戸や横浜に続いて, 名古屋港やぼくの地元の春日井市でも発見されたことはとてもおそろしく思いました。貨物輸送用の容器である（　1　）にくっついて運ばれてきたようです。これを受けて, 環境省は全国でヒアリの実態調査をおこないました。

シイナ：はい, ありがとう。これについて何かコメントのある人。

ソウタ：外来種といえばヒアリもそうですが, うちの近くの名古屋城の外堀では, アリゲーターガーが捕獲（ほかく）されました。文化祭でのＳＧＨ（スーパー②グローバルハイスクール）アソシエイト研究発表で, トモヤ先輩が発表していました。

シイナ：先輩がよい研究をおこなっていたね。名古屋高等学校は2016年に文部科学省からＳＧＨアソシエイトに認定された。「③減災・環境・エネルギー」をテーマに研究活動をおこなっている。来年は, 君たちが研究するんだよ。では, 次にユウマ。

ユウマ：㋑ＥＵとのＥＰＡで大筋（おおすじ）合意に至りました。ＥＵとの貿易がさかんになることで, 安価な欧州産のチーズやワインが輸入され国内産が売れなくなるため, 日本の酪農家やぶどう農家は不安に思っているそうです。

シイナ：はい, ありがとう。メリットも大きいけど問題点もあるね。

セイタロウ：貿易の自由化の課題には他にどのようなことがあるのですか?

シイナ：例えば, 途上国産の製品が安売りされているよね。そのために, 生産者への給料が低かったり, 生産性を上げるために農薬を使用して環境が悪化したりしているんだ。

セイタロウ：それを防ぐために, 途上国の製品をふさわしい価格で買い続けて支援する貿易の仕組みが④フェアトレードですよね。中1の文化祭でやりました。

シイナ：よく覚えていたね, すばらしい。では, ソウタ。

ソウタ：⑤日本を訪れる外国人観光客数が2016年に初めて2000万人を超えました。政府は2020年までに4000万人を突破することを目標としています。ところが, 急増する観光客の宿泊先が不足しているという問題があります。

シイナ：はい, ありがとう。これに関してはどう?

ユウマ：観光客の急増を背景に自宅やマンションの空き部屋などを宿泊場所として提供する「民泊（みんぱく）」が広がっているという新聞記事を読んだことがあります。しかし, ⑤日本

人と外国人との摩擦もしばしば見られ，課題となっているそうです。ぼくの住む県では，⑥世界遺産のある白川村やアニメ映画で話題となった高山に，外国人だけでなく日本人観光客も多く訪れています。

ハルト：名古屋駅に2017年，新しくオープンした駅ビルには近年増加している外国人観光客向けに割と安く泊まれるホテルがオープンしたそうです。あと，このビルの地下には2027年に東京－名古屋間の部分開業をめざしている⑦リニア中央新幹線の駅が整備される予定だそうです！

シイナ：そうだね。開通したら東京－名古屋間が約40分で移動できるようになるんだってね。2045年には，大阪まで延びて約100分で移動できるようになるらしい。東京から大阪までの移動にかかる時間は約50分短くなる。楽しみだね。では，イツキ。

イツキ：2017年は㉒「ふるさと納税」のしくみが始まって10年の年です。総務省は，返礼品競争が過熱しているとして自治体へ通知を出したのですが，⑧三重県志摩市などは反発しています。志摩市⑨議会は総務省に意見書を提出したそうです。ぼくの地元三重県の話題です。

シイナ：はい，ありがとう。ふるさと納税とは，どんなしくみですか？

イツキ：自治体を自由に選んで寄付すると，寄付した額とほぼ同じ額の所得税や住民税が減額されるというしくみです。寄付した人は，その自治体から特産物などの返礼品がもらえます。これが⑩返礼品の一例です（教室のプロジェクターに映す）。

ユウマ：ちなみに総務省からはどのような通知がなされたの？

イツキ：家電や商品券，宝飾品など高価な返礼品をやめなさい，という通知だよ。

ユウマ：そうなんだ，うちの地元の返礼品の焼き物は該当しないかな・・・。

シイナ：では，最後にセイタロウ。

セイタロウ：⑪トランプ大統領によって，㉓アメリカはパリ協定を離脱しました。2017年にも地球温暖化を思わせる豪雨が九州や東北などの各地で発生しました。6月に愛知県でも大雨に見舞われました。大気が不安定で落雷によってうちの地元の犬山では犬山城のしゃちほこがこわれました。

シイナ：そうだね。本校周辺も水びたしになったよ。

ユウマ：地球温暖化の影響といえば，ぼくの地元は数年前に当時の日本最高気温の記録40.9度をはじめて観測しました。うちの地元の夏はとにかく暑い。

セイタロウ：ところで，シイナ先生の気になる話題は何ですか？

シイナ：そうだなぁ，改正組織的犯罪処罰⑫法案成立，北朝鮮の⑬核問題，⑭憲法改正のゆくえ，ＬＧＢＴなど性的少数者の権利の問題・・・ありすぎて1つにしぼりこめないな。

問1　下線部①について，次の問いに答えなさい。

（1）　2017年で日本国憲法が施行されて，70年が経ちました。日本国憲法が施行されたのは，1947年何月何日か，答えなさい。

（2）　2017年に，神戸港は開港150年を迎え，神戸市では記念行事がおこなわれました。次の文章は，ペリー来航後の日本の様子をあらわしたものです。また，下の**ア～エ**の文章は，ある都道府県に関する説明です。文章中の（　①　）～（　④　）にあてはまる都市がある都道府県についての説明を，**ア～エ**の文章から一つずつ選び，記号で答えなさい。

　　　1853年，アメリカ合衆国の使節ペリーが4せきの軍艦をひきいて（　①　）に来航した。幕府はペリーの要求を一度は拒否するが，1854年，ふたたびペリーが来航すると，ついに日米和親条約を結び，（　②　）と（　③　）の開港や領事の駐在などを認めた。その後（　②　）に着任したハリスは，大老の井伊直弼と日米修好通商条約を結び，この条約によって不平等な内容とともに神奈川・（　③　）・長崎・新潟・神戸の5港を開港することが取り決められた。しかし，朝廷の許しを得ずに井伊直弼がこの条約を結んだため，幕府を強く非難する人がふえた。そこで井伊直弼は（　④　）に松下村塾をつくった長州藩の吉田松陰らを厳しく処罰した。

ア　この都道府県にある旭川市や釧路市は紙・パルプ工業で有名である。
イ　この都道府県のある工業地帯は日本有数の工業地帯で，自動車工業で有名な横須賀市や石油化学工業・鉄鋼業で有名な川崎市がある。
ウ　この都道府県にある焼津港ではまぐろの遠洋漁業がさかんである。
エ　この都道府県にある秋吉台には日本最大級のカルスト台地がある。

問2　**A**の文章中の（　1　）は船からおろしてそのままトラックで運ぶことができます。また，温度を調節したり，空気をかえたりしながら運べるものもあります。（　1　）にあてはまる語句を答えなさい。

問3　下線部②について，グローバル化と**最もつながりが浅い**と考えられるものを**A**の文章中の二重下線部⑤～⑬から一つ選び，記号で答えなさい。

問4　下線部③について，近年の日本では災害が多発し，防災対策の整備をしなければならない
　　　と言われていますが，本校でも，ＳＧＨアソシエイトの研究で防災・減災について取り組んで
　　　います。同じように江戸時代においても様々な災害が繰り返し人々を襲い，特に有名な享保・
　　　天明・天保のききんを三大ききんと呼びます。以下のうち，三大ききんが生じた時期と関係の
　　　あることがらや人物との組み合わせとして正しいものを，次の**ア〜エ**から一つ選び，記号で答
　　　えなさい。

　　　ア　享保―目安箱　　　　　天明―株仲間の解散　　　天保―株仲間の奨励
　　　イ　享保―松平定信　　　　天明―株仲間の解散　　　天保―朱子学以外の学問の禁止
　　　ウ　享保―水野忠邦　　　　天明―囲米の制　　　　　天保―新井白石の政治
　　　エ　享保―青木昆陽　　　　天明―田沼意次　　　　　天保―大塩平八郎の乱

問5　下線部④について，フェアトレード製品の主旨としてふさわしくないと考えられるものを，文
　　　章を参考にして，次の**ア〜エ**から一つ選び，記号で答えなさい。

　　　ア　コーヒー（南アフリカ共和国）　　イ　はちみつ（アルゼンチン）
　　　ウ　バナナ（フィリピン）　　　　　　エ　メープルシロップ（カナダ）

問6　下線部⑤について，次の資料は明治政府が出した五箇条のご誓文と五榜の掲示の内容で
　　　す。このうち，欧米の人々の反対を受けて，のちに削除された内容はどれか。次の**ア〜コ**から一
　　　つ選び，記号で答えなさい。

【五箇条のご誓文】

　　ア　政治は，広く会議を開き，みんなの意見
　　　　で行おう。
　　イ　国民は，心を合わせ，国の政策を行おう。
　　ウ　公家も武家もひとつになり，国民の志が
　　　　かなえられるようにしよう。
　　エ　これまでの古いしきたりをあらためよう。
　　オ　知識を世界に学び，国を栄えさせよう。

【五榜の掲示】

　　カ　人の間で守るべき道を正しくし
　　　　なければならない。
　　キ　一揆などをしてはいけない。
　　ク　キリスト教は今までどおり厳しく
　　　　禁止する。
　　ケ　国際関係は国際法に従い，外国
　　　　人への暴行を禁止する。
　　コ　本籍地からの逃亡を禁止する。

問7　下線部⑥について，名古屋中学校では，昨年度の冬休みに「世界遺産に行こう」という講座を開講し，白川村を訪れました。次のA～Dの世界遺産が最初に建てられた時代を，右の年表の[1]～[9]にふりわけたものとして正しいものを，下のア～カから一つ選び，記号で答えなさい。

A　日光東照宮　　　　B　東大寺
C　法隆寺　　　　　　D　平等院鳳凰堂

ア　A-[9]　B-[3]　C-[2]　D-[4]
イ　A-[8]　B-[2]　C-[1]　D-[5]
ウ　A-[7]　B-[3]　C-[2]　D-[4]
エ　A-[8]　B-[3]　C-[1]　D-[5]
オ　A-[9]　B-[2]　C-[1]　D-[5]
カ　A-[7]　B-[2]　C-[1]　D-[6]

年表
[1]
古事記が完成する
[2]
長岡京に都を移す
[3]
遣唐使が廃止される
[4]
平将門が関東で乱を起こす
[5]
守護・地頭が設置される
[6]
観阿弥・世阿弥父子が活躍する
[7]
朝鮮出兵が行われる
[8]
生類憐みの令が出される
[9]

古い↑　↓新しい

問8 下線部⑦について，次の図は，リニア中央新幹線の予定されているルートの図です。これを見て，下の問いに答えなさい。

（図は「朝日新聞デジタル」 https://digital.asahi.com/articles/photo/AS20171209002460.html より引用）

（1） 日本アルプスとよばれる3つの山脈のうち，リニア中央新幹線の東京−名古屋間のルートが**通過しない**山脈の名前を答えなさい。

（2） リニア中央新幹線の東京−名古屋間のルートに設置される駅の位置として**あてはまらない**ものを，次の【語群】から一つ選び，答えなさい。

【語群】 相模原市　甲府市　富士宮市　飯田市　中津川市

（3）　次の図は左から順に1930年, 1964年, 2045年の（　　　　　）をもとにえがいた日本地図です（2045年は予想）。（　　　　　）にあてはまる言葉を A の文章中から8字で抜き出しなさい。

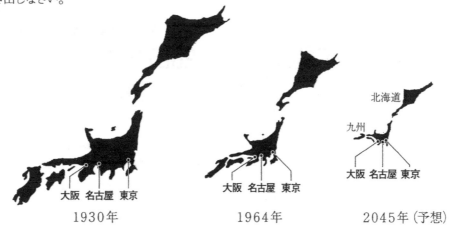

朝日新聞デジタルに掲載の図を加工して作成
（http://www.asahi.com/topics/word/%E3%83%AA%E3%83%8B%E3%82%A2%E4%B8%AD%E5%A4%AE%E6%96%B0%E5%B9%B9%E7%B7%9A.html）

問9　下線部⑧について, 三重県志摩市が反発している理由について説明した次の文中の（　　　　）にあてはまる語句を答えなさい。

　　　　志摩市の特産物である（　　　　）を使ったアクセサリーを返礼品としていたため。

問10　下線部⑨に関連して, 昨年7月, 東京都議会議員選挙が行われ, 小池百合子東京都知事が創設した地域政党「都民ファーストの会」が127議席のうち, 55議席を獲得しました。次の問いに答えなさい。

（1）　東京都知事の被選挙権は満何歳以上ですか。算用数字で答えなさい。

（2）　今回の東京都議会議員選挙の争点の1つに, 東京都中央卸売市場の移転問題がありました。現在のどこからどこへの移転を予定していますか。次のア～エから一つ選び, 記号で答えなさい。

　　ア　豊洲から築地　　イ　柳橋から築地　　ウ　築地から豊洲　　エ　柳橋から豊洲

問11 下線部⑩について，次の（1）〜（4）の返礼品のもらえる市町村を，下の日本地図中の**ア〜エ**から一つずつ選び，記号で答えなさい。

（画像は「ふるさとチョイス」https://www.furusato-tax.jp/とhttps://lohaco.jp/product/6072974/と
http://shop.driveplaza.com/products/detail.php?product id=759より引用）

（1）

（2）

（3）

（4）

問12 下線部⑪に関連して,「ポスト・トゥルース」という言葉が注目されています。「ポスト・トゥルース」とは,事実よりも個人の感情が重視され,それをもとに世の中の大勢の人の意見が形成されてしまう状態です。トランプ大統領の当選には,東ヨーロッパのマケドニアという国の青年が広告料めあてでSNSに投稿した「ローマ法王,トランプ氏を支持!」というデマも影響を与えたと言われています。歴史上のできごとをふりかえると,過去にも同様の事例があったことに気づきます。その事例としてふさわしいと考えられるものを,次のア〜エから一つ選び,記号で答えなさい。

ア 日本は韓国を併合し,朝鮮総督府を設置して武力を背景とした植民地支配をおし進めた。
イ 関東大震災後,朝鮮人が暴動を起こすといううわさが広がり,多くの朝鮮人が殺された。
ウ 平塚らいてうは,女性の政治活動の自由,女子高等教育の拡充などを求める運動をした。
エ 普通選挙法と同年に治安維持法が制定され,共産主義に対するとりしまりが強められた。

問13 下線部⑫について,次の図は,法律ができるまでの過程を表したものです。これについて,下の問いに答えなさい(下の図は,衆議院から先に審議を行ったものである)。

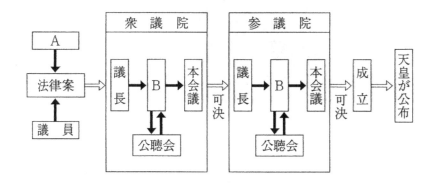

（1） 図中のA・Bに入る語句を答えなさい。

（2） 法律案はどちらの議院から先に審議しても構いませんが,必ず衆議院が先に審議することになっているものを,次のア〜エから一つ選び,記号で答えなさい。

ア 予算の審議
イ 弾劾裁判所の設置
ウ 内閣総理大臣の指名
エ 条約の承認

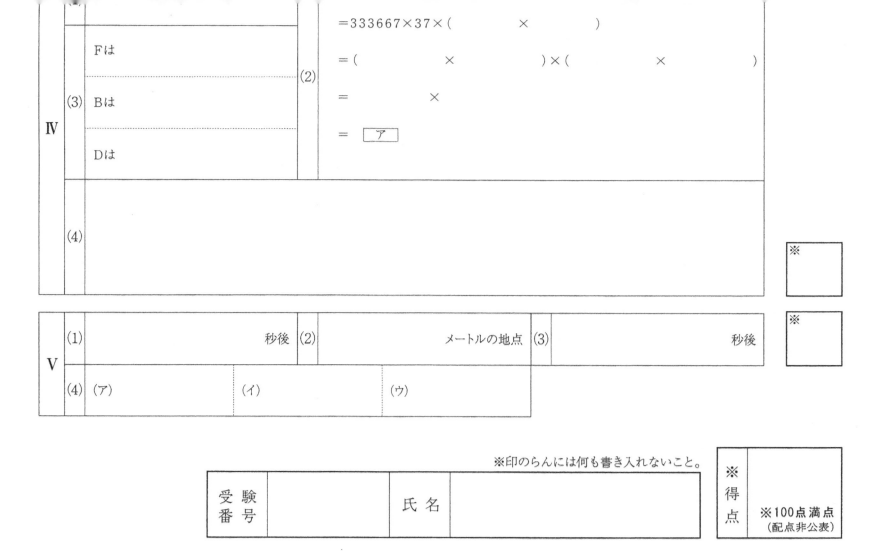

$=333667×37×($ 　　　　　$×$ 　　　　　$)$

$=($ 　　　　　$×$ 　　　　　$)×($ 　　　　　$×$ 　　　　　$)$

$=$ 　　　　　$×$

$=$ ［　ア　］

	Fは	
(3)	Bは	
	Dは	

IV

(2)

(4)

	(1)	秒後	(2)	メートルの地点	(3)	秒後
V	(4) (ア)		(イ)		(ウ)	

※印のらんには何も書き入れないこと。

受験番号		氏名	

※得点　※100点満点（配点非公表）

※

※印のらんには何も書き入れないこと。

受験番号		氏名	

※得点

※50点満点
（配点非公表）

問18

(2) ｜　　　　　　度目 | 理由

問19 | ｜ 問20 |

問21 | ｜ 問22 | ｜ 問23 |

問24 | ｜ 問25 |

問26
(1)
(2) ピクトグラム | 説明

※

※印のらんには何も書き入れないこと。

受験番号 | ｜ 氏名 |

※得点 | ※50点満点（配点非公表）

2018(H30) 名古屋中

Ｋ 教英出版

社 会 解 答 用 紙

（2018中社会）

| 問1 | (1) 月 日 | (2) ① | ② | ③ | ④ |

| 問2 | | 問3 | | 問4 | | 問5 | |

| 問6 | | 問7 | |

| 問8 | (1) 山脈 | (2) | (3) |

| 問9 | | 問10 | (1) 満 歳以上 | (2) |

| 問11 | (1) | (2) | (3) | (4) | 問12 | |

| 問13 | (1) A | B | (2) |

| 問14 | 核兵器を |

| 問15 | (1) 人 | (2) |

| 問16 | (1) 市 | (2) 湾 | (3) 平野 |

| 問17 | (1) 天皇 | (2) | (3) → → |
| | (4) 市 |

【解答】

理 科 解 答 用 紙

I

問1				
（1）	（2）	（3）		（4）

問2	
（1）	（2）
cm³	cm³

※

II

問1		問2		
（1）	（2）	（1）	（2）	（3）
		cm	cm	g

問3

※

（1）	（2）	（3）	（4）

算 数 解 答 用 紙

I

(1)	円	(2)		(3)	
(4)		(5)	cm²	(6)	通り
(7)	が　　　cm²大きい	(8)	種類		

(9)

(イ)

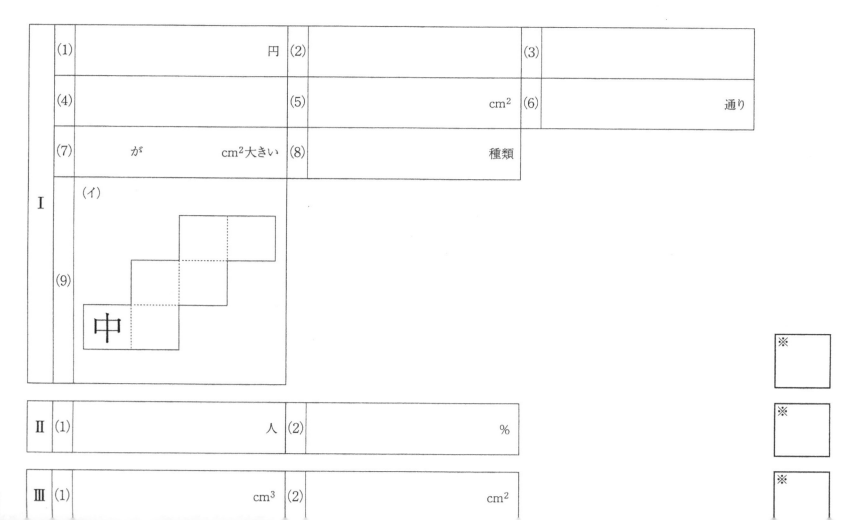

II

(1)	人	(2)	%

III

(1)	cm³	(2)	cm²

※

※

※

【解答

問14 下線部⑬について, 日本は唯一の被爆国であり, 核兵器に対する姿勢として, 「非核三原則」を掲げています。「非核三原則」とはどのような原則ですか。解答らんに合わせて答えなさい。

問15 下線部⑭について, 次の問いに答えなさい。

（1） 2017年7月, 衆議院小選挙区の区割りを改定する改正公職選挙法が施行されました。この改正によって議員定数が変更されましたが, 衆議院で憲法改正案を通過させるには, 最低何人の賛成が必要ですか（欠員がないものとする）。算用数字で答えなさい。

（2） 近年,「新しい人権」を日本国憲法に盛り込もうという考えがあります。「新しい人権」にあてはまるものを, 次のア〜エから一つ選び, 記号で答えなさい。

ア 平等権　　　イ 生存権　　　ウ 国家賠償請求権　　　エ 環境権

問16 次の地図を見て, 下の問いに答えなさい。

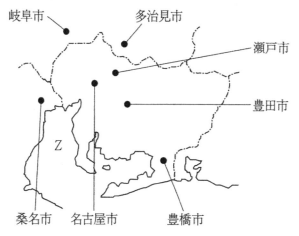

（1） Aの文章中に登場するユウマが住んでいる都市名を地図中に記載のある都市名から選び, 答えなさい。

（2） 地図中のZの湾の名前を答えなさい。

（3） 地図中の岐阜県南部から愛知県西部にかけて広がる平野の名前を答えなさい。

B 一方，2A教室では，生徒たちが，進学講座が行われた後，部活動が始まる前の昼食時のひとときを過ごしています。

ヨウタ：今日の進学講座も終わったね。

ダイスケ：ぼくは3限まで講座をしっかり受講しているから，とても疲れたよ。

ユウヤ：どの講座をとっているの？

ダイスケ：1限が国語，2限が理科で，3限が社会かな。

マコト：1限の国語は，全員で⑮和歌を作って楽しみ，『万葉集』にも触れる講座だよね。今日は，『万葉集』の歌のうち，持統天皇の歌を詠んだよ。3限の社会はどんな講座なの？

ダイスケ：イブン先生の「新技術がもたらす社会の変化」という講座だよ。地理・歴史・公民のすべての分野の内容を学習できるんだよ。

ユウヤ：へぇ～。ぼくもイブン先生の授業を受けたかったけど，人気があるから，すぐに定員になってしまったよ。

ダイスケ：例えば，歴史についていえば，時代によって，戦い方や武器がかわっていったよね。戦い方については⑯蒙古襲来では，集団戦法を使う元軍に対して，幕府軍ははじめ騎馬戦法で戦ったためにとても苦戦したんだよね。そこで幕府軍は石の壁を作ったり，武士の数を増やしたりして対抗したんだったよね。

ショウヘイ：1543年，鉄砲が（　2　）に伝来してから，武器に変化が起こり，長篠の戦いで，⑰織田信長が戦い方を変えたよね？

マコト：それに，城のつくり方も変わったよね？

ダイスケ：イブン先生，それも言ってた。戦国時代になってから，特に，安土城を例に挙げて説明してたよ。

ショウヘイ：なるほど。イブン先生は安土城を例に挙げたんだ・・・。

マコト：そういえばぼくは，中学1年生の夏の進学講座で，名古屋城天守閣と本丸御殿を見学に行き，春には岡崎城に行ったよ。

ヨウタ：ぼくは，先生の授業中にたまたま資料集を開いていたら，江戸時代の人々の生活の様子が書かれていたよ。すると，（　3　）を使って脱穀が行われるようになると，女性が仕事を失ったみたいだよ。

ユウヤ：ぼく，それ知ってる。（　3　）って，「後家倒し」とも呼ばれてるんだよね。

ダイスケ：さすがユウヤ君，よく知ってるね。当時，（　3　）が急速な普及をみせた理由は，労働力の不足と賃金が高くなっていたことに対処するためだったんだ。それで，「後家」，つまり当時の女性から仕事を奪ったことから，「後家倒し」って言うんだよ。

ショウヘイ：それも，イブン先生が言ってたの？

ダイスケ：正解！

マコト：世界に目を向けてみると，⑱イギリスで産業革命が起こったよね。産業革命は，世界の国々に様々な影響をもたらしたよね。

ヨウタ：例えば何があるだろう？

ユウヤ：例えば，電話が発明されて，いつでも，どこでも，世界の人々と会話できるようになったこと，飛行機が発明されて，自由に世界中を人やモノが行き来できるようになったこと，あと・・・，自動車が発明されたこと。

ダイスケ：自動車が発明されて，人とモノが長距離を簡単に移動できるようになったけど，一方で，人力車の車夫の仕事が減ったよね。

マコト：また，産業革命によってたくさんの製品を作れるようになったヨーロッパの国々は，その原料の調達と，作ったものを売るための市場を求めて世界に進出していったんだよね。それによって地域ごとだけではなく，国と国，地域と地域をこえた大規模な⑲戦争が起きるようになってしまったよね。

ショウヘイ：なるほど・・・。産業革命がもたらしたモノには，メリットもあれば，やっぱりデメリットもあるね。

ダイスケ：そういえば，最近，新聞でも，テレビでも，ＡＩ（人工知能）が活躍する場面が多くなってきたと報道してるよね。ぼくも，メリットについてはたくさんいえるけど，逆に，（　　　　４　　　　）といったデメリットも考えられるよね。

ユウヤ：たしかに，世の中が便利になるというのは良いことだけど，それと同じように，デメリットも多くあると思うよ。

ショウヘイ：本当だね。ぼくもそう思うな。

ヨウタ：話は変わるけど，ダイスケ君のお兄さんのアツシさんって，4月から高3だよね？お兄さんはどんなことを勉強しているの？

ダイスケ：たしか，この間，選挙管理委員の方が学校に来てくれて模擬投票をやってくれたそうだよ。あと，修学旅行先の⑳沖縄ではガマやひめゆりの塔に行って，平和について考えたって言っていたよ。

ヨウタ：へぇ～，高校でもいろんなことを学ぶんだね。

ダイスケ：でも，今は気持ちを切り替えて，東京大学受験に向けて，猛勉強してるよ。㉑2020年のオリンピックを新しい国立競技場で生で観戦したいんだって。

ユウヤ：そういえば，昨日，図書館でお兄さんを見かけたけど，必死に勉強していたよ。

ヨウタ：合格できるといいね。

問17 下線部⑮について，次の歌と解説をもとに，下の問いに答えなさい。

　Ⅰ　熟田津に　船乗りせむと　月待てば　潮もかなひぬ　今は漕ぎ出でな

　Ⅱ　青丹によし　奈良の都は　咲く花の　にほふがごとく　今さかりなり

　Ⅲ　この世をば　わが世とぞ思ふ　望月の　欠けたることも　なしと思へば

　　Ⅰは，万葉集の代表的な歌人である額田王の作品である。彼女は唐・新羅連合軍によって滅ぼされた百済の支援のために，都から九州へ向かうある人物と同行し，その途中の熟田津でこの歌を作ったといわれている。この戦いに敗れた日本の，およそ300年にわたる朝鮮半島への進出が失敗に終わる。Ⅱの歌は，作者の小野老が，20年ぶりに昇進し，筑紫の国（現在の福岡県）へと転勤する旅の途中で，奈良の都を思い出して作ったものである。Ⅲを作った人物は，自分の娘を天皇の妃にすることで大きな権力を握り，その権力の大きさを満月にたとえた。

（1）　解説文中の二重線部について，額田王を九州まで連れていき，百済救援の軍を送った後に天皇に即位したある人物の名前を答えなさい。

（2）　Ⅱの歌で詠まれている都の手本となった中国の都の名前を答えなさい。

（3）　Ⅰ，Ⅱ，Ⅲの歌を作られた順に並べ替えなさい。

（4）　解説文中の波線部について，熟田津があった現在の県名を次の【語群】から一つ選び，その県の**県庁所在地名**を答えなさい。

【語群】　　　栃木県　　　愛媛県　　　宮城県　　　富山県

問18　下線部⑯について，次の資料は，元軍が2度にわたり日本に攻めこんできた時の様子をあらわしたものです。この資料は肥後（現在の熊本県）の御家人が，自分の活躍をしめすために残した絵巻物であるとされます。これについて，下の問いに答えなさい。

『蒙古襲来絵詞』より（新学社『歴史資料集』より引用）

（1）　この絵巻物を残した肥後国の御家人の名前を答えなさい。

（2）　この絵巻物は元軍が何度目に攻めてきたものか，答えなさい。また，この絵巻物をもとに根拠となる理由も答えなさい。

問19　Ｂの文章中の（　2　）にあてはまる地名を答えなさい。

―14―

問20　下線部⑰について, 織田信長が行ったことがらを, 次の**ア～カ**からすべて選び, 年代の古い順に左から並べ替えなさい。

　　ア　農民の一揆を防ぐために刀狩令を発布した。
　　イ　足利義昭を京都から追放し, 室町幕府を滅ぼした。
　　ウ　関ヶ原の合戦で勝利し, 江戸幕府を開いた。
　　エ　美濃を平定し, 天下布武の印を使い始めた。
　　オ　桶狭間の戦いで今川義元を破った。
　　カ　山崎の合戦で明智光秀を破った。

問21　**B**の文章中の（　3　）にあてはまる農具を, 次の**ア～エ**から一つ選び, 記号で答えなさい。

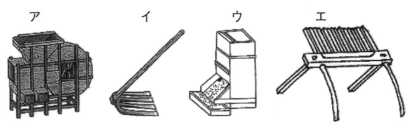

山川出版社『復習と演習日本史テスト』より引用

問22　下線部⑱について, イギリスの産業革命は1700年代半ばから, 1800年代の初めに起きたとされています。日本で起きた次の**ア～エ**のできごとのうち, イギリスの産業革命と最も近い時期に起きたできごとを一つ選び, 記号で答えなさい。

　　ア　十返舎一九が『東海道中膝栗毛』を著した。
　　イ　狩野永徳が『唐獅子図屏風』を描いた。
　　ウ　与謝野晶子が『君死にたまふことなかれ』を作った。
　　エ　井原西鶴が浮世草子をかいた。

問23　下線部⑲について，次の資料は，ある戦争について描かれた風刺画です。この風刺画に描かれている戦争と関連する文章として正しいものを，下の**ア**〜**エ**から一つ選び，記号で答えなさい。

ビゴー筆「トバエ」1887年2月15日号
「魚釣り遊び」
（新学社『歴史資料集』より引用）

ア　この戦争の講和条約で得た賠償金によって富岡製糸場が建てられた。
イ　この戦争の勝利によって遼東半島などを得ることができた。
ウ　この戦争の直前に日英同盟が結ばれた。
エ　この戦争の講和条約は日本国内ではなく戦った相手国で結ばれた。

問24　**B**の文章中の（　　　4　　　）にあてはまる文を，**B**の文章を参考にして考え，10字以内で答えなさい。

問25　下線部⑳について，名古屋高校では，毎年12月，修学旅行で沖縄に出掛けます。沖縄の本土復帰を実現し，また，ノーベル平和賞を受賞した内閣総理大臣の名前を答えなさい。

問26　下線部㉑について, 2020年, 東京で夏季オリンピックが開催されます。次の問いに答えなさい。

（1）　先回の夏季東京オリンピックは, 1964年に開催されました。これは日本の経済発展を象徴するできごとの一つでした。次のア〜エの日本経済の移りかわりに関するできごとを年代の古い順番に並べ替えたとき, 2番目にくるものを記号で答えなさい。

　　ア　公害対策基本法が制定される。
　　イ　世の中がバブル景気に湧く。
　　ウ　第1次石油危機 (石油ショック) が起こる。
　　エ　朝鮮戦争が起こる。

（2）　本校では毎年夏休みに, 減災チームによる宿泊避難所体験がおこなわれています。昨年は, 日本語の通じない外国人に対し, うまく避難誘導ができないという問題が生じることが明らかになりました。その対策として, 減災チームはオリジナルのピクトグラム※の作成に取りかかっています。そこで, 下の例を参考にして, あなたも, 2020年の東京オリンピックで採用されることを目指して, 災害時に役立つ, 避難所にいる外国人向けのピクトグラムを考えてイラストを描きなさい。また, どのような情報を伝えるものか簡単に説明しなさい。

　　※ピクトグラムとはイラストでわかりやすく情報を伝えるもので, 1964年の東京オリンピックの際に使われたことで世界に広まりました。

ピクトグラムの例

避難場所の位置を伝える。

K 教英出版

問3　図9のように，電池と，同じ豆電球A〜Eをつないだ回路があります。このとき，A〜Eの
　　5つの豆電球の明るさを，例にならって明るいものから順に並べなさい。

　　例　Dが一番明るく，その次にBとEが同じ明るさで，AとCが同じ明るさでもっとも暗い
　　　場合

　　　　　　D＞B＝E＞A＝C

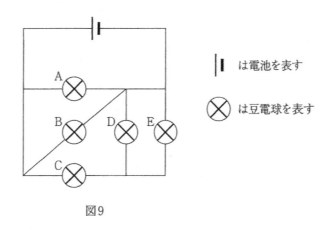

図9

Ⅲ　図のように，それぞれ同じ大きさの葉と同じ長さの茎をもつ植物を用いて，葉の枚数と葉や茎にぬるワセリン（植物の表面にまくを作る）の条件を変えて実験を行いました。下の表は，変えた条件と実験結果（減った水の量）の一部をそれぞれ示しています。なお，水面には油をうかべて実験を行いました。

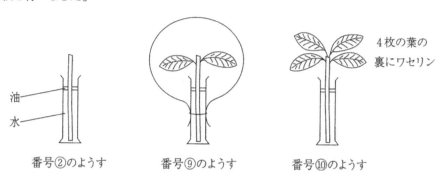

番号②のようす　　　　番号⑨のようす　　　　番号⑩のようす

番号	①	②	③	④	⑤	⑥	⑦	⑧	⑨	⑩
葉の枚数	0	0	2	2	2	2	2	2	2	4
ワセリン（葉の表すべて）	－	－	あり	なし	なし	あり	なし	なし	なし	なし
ワセリン（葉の裏すべて）	－	－	なし	あり	なし	なし	あり	なし	なし	あり
ワセリン（茎すべて）	あり	なし	なし	なし	あり	あり	あり	なし	なし	なし
透明な袋で全体をおおう	なし	なし	なし	なし	なし	なし	なし	なし	あり	なし
減った水の量（目盛り）	0	X	11	5				15	1	

（1）　この実験によって確かめようとしている植物のはたらきとして，最も適切なものを次のア～エから1つ選び，記号で答えなさい。

　　ア　光合成　　　　イ　呼吸　　　ウ　発芽　　　エ　蒸散

（2）　葉の裏で行われた（1）のはたらきの量を調べるためには，どれとどれを比べたらよいですか。最も適切なものを次のア～サから1つ選び，記号で答えなさい。

　　ア　①と②　　　　イ　③と④　　　ウ　③と⑤　　　エ　③と⑥　　　オ　③と⑦
　　カ　④と⑤　　　　キ　④と⑥　　　ク　④と⑦　　　ケ　⑤と⑥　　　コ　⑤と⑦
　　サ　⑥と⑦

(3) 葉の表と裏のどちらで (1) のはたらきが大きいかを調べるためには，どれとどれを比べたらよいですか。適切なものを次の**ア～サ**から2つ選び，記号で答えなさい。

ア　①と②　　　イ　③と④　　　ウ　③と⑤　　　エ　③と⑥　　　オ　③と⑦
カ　④と⑤　　　キ　④と⑥　　　ク　④と⑦　　　ケ　⑤と⑥　　　コ　⑤と⑦
サ　⑥と⑦

(4) 茎にも (1) のはたらきがあることを調べるためには，どれとどれを比べたらよいですか。適切なものを次の**ア～サ**から3つ選び，記号で答えなさい。

ア　①と②　　　イ　③と④　　　ウ　③と⑤　　　エ　③と⑥　　　オ　③と⑦
カ　④と⑤　　　キ　④と⑥　　　ク　④と⑦　　　ケ　⑤と⑥　　　コ　⑤と⑦
サ　⑥と⑦

(5) ⑧と⑨を比べることで, (1) のはたらきとあるものの関係を調べることができます。あるものとは何ですか。最も適切なものを次の**ア～エ**から1つ選び，記号で答えなさい。

ア　日光　　　イ　肥料　　　ウ　温度　　　エ　湿度

(6) ②の実験結果 (減った水の量) Xに入る数値を答えなさい。

(7) 次に，4枚の葉の表と裏および茎にぬるワセリンを次の表のように変え，同じように実験を行いました。⑪～⑭を，減った水の量が多いものから順に左から並べなさい。

番号	⑪		⑫		⑬		⑭	
	表	裏	表	裏	表	裏	表	裏
1枚目の葉	あり	あり	あり	あり	あり	あり	あり	あり
2枚目の葉	あり	あり	あり	あり	あり	あり	あり	あり
3枚目の葉	なし	あり	あり	なし	なし	あり	あり	なし
4枚目の葉	なし	なし	あり	なし	なし	なし	なし	なし
茎	なし		なし		あり		あり	

Ⅳ 　次の問いに答えなさい。

　問1　次の文章を読んで，以下の問いに答えなさい。
　　　　水は，川や海などの水面や地面などから蒸発し，　A　になって空気中にふくまれていく。
　　　空気中の　A　は上空に運ばれて雲となり，雨や雪となって，地上にもどってくる。このよう
　　　に，水は地球上をじゅんかんしている。空気は，　B　，　C　などが混ざり合った気体で
　　　ある。生物が呼吸したり，人がものを燃やしたりして　C　を出し，植物が　C　をとり入
　　　れて　B　をつくり出している。
　　　　近年，地球の気温が少しずつ上昇していることが報告されている。このことを　D　とい
　　　う。空気中の　C　が増えているのが原因の1つと考えられている。　C　は，ここ100
　　　年ぐらいの間で人類の社会活動が急激に活発になり，石油や石炭などの燃料を大量に燃や
　　　したことによって増加していると考えられている。また，森林のばっ採によって，植物に吸収
　　　される　C　が減っていることも　D　の原因の1つと考えられている。

　（1）　文章中の空らんA〜Cに当てはまる語句を漢字で答えなさい。

　（2）　文章中の空らんDに当てはまる語句を漢字5文字で答えなさい。

　（3）　海は地球の表面のおよそ何％をおおっていますか。最も適切なものを次のア〜エから1つ
　　　選び，記号で答えなさい。
　　　　ア　50％　　　　イ　60％　　　　ウ　70％　　　　エ　80％

　（4）　文章中の下線部に関して，地球の平均気温が上昇することによってすでに起きつつあると
　　　考えられていることとして最も適切なものを次のア〜エから1つ選び，記号で答えなさい。
　　　　ア　オゾン層が破かいされて地球上に届く有害な紫外線が強くなる。
　　　　イ　海水温が高くなり，海水がぼう張するので，海水面が高くなる。
　　　　ウ　活断層が動きやすくなり，地震活動が活発になる。
　　　　エ　マグマが高温になり，火山活動が活発になる。

問2　下の4つの仮定をもとに、皆既日食が起きるとき、日食の欠けはじめから
　　日食の欠け終わりまで何分かかるかを計算しなさい。

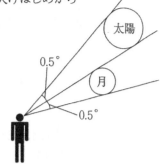

図1　太陽・月の見かけの大きさ

仮定1）　観測者は地球の中心から観測しているとします。

仮定2）　地球から見た太陽と月との角度は29.5日で360°
　　　　変化し、この角度の変化の割合がいつも変わらない
　　　　ものとします。

仮定3）　図1のように、月と太陽は地球からの見かけの大き
　　　　さがそれぞれ0.5°に見えているとします。

仮定4）　地球からみた月の中心は見かけ上太陽の中心を通って直線的に動いていくものとしま
　　　　す。

問3　気象庁では，全国約1300か所の地域気象観測所において，降水量の観測を行っています。
日本全国の地域気象観測システム（アメダス）の地点数は，1976年当初は約800地点でしたが，
その後増加し，2013年および2016年では約1300地点となっています。次の2つのグラフは，
それぞれ，アメダス地点で1時間降水量が50mm以上，80mm以上となった年間の回数を1000
地点あたりの発生回数になおしたものです。太い直線は期間にわたる変化けい向を示してい
ます。

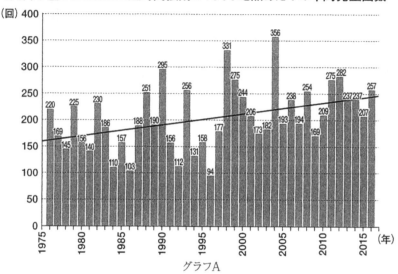

グラフA

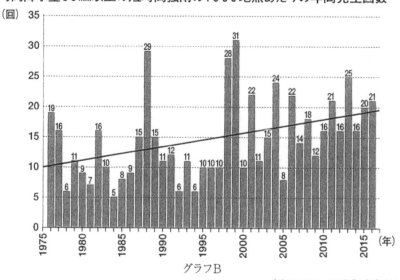

グラフB

（グラフのデータの出典：気象庁ホームページ）

グラフAとグラフBからわかることとして，適切なものを次の**ア**～**オ**からすべて選び，記号で答えなさい。

ア　1時間降水量50mm以上80mm未満の雨の実際に観測された年間発生回数は，2016年よりも1976年の方が多かった。

イ　1時間降水量50mm以上80mm未満の雨の実際に観測された年間発生回数は，2013年よりも2016年の方が多かった。

ウ　1時間降水量50mm以上の雨の発生回数に対する1時間降水量80mm以上の雨の発生回数の割合を1年ごとに計算すると，その割合は，1976年～2016年の期間では増加けい向にあった。

エ　1976年～2016年の期間では，1時間降水量50mm以上80mm未満の雨のアメダス観測点1000地点あたりの発生数は減少するけい向にあった。

オ　1976年～2016年の期間では，1時間降水量50mm以上の雨の発生回数に対する1時間降水量80mm以上の雨の発生回数の割合を1年ごとに計算すると，その割合は11％をこえたことはなかった。

Ⓚ 教英出版

先　　生：では今度は先生からみつき君に質問するよ。

　　　　　6けたの整数があります。Aは10万の位の数，Bは1万の位の数，Cは千の位の数，Dは百の位の数，Eは十の位の数，Fは一の位の数として，この6けたの整数をABCDEFと表します。またそれぞれの記号には，異なる1から9までの整数のいずれかがあてはまります。

　　　　　下の3つの式をみたす6けたの数ABCDEFはいくつになりますか？
　　　　　ABCDEF×2＝CDEFAB
　　　　　ABCDEF×3＝BCDEFA
　　　　　ABCDEF×4＝EFABCD

みつき：わあ～，これはふく面算かな‥あんまり好きじゃないんですよ。

先　　生：落ち着いて考えれば求めることはできますよ。それに数字の並び方にも規則性があるよね。

みつき：本当だ！ABCDEFの順番が変わっているだけなんだ！なんかこれには面白いことが隠れているのかな？とにかくやってみます。

先　　生：ではヒントをあげるからいっしょに考えていこう。

みつき：よろしくお願いします。

先　　生：6けたの数ABCDEFは4倍しても6けたのままですね。ということは10万の位のAは決まりますね。

みつき：はい，Aは1または2しかありえないと思います。

先　　生：ではまずAが1のときを考えていきましょう。

みつき：じゃあ次に，ABCDEF×2＝CDEFAB を考えていくと，Aが1で，2倍したらCになるのだからCは2かな？

先　　生：うーん，それだと，下の位がくり上がっている可能性があるから決められないですね。ですから，くり上がりのない1の位から注目します。
　　　　　ABCDEF×3＝BCDEFA を考えると，Fを3倍した1の位のAが1ということは，Fの数が決定できますね。

みつき：Fは3倍すると1の位が1になるから‥Fは7だ！

先　　生：そうだね，その通り！ではFが7だとわかったので，
　　　　　ABCDEF×2＝CDEFAB
　　　　　ABCDEF×4＝EFABCD の1の位だけを計算すると‥

みつき：はい，Bは4でDは8になります。

先　生：じゃあここまででわかったことをまとめてみると，

14C8E7×2＝C8E714です。ここからは計算の一部を取り出して考えてみましょう。

$$\begin{array}{r} 14C8E7 \\ \times \qquad 2 \\ \hline C8E714 \end{array}$$

8E7×2の下3けたが714なのでEは2倍すると1の位は0になり，くり上がりのある，5ということになります。Eが5ということは，C857×2の下4けたが5714ということになるので，Cは2倍すると1の位が4になる2か7ということになり，7はすでに使っているのでCは2ということになります。

みつき：わあ～，大変だったけどなんとか求まりました！ABCDEFは，142857ということですね。

先　生：みつき君，まだですよ。10万の位のAが2のときを考えていませんよ。

みつき：わかりました。さっきと同じように考えてみます。

同じように考えて，Aが2のとき，

Fは $\boxed{\text{ウ}}$ ，Bは $\boxed{\text{エ}}$ ，Dは $\boxed{\text{オ}}$ になることから

$\boxed{\qquad\qquad\text{カ}\qquad\qquad}$ 。

だからAが2になることはありません。

よって求める6けたの数は142857となります。

先　生：その通り！よくわかっているね。ということでここまでわかったことは

みつき：　　　　142857×1＝142857

先　生：　　　　142857×2＝285714

　　　　　　　　142857×3＝428571

　　　　　　　　142857×4＝571428　ということです。どうですか？数字がきちんと並んでますね。さらに142857に，5や6をかけたらどうなると思いますか。

みつき：えっどうなるんですか？

先　生：まずはやってみることが大事だよ。

みつき：えっ，まさか(計算をしてみる)

　　　　　　　　142857×5＝714285

　　　　　　　　142857×6＝857142

わっすごい，142857に5や6をかけたときも，並んでいる数字の順番だけが変わっている・・。

先　　生： 142857のように，2倍，3倍，・・とかけ算をしたときに，その各位の数の順序を
　　　　　 くずさずに巡回させた数になる整数を巡回数というんだよ。
　　　　　 さてこの142857に7をかけてみるとどうなると思いますか？
みつき： 142857×7＝999999になりました！！
　　　　　 わあー不思議ですね。すごいな！！
先　　生： 実はこのほかにも142857に関しては色々な性質があります。また興味があったら
　　　　　 調べてみてくださいね。
みつき： わかりました。こんどひろし君といっしょに考えてみます！！

（1）　　ア　　にあてはまる数字を答えなさい。

（2）　 式イの中の　　　　に適する数字を入れて式を完成させなさい。

（3）　　ウ　，　エ　，　オ　にあてはまる数字を答えなさい。

（4）　　カ　には，Aが2にならないわけが入ります。Aが2にならないわけを
　　　　 簡単に説明しなさい。

Ⅴ　　さとし君，ともや君の二人がトレーニングをしています。最初，二人は直線きょりで36メートル
はなれていて，それぞれが一定の速さを保ちながら相手が最初にいた地点まで向かい，到着し
たら引き返して自分が最初にいた場所に向かいます。この往復を二人がくり返します。始めにさ
とし君が分速80メートルの速さで出発して，18秒後にともや君が分速120メートルで出発しま
した。このとき次の問いに答えなさい。

　　なお，二人が出会うとはすれ違う場合も追い抜く場合もどちらも出会うと考えることとします。

（1）　最初に二人が出会うのはさとし君が出発してから何秒後になりますか。

（2）　2回目に二人が出会うのは，さとし君が始めに出発した地点から何メートルの地点です
　　　か。

（3）　二人が出発して，どちらかの出発地点で二人が最初に出会うのはさとし君が出発してから
　　　何秒後になりますか。

　　以下の方がん用紙は自由に用いてよい。

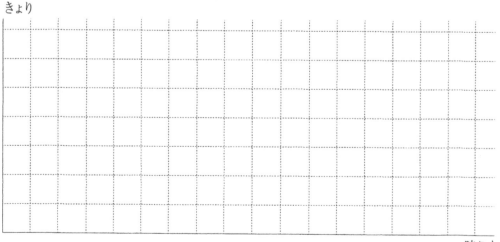

きょり

時こく

Ｋ教英出版

（4） 二人が出発してからの「時こく」と「二人の間のきょり」をグラフに表したいと思います。
　　 次の (ア) ～ (ウ) のそれぞれの場合において，もっともふさわしいグラフの形を表している
　　 ものを下のアルファベットのA～Lから選びA～Lで答えなさい。ただしグラフの横の軸が
　　 「時こく」，縦の軸が「二人の間のきょり」を表すものとします。

　 (ア)　 二人が出発してから最初に二人が出会うまで
　 (イ)　 最初に二人が出会ってから2回目に二人が出会うまで
　 (ウ)　 2回目に二人が出会ってから3回目に二人が出会うまで

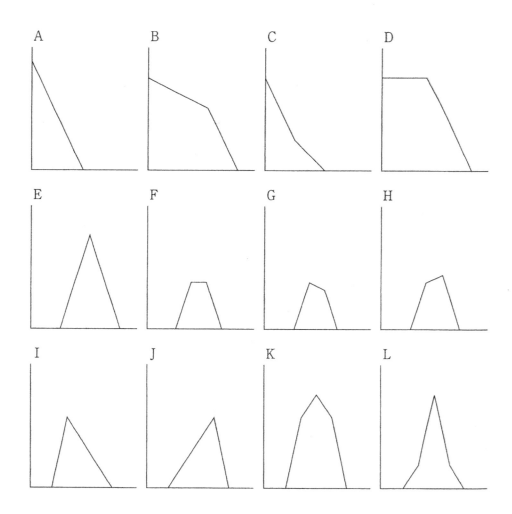

Ⓚ 教英出版

２０１７年度　　　名古屋中学校

中学入学試験問題

算　　数

(60分)

─注　意　事　項─

◎「始め」の合図があるまで中を見てはいけません。

◎解答用紙は別になっています。

◎答えは解答用紙のきめられた「らん」に書きなさい。

◎円周率は3.14とします。

◎直線は三角定規を使ってひきなさい。

算　　数

Ⅰ　　次の各問いに答えなさい。

（1）　$2×(1＋3＋5＋7＋9＋11＋13)＋(4＋8＋12＋16＋20＋24)$ を計算しなさい。

（2）　連続する3つの整数をすべてかけると17550となりました。このとき，連続する3つの整数の中で1番大きい整数を答えなさい。

（3）　縮尺が25000分の1の地図があります。地図上で8cm²の土地は，実際の面積は何a（アール）ですか。

Ⅱ　　次の各問いに答えなさい。

（1）「うるう年」とは次のルールを満たす年のことです。
　　　（イ）4でわりきれる年はうるう年である
　　　（ロ）（イ）を満たす年のうち，100でわりきれる年はうるう年ではない
　　　（ハ）（ロ）を満たす年のうち，400でわりきれる年はうるう年である
　　さて，887年から2017年の間にうるう年は何回ありますか。

（2）　ある液体が100kgあります。この液体の重さのうち99％は水の重さです。この100kgの液体から水だけがいくらか蒸発したことによって液体にふくまれる水の重さの割合が98％となりました。このとき，液体の重さは何kgになりましたか。

（3）　1から100までの偶数をすべてたした数は，1から100までの奇数をすべてたした数よりどれだけ大きいですか。

（4）　たけし君は自宅から友達の家まで自転車を取りに徒歩で行き，友達の家から自転車に乗って自宅まで帰ってきました。ただし，帰り道の途中で自転車のタイヤがパンクしてしまったので，たけし君はその場でタイヤのパンクを修理するために止まっていました。行きは時速4kmで5.5時間かかり，帰りは時速20kmで自転車をこぎ，修理する時間もふくめて120分かかりました。このとき，パンクの修理のために止まっていた時間は何分ですか。

（5）　分数について，例えば

$$\frac{1}{5}=\frac{1}{5+1}+\frac{1}{5\times(5+1)}, \qquad \frac{1}{7}=\frac{1}{7+1}+\frac{1}{7\times(7+1)}$$

がなり立ちます。このことを使うと

$$\frac{2}{7}=\frac{1}{7}+\frac{1}{7}$$
$$=\frac{1}{7}+\frac{1}{8}+\frac{1}{\boxed{あ}}$$

であり，

$$\frac{3}{7}=\frac{2}{7}+\frac{1}{7}$$
$$=\left(\frac{1}{7}+\frac{1}{8}+\frac{1}{\boxed{あ}}\right)+\left(\frac{1}{8}+\frac{1}{\boxed{あ}}\right)$$
$$=\frac{1}{7}+\frac{1}{8}+\frac{1}{\boxed{あ}}+\left(\frac{1}{9}+\frac{1}{72}\right)+\left(\frac{1}{\boxed{い}}+\frac{1}{56\times57}\right)$$
$$=\frac{1}{7}+\frac{1}{8}+\frac{1}{\boxed{あ}}+\frac{1}{9}+\frac{1}{72}+\frac{1}{\boxed{い}}+\frac{1}{56\times57}$$

とかくことができます。 $\boxed{あ}$ と $\boxed{い}$ に適する数字を答えなさい。

Ⅲ　次の各問いに答えなさい。

（1）下の図において，長方形「あ」の面積は17cm²，長方形「い」の面積は26cm²，長方形「う」の面積は51cm²であり，ABの長さは17cm，BCの長さは10cm，CDの長さは6cmです。このとき，しゃ線部分の面積を求めなさい。ただし，下の図の辺の長さは正確にかかれてはいません。

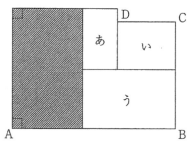

（2）下の図のように，半径が2cmである円の一部と半径が1cmである円の一部によって作られた図形があります。図の，しゃ線部分をそれぞれ「あ」と「い」とします。

　①「あ」の面積と「い」の面積の合計を求めなさい。
　②「い」の面積を求めなさい。

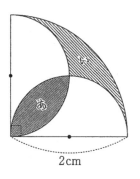

2cm

（3）下の図は，正五角形の各頂点を直線で結んだ図形です。この図形の中には，何種類の三角形がありますか。ただし，形は同じでも，大きさのちがうものは別の三角形として考えます。

Ⅳ　　　次の会話文を読み，各問いに答えなさい。

ひろし：先生，こんにちは。

先　生：やあ，ひろし君。ひさしぶりだね。

ひろし：はい。先生，今日は何を教えてくれるのですか？

先　生：そう急がずに，まずは復習をしておこうか。以前，「倍数判定法」の話をしたね。覚えているかな？

ひろし：えーっと，ある数の一の位の数が2でわりきれれば，もとの数は2の倍数で，各位の数をたした数が3でわりきれれば，もとの数は3の倍数であるというお話でしたね。

先　生：その通り。きちんと覚えているね。例えば234は一の位の数である4が2でわりきれるから2の倍数だし，147は1＋4＋7が3でわりきれるから3の倍数だね。

ひろし：ところで，あのあとお兄ちゃんといっしょにもう少し考えてみたらこんなことがわかりました。例えば2の倍数に関しては，234は2×100＋3×10＋4とあらわすことができます。ここで，100と10は2でわれます。つまり，234は「2の倍数」＋「2の倍数」＋「1の位の数」となるから，結果として1の位の数が2でわれるかどうかを考えればいいのです！

先　生：とてもいい考え方だね。3の倍数判定は同じようにできたかな？

ひろし：はい。例えば147なら1×100＋4×10＋7とあらわせますが，100＝99＋1，10＝9＋1とすればこの計算は99＋1＋36＋4＋7となりますから，「3の倍数」＋1＋「3の倍数」＋4＋7となるので，もとの数の各位の数をたした1＋4＋7だけを考えればいいのです！

先　生：とてもよろしい！100と10を3の倍数とそれ以外の数のたし算に分けることによく気がついたね！　それじゃぁ今日もひとつ，数で遊んでみよう。まず，3以上の同じ数を3つならべて書いてみよう。

ひろし：じゃぁ，777っと。これでいいですか？

先　生：では次に，その数から2けたの数をひいてみよう。2けたの数ならなんでもいいよ。

ひろし：19をひいてみます。えっと，758になりました。

先　生：さらに，その数から3けたの数をひいて，結果が3けたの数になるようにしてみよう。

ひろし：うーん，128をひいてみます。えっと，630になりました。

先　生：最後に，初めにひいた2けたの数と，その次にひいた3けたの数と，最後の計算結果に出た3けたの数をこの順に続けて書いてみよう。

ひろし：19と128と630だから19128630です。こんな大きな数に何か意味があるのですか？？？

先　生：何をかくそう，実はその数は37の倍数なのだよ。

ひろし：えっ？　先生は37の倍数判定法も知ってるんですか？

先　　生：まさか，そんなことはないよ。実はね，ひろし君が計算して最後につくった数は必ず37で
　　　　　わりきれるんだ。

ひろし：初めに選んだ数に関係なく絶対に37の倍数になっちゃうんですか？どうしてですか？

先　　生：ひろし君が3の倍数判定のときに考えたアイディアがあったよね。あれと同じように考
　　　　　えてみよう。ただし，今回は1けたごとに区切らずに，並べた3つの数ごとに区切って考
　　　　　える。そうすると19128630は19×1000000＋128×1000＋630となる。

ひろし：なんでこんな区切り方をするんだろう。

先　　生：つぎに1000000＝999999＋1，1000＝999＋1とする。

ひろし：なんでこんな分け方をするんですか？ よくわからなくなってきました。

先　　生：大丈夫，3の倍数判定のときと同じだよ。ほら，999999と999を37でわってごらん。

ひろし：あっ，両方とも37でわりきれました。

先　　生：ひろし君が3の倍数判定で考えたやり方と同じになってきたでしょう。999999と999
　　　　　は37の倍数だから

$$19128630 = 19×1000000＋128×1000＋630$$
$$= 19×999999＋19×1＋128×999＋128×1＋630 \cdots (☆)$$
$$= 「37の倍数」＋19＋「37の倍数」＋128＋630 \cdots (☆☆)$$

　　　　　となる。つまり，19＋128＋630が37の倍数であればいいわけだ。そして，実際に計
　　　　　算してみると確かに19＋128＋630も37でわりきれる。そうすると，ほら，19128630
　　　　　は37の倍数だけのたし算になったでしょう。つまり，19128630は37の倍数だね。

ひろし：あ，ほんとだ！ すごい！ でも，たまたま計算がうまくいっただけなんじゃないですか。

先　　生：本当にそう思うの？ きちんと上の計算式を確認してごらん。

ひろし：999999と999は最初の数の選び方に関係ないから，上の場合だと19＋128＋630
　　　　　がキーポイントになっていますね。でも，この3つの数は僕が適当に選んだ数だ。あれれ，
　　　　　よくわからなくなってきました・・・・・。

先　　生：あわてることはないよ。おちついて考えてみよう。19＋128＋630はいくつになるかな。

ひろし：777になります。こんな計算簡単ですよ。あれ，これは僕が最初に選んだ数だ。

先　　生：そうだね。いま考えていることは何だったかな。

ひろし：19＋128＋630つまり777が37でわりきれるかどうかです。

先　　生：そうそう。最初の数の選び方は「同じ数を3つ並べて書く」だったよね。

ひろし：はい。444とか555とか777などの数を書くようにと先生が言いました。

先　　生：それらの数をよく見てみよう。

ひろし：えーと，どの数も あ でわりきれます。あっ，そうか。そういうことか。
　　　　　あ は37でわりきれます。やった！ 先生，できましたよ！

先　　生：そのとおり。でも，ちょっとまって。どうして最初に選んだ数が出てきたのか，解決していな
　　　　　いよ。

２０１７年度

中学入学試験問題

理　　科

（40分）

注　意　事　項

◎ 「始め」の合図があるまで中を見てはいけません。

◎ 解答用紙は別になっています。

◎ 答えは解答用紙のきめられた「らん」に書きなさい。

理　　　　科

Ⅰ　　下の図は，硝酸カリウムが水100gにとける最大量〔g〕とその時の水よう液の温度〔℃〕との
関係を示したグラフです。次の問いに答えなさい。なお，答えが小数になる場合は，小数第1位を
四捨五入して整数で答えなさい。

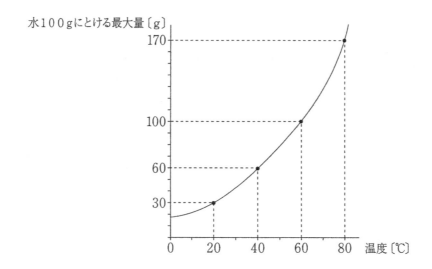

（1）　ある量の水に固体の物質をとかしていき，もうそれ以上とけることができなくなった水よう
液を何といいますか。

（2）　40℃の水25gに硝酸カリウムを5gとかしました。硝酸カリウムはあと何gとかすことがで
きますか。

（3）　80℃で(1)の水よう液を305g作りました。この水よう液にふくまれる硝酸カリウムと水
の量〔g〕をそれぞれ求めなさい。

（4）　(3)の水よう液のこさ(濃度)〔％〕を求めなさい。

（5）　(3)の水よう液の温度を20℃まで下げたとき，何gの硝酸カリウムがとけきれずに結晶と
なって出てきますか。

（6）　水よう液から結晶を取り出す方法として，「温度を下げてろ過する」以外で考えられる方法
を句読点を含め10文字以内で答えなさい。

Ⅱ　図1のようなどこも同じ太さの60gの棒に，長さが6等分になるよう目もりをつけ，それぞれ①～⑦の番号をふりました。その①～⑦のどれかの位置にのびない丈夫な糸をつけて，天井からつり下げたり，おもりをつり下げたりして，棒が水平になるときの条件を考えました。糸の重さは考えないものとして，次の問いに答えなさい。なお，答えが小数になる場合は，小数第1位を四捨五入して整数で答えなさい。

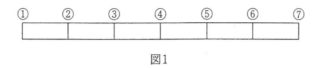

図1

(1)　図1の②の位置に糸をつけて天井から棒をつり下げると，そのままでは棒は水平になりません。しかし，図2のように①の位置におもりAをつり下げると，棒は水平になりました。このときおもりAは何gですか。

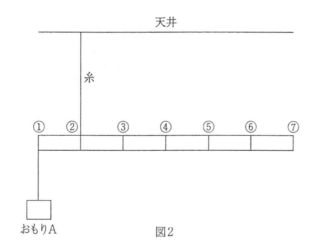

図2

－2－

(2)　図1の③の位置に糸をつけて天井から棒をつり下げ，図3のように②の位置に220gのおもりBをつけたとき，⑦の位置におもりCをつり下げると棒は水平になりました。このときおもりCは何gですか。

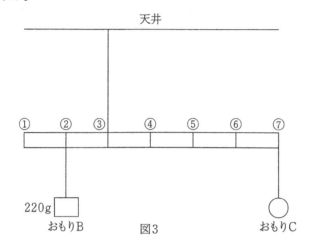

図3

(3)　(2)の図3の状態から，図4のように，おもりBを容器の底につかないように水中に完全にしずめ，⑦の位置につり下げてあったおもりCを④の位置につり下げなおすと，棒は水平になりました。

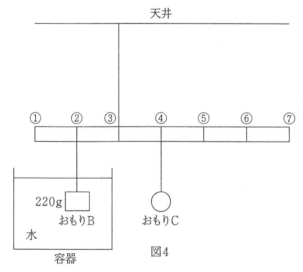

図4

次に, 図5のように, おもりCを再び⑦の位置にもどした上で, おもりCも容器の底につかないように水中に完全にしずめると, 棒は水平になりました。

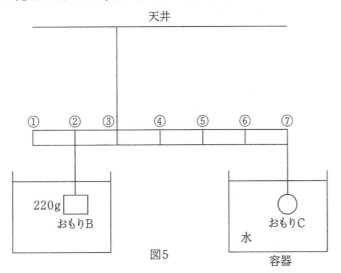

図5

これらの結果から, 水がおもりBを浮かせようとする力 (おもりBにはたらく浮力) は, 水がおもりCを浮かせようとする力 (おもりCにはたらく浮力) の何倍の大きさであるとわかりますか。

(4) 図5で天井からつるしていた糸を天井から外し, 図6のようにばねはかりにつるしました。ばねはかりの目盛りは何gを示しますか。

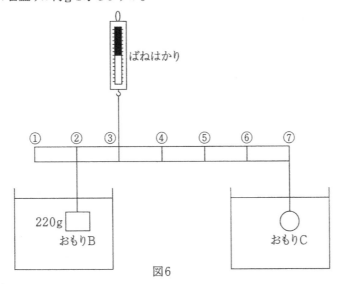

図6

―4―

(5) 図7のように，動かっ車WとY，天井からつり下げた定かっ車XとZを用意します。丈夫な
棒Sの両はしでかっ車Wとかっ車Yをつなぎます。天井からつり下げた糸をかっ車Wの下側，
かっ車Xの上側，かっ車Yの下側，かっ車Zの上側の順に通した後，糸のはしをまっすぐ下に
下ろして図1の棒の①の位置につなぎます。次に天井からまっすぐ下に下ろした糸を⑤の位
置につなぎ，棒をつり下げます。さらに，棒Sの真ん中からおもりDをつり下げると，天井から
つり下げた棒は水平になりました。このときおもりDは何gですか。ただし，かっ車W，X，Y，
Zや棒Sの重さは考えないものとします。

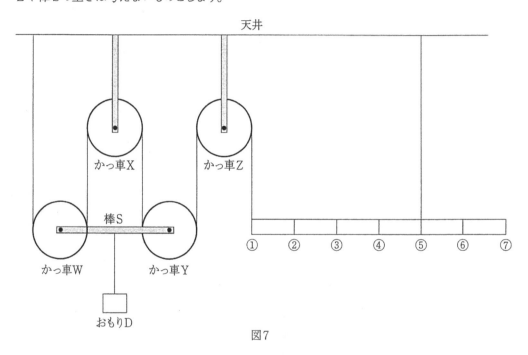

図7

２０１７年度

中 学 入 学 試 験 問 題

```
社        会
          (40分)
```

────注 意 事 項────

◎ 「始め」の合図があるまで中を見てはいけません。

◎ 解答用紙は別になっています。

◎ 答えは解答用紙のきめられた「らん」に書きなさい。

◎ 教科書中に漢字で書かれている語句は，全て漢字で
　答えなさい。

社　会

次の文章を読んで，あとの問いに答えなさい。

2017年1月ある日の放課後，高山ホールにて名中生徒会執行部の定例会議が開かれている。主なメンバーは生徒会長の智弥（トモヤ），副会長の心元（シンゲン），書記の清太郎（セイタロウ），そして生徒会顧問の伊文（イブン）先生です。

トモヤ： さて，新年最初の生徒会定例会を行う。1月の定例会は，まず昨年の出来事を振り返ることから始めるのが定例となっている。セイタロウ，昨年はどんなことがあった？

セイタロウ： はい，会長。昨年も，やはり災害が大きなニュースになっていました。4月には熊本地震がありました。あらためて，日本は地震大国だなと思いました。

トモヤ： そうだね。わが校でも減災チームが中心となり，「助かる人から，助ける人へ」をスローガンに活動を続けているけど，新入生にとっては，それがいかに大切か実感できてきたんじゃないかな。

セイタロウ： そうですね。

シンゲン： 東南海地震が懸念されるこの地域において，減災チームは学校での教育活動を積極的に行っています。例えば，災害時には携帯やスマホは使えなくなる可能性が高いので，「災害伝言サービス」への登録を促しています。また，①公衆電話は災害時の停電の際でも利用が可能なので，常日頃から公衆電話の設置場所を確認しておくように推奨していますね。

トモヤ： その通りだね。特に，最近は「特設型」という，災害時のために事前に回線を確保してある設置型の公衆電話も着々と準備されているからね。きちんと，災害時の行動を把握しておく必要があるね。

シンゲン： 熊本の震災後，校舎エントランスホールで，生徒会，減災チーム，JRC（日本赤十字）クラブ，及び有志が募金活動を行いました。

トモヤ： 震災以外にはどんなことがあったかな。

シンゲン： 8月〜9月にかけて，台風と大雨の被害が目立ちましたね。特に②北海道での台風の被害は大きく報道されていましたね。

セイタロウ： そういえば，うちの母親も「野菜が高い，野菜が高い……」と，最近まで言っていました。

トモヤ： 政治的なニュースとしては，やはり伊勢志摩サミットだな。1975年の第1回サミット以来，日本では6回目となる開催だしな。

シンゲン： はい。③G7をはじめ各国の首脳を迎える，5月のあの緊張感。名古屋駅周辺も物々しい雰囲気でしたね。実は僕，以前家族と志摩観光ホテルに泊まったことがあるんです。志摩半島はまるで④竜宮城のようでした。本当に楽しかった。⑤首相と同じホテルに泊まったんだと思うと，何か感激です。

セイタロウ： サミットって，何をするんですか？

シンゲン：えーっと……，世界経済の発展，地球温暖化，テロ防止など……。現在の日本では（　1　）省が主導している⑥IT技術，IoT（モノのインターネット）や⑦AI（人工知能）関連の投資の推進などに関わる事柄についても議論されたみたいですね。

セイタロウ：サミットで決まったことって実現するのは難しいですよね？もし，実現できない場合って，何かペナルティがあるんですか？

トモヤ：いや。サミットは行動指針を決める，約束事みたいなもの。条約のような，絶対に守らなければならない約束，または契約という訳ではないんだ。

シンゲン：契約って言うと，何か難しそうだけど，どういうこと？

イブン：社会生活は様々な契約によって成り立っているよね。例えば，コンビニエンスストアなどで買い物をする場合，いちいち売買契約書などを交わすことはないけれど，売り手と買い手との間で，「何をいくらで売買するのか」に関して合意が成立しているんだね。このような当事者間での合意を契約というんだよ。そして，合意とは，互いの意思・気持ちが一致することを言うんだ……。

シンゲン：なるほど！よくわかりました。

トモヤ：サミットでは，格差の解消や女性の社会進出の促進についても話し合われたよね。

シンゲン：そういえば，2016年は政治の世界で⑧女性の活躍が目立ちましたね。参議院選挙後の東京都知事選では小池百合子さんが都知事となり，民進党代表選では蓮舫さんが代表となり，それぞれ注目を浴びてました。

セイタロウ：そういえばこの時期，⑨天皇の生前退位の問題がよくニュースになっていましたよね。

トモヤ：そうだったね。僕は夏休みの間，改めて日本国憲法を読み直していたな。たしか，ここの棚にしまってあったっけ……（棚から本を手に取る）。

【日本国憲法】（一部抜粋）

第一条　天皇は，日本国の象徴であり日本国民統合の象徴であつて，この地位は，主権の存する日本国民の総意に基く。

第二条　皇位は，世襲のものであつて，国会の議決した皇室典範の定めるところにより，これを継承する。

第三条　天皇の国事に関するすべての行為には，内閣の助言と承認を必要とし，内閣が，その責任を負ふ。

第四条　①天皇は，この憲法の定める国事に関する行為のみを行ひ，国政に関する権能を有しない。

②天皇は，法律の定めるところにより，その国事に関する行為を委任することができる。

第五条　皇室典範の定めるところにより摂政を置くときは，摂政は，天皇の名でその国事に関する行為を行ふ。この場合には，前条第一項の規定を準用する。

＊　＊　＊

イブン：ところで，みんなも知ってると思うけど，本校は今年の7月11日に創立130周年を迎えます。今日は本校130年の歴史をふりかえってみましょう。本校の始まりは，1887年にアメリカ人の宣教師フレデリック・C・クライン博士が，名古屋の南武平町（現在の中区）の民家を借りて，私立愛知英和学校を開校したことです。同年11月，校名を名古屋英和学校と改めました。

シンゲン：1887年といえば，（　2　）の少し前ですね。

トモヤ：1896年には，（　3　）先生が，神学部長として教壇に立たれてましたよね。（　3　）先生は本校の図書館をつくった人で，図書館の入口横には肖像画が掲げられています。

シンゲン：僕も（　3　）先生については，日本史の授業で勉強しました。キリスト教主義の立場から⑩日露戦争に反対したことで有名ですよね。『⑪代表的日本人』という著作を読んだことがあります。

セイタロウ：どんな本なんですか？

シンゲン：⑫西郷隆盛，上杉鷹山，二宮尊徳，中江藤樹，日蓮という5人の歴史上の人物の生き方から日本人とは何かを考えていく本だよ。外国人に向けて書かれた本で，英語で書かれているんだ。

トモヤ：外国人向けに英語で日本を紹介しているという点では（　4　）の『武士道』と似ているね。ところでシンゲン。上杉鷹山と二宮尊徳と中江藤樹の3人について，もう少し教えてくれないか。

シンゲン：3人とも江戸時代中ごろの人物です。上杉鷹山は困窮にあえぐ米沢藩を改革したことで知られています。二宮尊徳は，薪を肩に背負い，読書をしながら歩いている像が有名で，通称，金次郎とも呼ばれています。中江藤樹は儒学者です。

セイタロウ：二宮金次郎は知ってます！小学校の校庭に像がありました。

トモヤ：上杉鷹山は，あの故ケネディ大統領が尊敬する日本人の名前に挙げたことでも有名だったよね。

セイタロウ：西郷隆盛といえば，昨年から中3で行く⑬研修旅行の行き先が変わったんですよね！先輩，研修旅行はどうでした？西郷隆盛像は見ましたか？

トモヤ：見たよ。まず初日は班ごとに市内観光をしたんだ。2日目はトレッキングツアーに参加してカヤックで大自然を見てきた。⑭縄文杉までは行けなかったけど，いつか行ってみたいと思った。3日目は⑮ＪＡＸＡの宇宙センターを見学したあとバーベキューをしたんだ。最終日は，「知覧茶」の⑯ブランド名でも有名な知覧にある特攻平和会館を訪れた。知覧には⑰太平洋戦争末期，特攻隊が飛び立つための基地がおかれていたんだ。僕らとあまり年の変わらない青年たちがまさに飛び立つ直前に残した遺書や遺品を見た。特に心に残ったのは，穴澤利夫少尉の遺書。恋人の智恵

子にあてたものなんだけど，最後の結びが特に印象的だった。これがその文面だよ。

> 読みたい本　「⑱万葉」「句集」「道程」「一点鐘」「故郷」
> 観たい画　　⑲ラファエル「聖母子像」　芳崖「悲母観音」
> 智恵子　会ひたい，話したい，無性に。
> 今後は明るく朗らかに。自分も負けずに，朗らかに笑って征く。

トモヤ：日ごろは決して体験することのできないとても貴重な体験をすることができたよ。本校の兄弟校であるオーストラリアのメントーン・グラマースクールからの⑳留学生ムハマッドとダムシカもとても満足していたよ。二人はインドネシア出身で，ＪＡＸＡの宇宙センターでは大はしゃぎだったね。

セイタロウ：インドネシアってどういう国ですか？

トモヤ：そうだな……，人口は２億人を超える世界最大のイスラーム教の国だね。イスラーム教は戒律がとても厳しいんだ。

セイタロウ：へぇ～。そうなんだ。

イブン：話を戻そう。１８９８年，生徒数が増え校舎が手狭になったために，東区の長久寺町，現在，金城学院中学校のある場所に移転し，１９０６年には校名を「名古屋中学校」と改めたんだ。１９２６年には，生徒数は１０００名を突破するまでになったんだ。

トモヤ：１９２６年というと㉑普通選挙法が制定された翌年ですね。校舎移転の話がありましたが，本校が現在の場所である東区砂田橋に移転したのはいつ頃ですか？

イブン：１９５２年に移転が始まり，㉒１９５４年に完了したんだ。ちなみに，毎週金曜日に礼拝をおこなっているクライン・メモリアル・チャペルは１９５７年に完成したんですよ。今年で完成して６０年になる歴史ある建物です。チャペルの礼拝堂入口には本校の建学の精神「㉓敬神愛人」の文字が掲げられていますが，だれの書か知っていますか？直筆で名前まで書いてありますよ。

セイタロウ：毎週チャペル礼拝の時間に目にしているはずなんだけど……まったくわかりません。

トモヤ：横田喜三郎さんですよね。本校の卒業生で第３代最高裁判所長官を務めた方です。僕たちの先輩にはこんなに立派な方もいらっしゃるんだ。

セイタロウ：ところで，現在の校舎はいつごろ完成したんですか？

イブン：現在の校舎は１２０周年記念事業として進められ，２０１０年に完成したんだよ。２０１１年には人工芝グラウンドが完成し，現在の形になったのは２０１２年，ロンドン㉔オリンピックが開催された年だね。ちなみに本校の卒業生も，ロサンゼルス，北京，ロンドン，そしてリオデジャネイロの各オリンピックに出場しているよ。

セイタロウ：すごいなぁ！

シンゲン：会長はオリンピックではなく，ノーベル賞を目指しているんですよね。確かに会長の㉕<u>独創性</u>は名中でも群を抜いていますしね。

イブン：ぜひがんばってください。神の御手のお導きで１３０年もの長きにわたり名古屋中学校は存続することができました。君たちもこれからの名古屋中学校の歩みを誇りをもってつくりあげていってほしいと思っています。

問1　下線部①について，次の各問いに答えなさい。

（1）　公衆電話回線数の変化について，下のグラフから読み取れる内容を，一般型公衆電話回線数・特設型公衆電話回線数・全体の公衆電話回線数に着目して述べなさい。

（2）　特設型公衆電話回線数について，(1)のような変化があらわれる要因となったできごとは何か，冒頭の会話文を参考にして答えなさい。

・http://www.soumu.go.jp/johotsusintokei/whitepaper/ja/h28/html/nc252210.html
・http://www.chunichi.co.jp/article/junior/naruhodo/201603/CK2016030602000186.html
・『毎日新聞』２０１６.８.３０朝刊　より作成。

問2　下線部②について，北海道の大地の多くは泥炭土，火山性土，及び重粘土であり，これらの土地を農業に適する土地へ改良することこそが，明治以降の開拓の歴史です。あとの各問いに答えなさい。

（1）　十勝平野につくられた実験的な農場を何といいますか。

（2）　石狩平野などで水田耕作を可能にするために行われた土地改良を何といいますか。

問3　下線部③について，G7に含まれない国を地図1のア〜オから一つ選び，記号で答えなさい。

問4　下線部④といえば，浦島太郎の童謡の歌詞を思い起こしますが，以下のア～エは日本の昔話の童謡の歌詞を示しています。この中で「契約」の概念を表現していると考えられるものを一つ選び，記号で答えなさい。

ア　（浦島太郎）	イ　（桃太郎）
一．むかしむかし浦島は　　助けた亀に連れられて 　　竜宮城へ来て見れば　　絵にもかけない美しさ 二．乙姫様のごちそうに　　鯛やひらめの舞踊り 　　ただ珍しく面白く　　月日のたつのも夢のうち	一．桃太郎さん　桃太郎さん　お腰につけた 　　キビダンゴ　一つわたしに　下さいな 二．やりましょう　やりましょう　これから 　　鬼の征伐について行くなら　やりましょう

ウ　（金太郎）	エ　（うさぎとかめ）
一．まさかりかついで　きんたろう 　　くまにまたがり　おうまのけいこ 　　ハイ　シィ　ドウ　ドウ 　　ハイ　ドウ　ドウ（×2） 二．あしがらやまの　やまおくで 　　けだものあつめて　すもうのけいこ 　　ハッケヨイヨイ　ノコッタ（×2）	一．もしもし　かめよ　かめさんよ 　　せかいの　うちで　おまえほど 　　あゆみの　のろい　ものはない 　　どうして　そんなに　のろいのか 二．なんと　おっしゃる　うさぎさん 　　そんなら　おまえと　かけくらべ 　　むこうの　小山の　ふもとまで 　　どちらが　さきに　かけつくか

問5　下線部⑤について，小泉首相が退任した２００６年以降，日本の内閣総理大臣（首相）は安定した政権を築くことができず，ほぼ１年ごとに交代する時期が続きました。以下に挙げる日本の首相を就任した順に，解答欄に従って並べかえなさい。

A　麻生太郎　　　　B　野田佳彦　　　　C　福田康夫
D　鳩山由紀夫　　　E　安倍晋三　　　　F　菅直人

問6　文章中の（　1　）にあてはまる省庁の名称を答えなさい。

問7　下線部⑥について、インターネットなどの最先端技術を組み合わせて活用し、産業の生産性を高めたり、新しい事業・サービスを創出したりする、現在の取り組みを「第4次産業革命」と呼んでいます。「第1次」は18世紀に、「第2次」は19世紀に、「第3次」は20世紀後半に、それぞれ発生したと考えられています。「第1次」から「第3次」に普及した事柄の組合せとして、最も適当なものを次のア〜カから一つ選び、記号で答えなさい。

　　ア　「第1次」：電力活用　　「第2次」：コンピューターの普及　　「第3次」：蒸気機関
　　イ　「第1次」：電力活用　　「第2次」：蒸気機関　　「第3次」：コンピューターの普及
　　ウ　「第1次」：コンピューターの普及　　「第2次」：電力活用　　「第3次」：蒸気機関
　　エ　「第1次」：コンピューターの普及　　「第2次」：蒸気機関　　「第3次」：電力活用
　　オ　「第1次」：蒸気機関　　「第2次」：コンピューターの普及　　「第3次」：電力活用
　　カ　「第1次」：蒸気機関　　「第2次」：電力活用　　「第3次」：コンピューターの普及

問8　下線部⑦について、AIに関する説明や事例として、**ふさわしくないもの**を次のア〜エから一つ選び、記号で答えなさい。

　　ア　AIとは人工知能のことである。
　　イ　「ロボットは東京大学に合格できるか」といった取り組みが注目を集めた。
　　ウ　膨大な電子情報を分析し、新たな価値を生み出す技術である。
　　エ　AIは機械が自ら学習するが、人間より高度な判断は不可能である。

問9　下線部⑧について、女性の活躍には男性の協力も必要です。男女共同参画社会の実現に向けて、男性も女性も育児や家事に参加しやすい環境を整えていく必要があります。下の各人物A〜Dさんが述べている内容のうち、そのような環境整備と**直接には結びつかないもの**を一つ選び、記号で答えなさい。

スーパーなどでは、親子連れで利用しやすい多目的トイレが増えるといいね。
Aさん

スーパーなどでは、親子で見やすいように、商品名は大きく表示してあると便利だね。
Bさん

職場に保育・託児サービスがあるとたすかるね。

Cさん

Dさん
職場が育児休暇の取得を積極的に促してくれると、子どものために休みやすいよね。

問10　下線部⑨について，次の各問いに答えなさい。

（1）　天皇の位や皇位について定めた法律を何といいますか。会話文中の憲法条文を参考にして答えなさい。

（2）　天皇が未成年であるか，重い病気などで国事行為にあたれない場合に限って，代役を務める役職を何といいますか。会話文中の憲法条文を参考にして答えなさい。

（3）　次のア〜エの説明文のうち，「生前退位」に関する説明として**ふさわしくないもの**を一つ選び，記号で答えなさい。

　　ア　「生前退位」とは，天皇が生きているうちに，天皇の位を皇太子に譲ることをいう。
　　イ　日本の歴史上，「生前退位」が認められた時代もあった。
　　ウ　「生前退位」を認めれば，皇太子に限らず広く天皇の後継者を選ぶことができるため，女性の天皇を認めることもできる。
　　エ　「生前退位」を認めれば，天皇の自由な意思に基づかない退位の強制が生じ，歴史上みられた上皇の存在のような混乱を生み出す可能性がある。

問11　文章中の（　2　）にあてはまるものとして最もふさわしいものを，次のア〜エから一つ選び，記号で答えなさい。

　　ア　全国水平社の設立
　　イ　朝鮮戦争の勃発
　　ウ　大日本帝国憲法の発布
　　エ　大政奉還の実現

問12　文章中の（　3　）にあてはまる人物名を答えなさい。

問13　下線部⑩について，日露戦争の講和条約の内容をあらわしているものを，次のア〜エから一つ選び，記号で答えなさい。

　　ア　中国政府は，ドイツが山東省に持っている一切の権益を日本に譲る。
　　イ　賠償金2億両を日本に支払う。
　　ウ　北緯50度以南の樺太（サハリン）を日本に割譲する。
　　エ　下田と函館の2港を開く。

			でわりきれる	※

V	(1)	人	(2)	えん筆　　　　　本, ノート　　　　　冊	※
	(3)	えん筆　　　本, 消しゴム　　　個, ノート　　　冊			

VI	(1)	① cm³	② cm³	※
	(2)	① 倍	② cm²	

※印のらんには何も書き入れないこと。

受 験 番 号		氏 名	

※ 得 点	※100 点満点 (配点非公表)

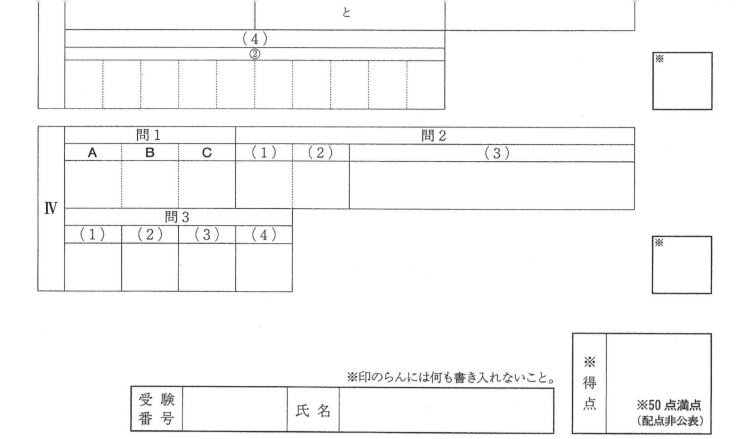

	と
(4)	
②	

	問1			問2		
	A	B	C	(1)	(2)	(3)
Ⅳ						
	問3					
	(1)	(2)	(3)	(4)		

※印のらんには何も書き入れないこと。

受 験 番 号		氏 名	

※ 得 点	※50 点満点 (配点非公表)

| 問22 | | 問23 (1) 絵画 | | 人物名 | | ※ |

| 問23 | (2) | |
| | | ※ |

問24 [   ]

問25　1925年の選挙法では ＿＿＿＿＿＿＿＿＿＿＿＿ に選挙権が与えられた。1945年の選挙法では ＿＿＿＿＿＿＿＿＿＿＿ に選挙権が与えられた。2015年の改正選挙法では ＿＿＿＿＿＿＿＿＿＿ に選挙権が認められた。

問26 [   ]

問27 [   ]

問28 [   ]

問29 [   ] ※

※印のらんには何も書き入れないこと。

| 受験番号 | | 氏　名 | |

※得点　※50 点満点（配点非公表）

社 会 解 答 用 紙

（2017中社会）

問1
(1)
(2)

問2 (1) (2) **問3** **問4** ※

問5 E → → → → → → **問6** (省) ※

問7 **問8** **問9** さん

問10 (1) (2) (3)

問11 **問12** **問13** **問14** ※

問15 (1) (2) ① ② ③ ④

問16 **問17** 都道府県名 2日目に訪れる島 3日目に訪れる島

問18 **問19**

問20 ア イ ウ エ

問21 (1) 年 月 日

理 科 解 答 用 紙

I

（1）	（2）
	g

（3）		（4）
硝酸カリウム	水	
g	g	%

（5）	（6）
g	

※

II

（1）	（2）	（3）	（4）	（5）
g	g	倍	g	g

※

（1）	
名　前	記　号

（2）			
イ　ネ		ダ　イ　ズ	
記　号	名　前	記　号	名　前

【解答

算 数 解 答 用 紙

I (1) _____ (2) _____ (3) _____ a ※ ☐

II
(1) _____ 回 (2) _____ kg
(3) _____ 分 (4) _____
(5) あ _____ い _____ ※ ☐

III
(1) _____ cm² (2) ① _____ cm² ② _____ cm² ※ ☐
(3) _____ 種類

IV
(1) あ _____ (2) い _____ う _____
考え方

問14　下線部⑪について，5人の歴史上の人物が主に活躍した年代順に年表をまとめました。次の
　　　A〜Gの文章があてはまる時期を，年表の①〜④にふりわけたものとして正しいものを，冒頭
　　　の会話文を参考にしてあとのア〜エから一つ選び，記号で答えなさい。

	年表
古い ↑ ↓ 新しい	①
	日蓮
	②
	中江藤樹
	上杉鷹山
	二宮尊徳
	③
	西郷隆盛
	④

　　　A　日米修好通商条約が結ばれた。
　　　B　応仁の乱が起こった。
　　　C　東大寺の大仏が造立された。
　　　D　内閣制度ができた。
　　　E　保元の乱が起こった。
　　　F　大化の改新が起こった。
　　　G　キリスト教が伝わった。

ア　①−BCF　　②−E　　　③−G　　　④−AD
イ　①−CF　　　②−BE　　③−AG　　④−D
ウ　①−CEF　　②−BG　　③−A　　　④−D
エ　①−EF　　　②−CG　　③−B　　　④−AD

問15　下線部⑫について，次の各問いに答えなさい。

（1）　士族を率いた西郷隆盛が明治政府に対して行った，日本最後の内乱を何といいますか。

（2）　日本の古代史における最大の内
　　乱と言われるのが，大海人皇子（後
　　の天武天皇）と大友皇子によって争
　　われた，天智天皇の後継争いである
　　壬申の乱でした。右の地図2は，大
　　海人皇子の進路の一つを示したも
　　のです。皇子が実際に訪れた地域
　　①〜④について，現在の都道府県名
　　をそれぞれ答えなさい。

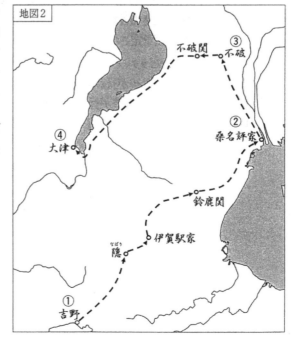

地図2

—10—

問16　次の文章は（　4　）の人物に関するものです。（　4　）にあてはまる人物名を答えなさい。
　　　・国際連盟の事務局次長をつとめた。
　　　・紙幣の肖像画（しょうぞう）にもちいられた。

問17　下線部⑬について，昨年から名古屋中学校中学3年生が，研修旅行で訪れている都道府県はどこか答えなさい。また，その都道府県に含まれ，同じく研修旅行で訪れる島の名前を訪れる順に書きなさい。

問18　下線部⑭について，今日の定義では，縄文時代は約1万3000年前から紀元前4世紀頃とされています。縄文時代について述べた文として，**誤りを含むもの**を次のア〜エから一つ選び，記号で答えなさい。
　　ア　食物を採集したり，オオツノジカなどを狩って食べていた。
　　イ　特徴的な土器を用いて，食べ物の保存や調理を行っていた。
　　ウ　中国の歴史書『漢書』「地理志」では，当時の日本は「倭」として紹介されている。
　　エ　獣骨（じゅうこつ）を利用した道具を使用していた。

問19　下線部⑮について，JAXAでは2016年度に運用を停止したX線天文衛星の後継として，2020年に新たな衛星の打ち上げを予定しています。これと同じ，2020年に予定されている出来事のうち，**ふさわしくないもの**の組合せとして，適当なものを次のア〜カから一つ選び，記号で答えなさい（予定されている出来事については，2017年1月1日を判断基準とする）。
　　A　夏季オリンピック・パラリンピックが東京で開催される。
　　B　参議院議員選挙が行われる。
　　C　アメリカ大統領選挙が行われる。
　　D　日本の消費税率が10％に引き上げられる。

　　　ア─　AとB　　　　イ─　AとC　　　　ウ─　AとD
　　　エ─　BとC　　　　オ─　BとD　　　　カ─　CとD

問20 下線部⑯について，2015年5月に，地域の農産品ブランドに国がお墨付きを与える地理的
表示（GI）保護制度がスタートしました。農林水産省は2020年までに各都道府県に最低1
産品登録することを目標に掲げています。下の表は2016年9月時点で登録されている農産物
の例です。表中のア～エが示す農産物名をそれぞれ答えなさい。

県・市	農産物	特　徴
青森県	カシス	「あおもりカシス」。手摘み収穫で，さわやかな酸味が人気。
兵庫県	ア	兵庫県北部で生産。他県のブランド品の素にもなっている。
夕張市	イ	高級品として，全国に販売される。
福岡県	茶	「八女伝統本玉露」。豊かな香り。まろやかでこくがある。
霧島市	黒酢	「鹿児島の壺造り黒酢」。屋外の壺で長期熟成。
八代市	ウ	熊本県で生産される農産物。これの加工品とともに生産額は全国1位。
西予市	生糸	「伊予生糸」。白いツバキのような気品ある光沢。
鳥取市	エ	鳥取県の名産品。生産額は全国1，2を争う。漬物として食べられる。
奈良県	素麺	「三輪素麺」。手延べ素麺発祥の地。食感が高評価。
長野県	柿	「市田柿」。飯田市などで生産。高ポリフェノールのドライフルーツ。
石川県	やまいも	「加賀丸いも」。能美市や小松市で生産。粘りが強い。

http://www.maff.go.jp/j/shokusan/gi_act/register/index.htmlより作成。

問21　下線部⑰について，太平洋戦争末期，広島は人類史上初めて核兵器の被害を受けました。これについて，次の各問いに答えなさい。

（1）広島に原爆が投下された年月日を算用数字で答えなさい。ただし，西暦で答えること。

（2）昨年，アメリカのオバマ前大統領が広島に訪れたことが，歴史的瞬間として大きなニュースとなりました。それまで，アメリカ大統領による広島訪問が実現しなかった理由について，次のグラフから読み取れる内容を簡単に説明しなさい。

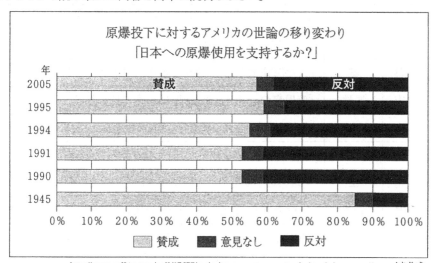

http://www.gallup.com/poll/17677/majority-supports-use-atomic-bomb-japan-wwii.aspxより作成。

問22　下線部⑱について，万葉集がつくられた時代のできごとを述べた文として正しいものを，次のア～エから一つ選び，記号で答えなさい。

　　ア　御成敗式目がつくられた。
　　イ　十七条の憲法がつくられた。
　　ウ　武家諸法度がつくられた。
　　エ　墾田永年私財法がつくられた。

問23　下線部⑲について，ラファエル（ラファエロ）は1483～1520年に生きたルネサンス期のイタリアを代表する画家です。これについて，次の各問いに答えなさい。

（1）ラファエルが生きていた頃に描かれた絵画としてふさわしいものを，あとのア～エから一つ選び，記号で答えなさい。また，その作品を描いた人物名を答えなさい。

（2）　名古屋中学校では長期休暇ごとに「紳士のための美術鑑賞入門」という講座を開講し，美術館に実際に足を運び，本物の美術作品を見ながら，個々人の作品の解釈について対話をおこなっています。人気の美術展は多くの人で混み合うため，あらかじめ，インターネットを用いて，名古屋市美術館の混雑状況を調べてみることにしました。すると，実際に美術館に足を運んだ人たちの次のようなツイート※がたくさん出てきました。しかし，これらからは，実際にどのくらい混んでいるのかはわかりませんでした。なぜ，あまり参考にならないと感じたのか，あとの文の￣￣にあてはまる内容を考えて答えなさい。

> 2016年12月23日13:14 「名古屋市美術館，思っていたよりもすいてた。」
> 2016年12月23日13:07 「予想した通り，名古屋市美術館，激混みでした！」
> 2016年12月23日13:03 「名古屋市美術館なう。めちゃくちゃすいてます。」
> 2016年12月23日12:59 「覚悟していったけど，名古屋市美術館，思っていたよりは混んでないな〜。」
> 2016年12月23日12:46 「名古屋市美術館，まずまずの混み具合です。」

※ツイート：ツイッターという短文の投稿を共有するウェブ上のサービスにおける短文の投稿のこと。

　　　　人によって　￣￣￣￣￣￣￣￣￣が異なっているから。

問24　下線部⑳について，本校では国際交流に力を入れており，毎年，海外語学研修でアメリカや
　　　イギリス，オーストラリアなどを訪れています。また，海外から留学生を招き，学校生活をともに
　　　する機会も設けています。会話文にあるように，2人の留学生が3年の学年にやってくることに
　　　なりました。彼らをもてなすにあたり，生徒たちがさまざまなアイディアを出し合っています。次
　　　のア〜エのうち，**ふさわしくない**アイディアはどれか，一つ選び，記号で答えなさい。

　　　ア　徳川美術館に一緒に行って，日本の歴史や文化に触れてほしい。
　　　イ　トヨタ博物館に一緒に行って，日本の技術力を紹介したい。
　　　ウ　名古屋大学減災館で災害対策についてともに考えたい。
　　　エ　名古屋名物のおいしい味噌とんかつを味わってほしい。

問25　下線部㉑について，日本の選挙権の拡大について，解答欄に沿って説明しなさい。

問26　下線部㉒について，この年よりあとのできごとを，次のア〜オから**すべて**選び，年代の古い順
　　　に記号で答えなさい。

　　　ア　自衛隊がカンボジアに派遣された。
　　　イ　東京オリンピックが開催された。
　　　ウ　日本国憲法が公布された。
　　　エ　日米安全保障条約が結ばれた。
　　　オ　第一次石油ショックが起こった。

問27　下線部㉓について，敬神愛人とは名古屋中学校の建学の精神であり，「神を敬い，他者をいつ
　　　くしむ心をもつ」ということを意味しています。その一環として，名古屋中学校ではボランティア
　　　活動に力を入れています。そのなかで障がいを持った人たちの暮らす施設を訪れることもあり

ます。そこでは，相手の立
場に立って考えることが求
められます。右図は名古屋
中学校の近くにあるショッ
ピングセンターの駐車場の
見取り図です。この駐車場
ではどのような点で配慮
がなされているか，説明し
なさい。

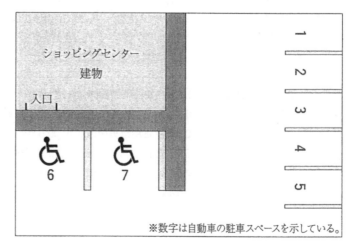

問28 下線部㉔について，2016年に夏季オリンピックが開催された国について述べたものとして**ふさわしくないもの**を，次のア〜エから一つ選び，記号で答えなさい。

　　ア　この国と日本の時差は8時間である。
　　イ　愛知県の自動車工場ではこの国出身の人が働いている。
　　ウ　この国にはアマゾン川が流れている。
　　エ　日本はこの国から大豆や鉄鉱石を輸入している。

問29 下線部㉕について，独創性や柔軟な発想は，様々な発見や発明を生み出す上で不可欠です。もしかすると，受験生の皆さんの発想が，新たな商品，特許権を生み出すかもしれません。発明家を目指す気分になって，皆さんが実現出来たらいいなと考えるIoTを取り入れた電化製品（家電）を，皆さんの自由な発想で答えなさい。
　　例）ドアがインターネットの液晶パネルになっている冷蔵庫

2017(H29) 名古屋中

K 教英出版

2017(H29) 名古屋中

Ⓚ教英出版

（※このページに問題はありません。）

Ⅲ　下の図は, 水でしめらせただっしめんの上に置いてあったイネとダイズの種子を, たてに切っ
たときの断面図です。これについて次の問いに答えなさい。

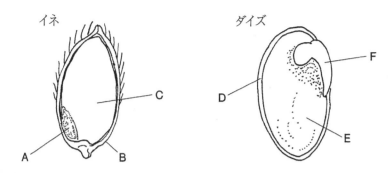

イネ

ダイズ

(1)　種子が発芽するときに, 根, くき, 葉 (最初に出る葉もふくむ) になる部分の名前を答えな
さい。また, それは図中の**A〜F**のどの部分ですか。すべて選び, 記号で答えなさい。

(2)　イネとダイズの種子が, 発芽するときに必要な養分をたくわえている部分を, 図中の**A〜F**
からそれぞれ1つずつ選び, 記号で答えなさい。また, その部分の名前を答えなさい。

(3)　下の表は, イネやダイズの種子が発芽するのに必要な条件を調べるために行った実験の
結果をまとめたものです。

①　この実験結果からわかる, 種子が発芽するのにとくに必要ではない条件は何ですか。

②　それは実験1〜5のどれとどれをくらべるとわかりますか。表中の1〜5から2つ選び, 番
号で答えなさい。

実験条件	実験条件				実験結果
	光	水	空気	温度	
1	−	＋	＋	5℃	×
2	＋	＋	＋	25℃	○
3	−	＋	−	25℃	×
4	−	＋	＋	25℃	○
5	−	−	＋	25℃	×

＋：十分与えたもの　　　−：全く与えなかったもの
○：発芽した　　　　　　×：発芽しなかった

(4) 発芽しかけたダイズの種子を使って下の図のような装置をつくると，着色した水がガラス管の中を少し上がりました。この装置を，25℃の明るい部屋に1時間おくと，着色した水がこの実験を始めたときよりガラス管の中をさらに上がっていました。

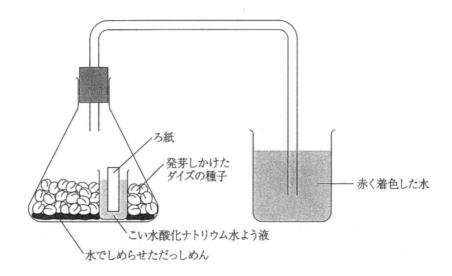

① 水酸化ナトリウム水よう液の性質として，正しいものを次のア～キからすべて選び，記号で答えなさい。

　　ア　赤いリトマス紙の色を青くする。
　　イ　赤いリトマス紙の色を変化させない。
　　ウ　青いリトマス紙の色を赤くする。
　　エ　酸素を放出する。
　　オ　酸素を吸収する。
　　カ　二酸化炭素を放出する。
　　キ　二酸化炭素を吸収する。

② 着色した水が実験を始めたときよりガラス管の中をさらに上がっていたのは，発芽しかけたダイズの種子が，どのようなはたらきをしたからおきたのでしょうか。句読点を含め10文字以内で答えなさい。

Ⅳ　次の問いに答えなさい。

問1　次の文章の空らんA〜Cにあてはまる最も適切な語をそれぞれあとの語群ア〜スから選び，記号で答えなさい。

　　流れのゆるやかな川の下流では，河口付近まで　A　された土砂が　B　して土地をつくります。つくられた土地は三角形の形に似ていることから，　C　と呼ばれます。

【語群】
ア　液状化　　　イ　運ぱん　　　ウ　温暖化　　　エ　V字谷　　　オ　三角州
カ　たい積　　　キ　吸収　　　　ク　上昇　　　　ケ　断層　　　　コ　下降
サ　よう岩　　　シ　ぼう張　　　ス　ふん火

問2　愛知県から岐阜県にかけての固い地層を調べると，タービダイトと呼ばれる地層が多く存在します。タービダイトは海底の斜面にどろや砂がたまって，不安定になったところへ地震が起こり，どろや砂が混じった状態でくずれ，まわりの水と混じって，一気に深海底へと流れこんでしずんでいってできたものです。この地層のでき方を理解するために次のような実験を行いました。

〈操作1〉細かさの異なる2種類の研ま粉をどろと砂に見立てました。以下，これをどろと砂と呼びます。どろと砂をポリカップに入れて，水を加えてしめらせたあと，さじでよくかき混ぜました。

〈操作2〉100 mLメスシリンダーに8分目まで水を入れておき，操作1で作成したどろと砂が混ざったものを，薬さじ1ぱい分ポリカップからすくってメスシリンダーの中へ投入しました。

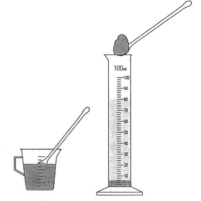

〈操作3〉どろや砂が水の中をしずんでいくようすを観察しました。

〈操作4〉前回投入したどろと砂がしずみきったら，操作1で作成したどろと砂が混ざったものを，薬さじ1ぱい分ポリカップからすくってメスシリンダーの中へ追加して投入しました。

〈操作5〉操作3と操作4をさらに2回くり返しました。

(1)　静止している水の中をどろと砂がしずんでいく速さについて，この実験を観察したときにわかることを正しく述べたものを，次のア～ウから1つ選び，記号で答えなさい。

　　ア　砂の方がどろよりもしずむ速さが速い。
　　イ　どろの方が砂よりもしずむ速さが速い。
　　ウ　砂もどろもしずむ速さには変わりがない。

(2)　この実験の結果から考えて，れきと砂とどろを同時に水中に投入すると，底にしずんでいく順序はどのようになると考えられますか。早くしずんでいくものから順に左から並べたものを，次のア～カから1つ選び，記号で答えなさい。

　　ア　砂 → どろ → れき　　　イ　砂 → れき → どろ　　　ウ　れき → 砂 → どろ
　　エ　れき → どろ → 砂　　　オ　どろ → れき → 砂　　　カ　どろ → 砂 → れき

(3)　主にどろからできている岩石を何といいますか。

問3　月は地球のまわりをおよそ30日で1周まわっているために地球から見ているとおよそ30日で満ち欠けをくり返します。下の図は太陽・地球・月の位置関係を示した図です。

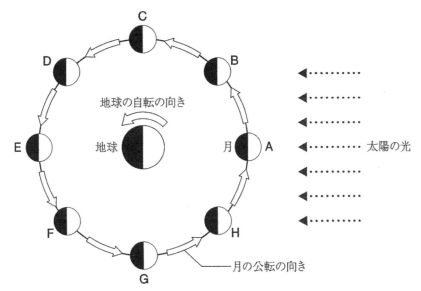

図　太陽・地球・月の位置関係

(1)　太陽が真東からのぼってくるときに真南の空に月が見えました。このとき，太陽・地球・月の位置関係はどうなっていますか。図のA～Hから1つ選び，記号で答えなさい。

(2)　(1)のとき，月はどんな形に見えますか。次の**ア～キ**から1つ選び，記号で答えなさい。ただし，月は直接見るものとします。

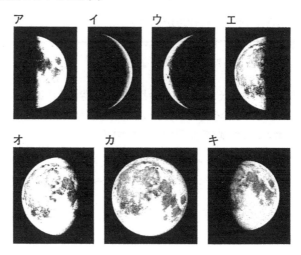

(3)　太陽が真西にしずんだときに真南に月が見えました。このときの月を何といいますか。次の**ア～オ**から1つ選び，記号で答えなさい。

　ア　三日月　　　　**イ**　上弦の月　　　**ウ**　下弦の月　　　**エ**　満月　　　**オ**　新月

(4)　月が地球から見てある星座を横切ってから次に同じ星座を横切るまで27.3日です。月が満月になってから次の満月までは29.5日です。この2つの日数の差は何が原因で起こりますか。理由を説明した文として最も適切なものを，次の**ア～ク**から1つ選び，記号で答えなさい。

　ア　地球が自転しているから。

　イ　太陽が自転しているから。

　ウ　月が自転しているから。

　エ　地球が太陽のまわりを公転しているから。

　オ　地球の公転面に垂直な方向に対して，地球の自転の軸が23.4°傾いているから。

　カ　月のクレーターは，月の中央付近では円形に見えるが，周辺ではだ円形に見えるから。

　キ　月はいつも同じ面を地球に向けているから。

　ク　月の直径は太陽の直径の400分の1だが，地球から月までの距離も地球から太陽までの距離の400分の1だから。

ひろし：そんなの簡単ですよ。777の例で考えると，

$$\boxed{い}＝758$$
$$\boxed{う}＝630$$

だから，19＋128＋630＝777となり，必ず最初に選んだ数が (☆☆) のところの「37の倍数」以外の部分に出てくるんです。

先　生：素晴らしい。よくわかったね。

ひろし：それにしても，すごいですね。これって37以外の数ではできないのかな。

先　生：それはお楽しみにとっておこう。（え）家に帰ったらお兄ちゃんといっしょに考えてごらん。

ひろし：はい！ また面白いことが見つかったら報告しにきますね！

先　生：楽しみに待ってるよ。

（1）　$\boxed{あ}$ に適する数を答えなさい。ただし，適する数の中で最大の数を書くこと。

（2）　$\boxed{い}$，$\boxed{う}$ に適するひき算の式を答えなさい。

（3）　それはお楽しみにとっておこう。（え）とありますが，(☆) をもとにして考えることによって，今回の手順によってつくられる数をわりきる数を37と1以外で答えなさい。この問題は考え方も書くこと。

Ⅴ　　1本90円のえん筆，1個120円の消しゴム，1冊150円のノートがあります。このとき，以下の各問いに答えなさい。ただし，商品の価格にはすでに消費税がふくまれているものとします。

（1）クラブの子ども全員に1人1冊ずつノートを買おうとしたところ，ちょうどノート4冊分のお金がたりなかったので，消しゴムを人数分買ったところ120円あまりました。クラブの子どもの人数は何人ですか。

（2）A君はえん筆とノートをそれぞれいくつか買ったところ，その代金は3180円になり，B君はえん筆とノートをそれぞれA君が買った数と逆の数だけ買ったところ，その代金は4020円になりました。A君はえん筆とノートをそれぞれいくつ買いましたか。

（3）えん筆，消しゴム，ノートを個数の合計が55となるように買ったところ，その代金は6210円になりました。ただし，えん筆の本数は消しゴムの個数の3倍よりも1本少ないです。このとき，えん筆，消しゴム，ノートをそれぞれいくつ買いましたか。

VI　次の各問いに答えなさい。

（1）右の図は，1辺の長さが1cmの立方体です。

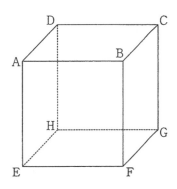

①　図の立方体を3頂点A，C，Fを通る平面で切り分けるとき，頂点Bをふくむ立体の体積を求めなさい。

②　①で切り分けて得られた立体のうち頂点Dをふくむ立体について，さらに頂点A，C，Hを通る平面で切り分けるとき，頂点Eをふくむ立体の体積を求めなさい。

（2）下の図の，1辺の長さが1cmの正三角形を図の太線に沿ってすべらないようにころがします。

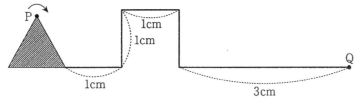

①　正三角形の頂点の1つが点Qに重なるまで正三角形をころがしたとき，点Pの動いたきょりは，半径が1cmの円周の長さの何倍ですか。

②　下の図のようになったときに正三角形をころがすのをやめました。このとき，正三角形が通過した部分の面積を求めなさい。

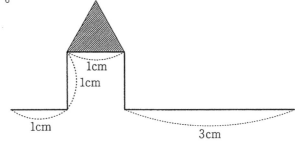

K 教英出版

Ⓚ教英出版

２０１６年度

入 学 試 験 問 題

注 意 事 項

◎「始め」の合図があるまで中を見てはいけません。

◎解答用紙は別になっています。

◎答えは解答用紙のきめられた「らん」に書きなさい。

◎円周率は3.14とします。

◎直線は三角定規を使ってひきなさい。

問題は次のページから始まります。

算　　数

Ⅰ　　次の $\boxed{\text{ア}}$, $\boxed{\text{イ}}$, $\boxed{\text{ウ}}$, にあてはまる数を求めなさい。

(1)　$\left\{\left(9\frac{4}{5}+0.5\right)+\left(1\frac{9}{10}-0.4\right)-4\right\}\div\frac{3}{5}+\left(10\frac{1}{2}+2\right)\times6=\boxed{\text{ア}}$

(2)　$(5+7)\div\dfrac{2}{3}-\left(\boxed{\text{イ}}+3\right)\times2=\boxed{\text{イ}}$

　　　ただし, $\boxed{\text{イ}}$ には同じ数が入ります。

(3)　容積について,

　　　$0.3\text{kL}-220\text{L}+6500\text{mL}=\boxed{\text{ウ}}\ \text{dL}$

Ⅱ　　次の問いに答えなさい。

(1)　3人の子どもに6個のりんごをくばる方法を考えます。りんごを1個ももらわない子どもがいても良いとすると何通りのくばり方がありますか。

(2)　まさし君は夏休みに道のりで140km先にある目的地を歩いて目指す旅に出ることにしました。

　　　1日目は20km進む, 2日目は20km進む, 3日目は10kmもどる, 4日目は20km進む, 5日目は20km進む, 6日目は10kmもどる, 7日目は20km進む・・・, と続けていったとき, まさし君が目的地にたどり着くのは何日目ですか。

(3)　5人の子どもA, B, C, D, Eがいます。5人の体重の合計は256kgです。
　　　下の条件 (ア) ～ (エ) をすべて満たすとき, Eの体重は何kgか答えなさい。

　　(ア)　　AはBより3kgだけ重い。
　　(イ)　　BはCより5kgだけ軽い。
　　(ウ)　　DはAまたはBのどちらか一方と体重が同じ。
　　(エ)　　EはCより8kgだけ重く, 体重は整数です。

（4） 底面の円の直径と高さが等しい円柱があります。図のように底面の円の直径からもう一方
の底面の端まで2つの平面で切ってできる, 底面が円の立体に光をあてて影をつくります。
　　このときできる影を （ア）～（エ）の中からすべて選びなさい。
　　ただし, 光をあててできる影は, まっすぐうつるものとします。

（ア）　正方形
（イ）　台形
（ウ）　二等辺三角形
（エ）　おうぎ形

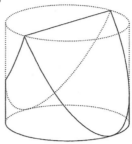

（5） 下の左の図のような直径がそれぞれ3cm, 2cm, 1cmの円があります。直径が2cmと
1cmの円の周にそって下の右の図のように分けたとき, ⓐとⓘの面積をもっとも簡単な整
数の比で答えなさい。

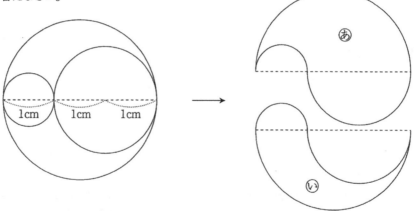

（6） 時速100kmで走っている特急列車Aと時速60kmで走っている急行列車Bがあります。
東西にのびたトンネルに列車Aが入るのと同時に, 反対側から列車Bが入りました。トンネル
に入ってから1分30秒後に2つの列車の先頭がすれ違いました。このときトンネルの長さは
何kmですか。

2016(H28) 名古屋中
Ⓚ教英出版

Ⅲ   次の問いに答えなさい。

（1）　1辺が1cmの立方体を図の点**ア, イ, ウ**を通る平面で切るとき, 切り口にできる図形を
もっともふさわしい名称で答えなさい。

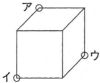

（2）　1辺が1cmの小さい立方体を27個並べて大きい立方体を作ります。この大きい立方体
を図の点**エ, オ, カ**を通る平面で切るとき, 小さい立方体を何個切断していますか。

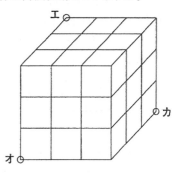

（3）　さらに1辺が1cmの小さい立方体を64個並べて大きい立方体を作ります。この大きい立
方体を図の点**キ, ク, ケ, コ**を通る平面で切るとき, 小さい立方体を何個切断していますか。

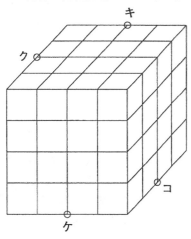

Ⅳ　次の会話文を読み，（1）〜（3）の問いに答えなさい。

ひろし：先生，こんにちは。

先　生：こんにちは，ひろし君。久しぶりだね。今日は，どうしたの？

ひろし：兄が，ぼくにヘンなことを言ってきたんです。それで先生に相談しようと思ってきました。

先　生：何て言ってきたの？

ひろし：「僕とひろしの年の差は１００だな。」って言うんです。もうわからなくて…。

先　生：なるほどね。

ひろし：先生はわかったんですか？

先　生：たしか，お兄さんは４歳年上だよね。

ひろし：はい，４歳上です。

先　生：お兄さんの言う「１００」は「４」なんだよ。

ひろし：「１００」は「４」？

　　　　先生…，もっとわからなくなりました。

先　生：これはねぇ，こうやって表にして

0	1	10	11	100	101	110	111	1000	・・・
0	1	2	3	4	5	6	7	8	・・・

ひろし：「１００」のところに「４」があるけど，先生，どういうことなんですか？

先　生：けたのくり上がり方のルールが，ちょっとだけ違うんだよ。

　　　　いつも使っている数は『１０』でくり上がるよね。

　　　　お兄さんが言っているのは『２』でくり上がるんだ。

ひろし：へぇ〜，どんな数でも，そんなことができるんですか？

先　生：じゃあ，やってみよう！　たとえば，１９でやってみようか。

　　　　こんな風に，とことん２で割っていけばいいんだよ。

$$19 \div 2 = \quad 9 \quad 余り \quad \boxed{1}$$
$$9 \div 2 = \quad 4 \quad 余り \quad \boxed{1}$$
$$4 \div 2 = \quad 2 \quad 余り \quad \boxed{0}$$
$$2 \div 2 = \quad 1 \quad 余り \quad \boxed{0}$$
$$1 \div 2 = \quad 0 \quad 余り \quad \boxed{1}$$

　　　　□で囲んである余りの数を下から順に並べるんだよ。

　　　　だから１９は　10011　ということになる。　・・・・・①

ひろし：意外と計算のルールは簡単なんですね。

先　生：他の数でも，やってみよう！

　　　　では，３２だとどうなる？

―　4　―

２０１６年度

入 学 試 験 問 題

理　　科

（40分）

─ 注 意 事 項 ─

◎ 「始め」の合図があるまで中を見てはいけません。

◎ 解答用紙は別になっています。

◎ 答えは解答用紙のきめられた「らん」に書きなさい。

理　　科

Ⅰ　　太郎君は，家族といっしょに名古屋の自宅から180km先の大阪のおじいさんの家まで自動車を使って行きました。

　　　次の文は，自宅からおじいさんの家に向かって，120km移動した所にあるガソリンスタンドでの太郎君とお父さんとの会話です。次の問いに答えなさい。

お父さん「長距離運転は，疲れるなぁ。ここまでの道のりでガソリンを10L使ったよ。」

　太郎君「お父さん，運転お疲れ様。自動車が名古屋の自宅から大阪のおじいさんの家までの間で二酸化炭素をどれだけ排出するのか気になったんだ。そもそも，自動車の排気ガスの二酸化炭素は何からできているの？」

お父さん「ガソリンの中にふくまれる（　①　）が空気中の（　②　）と結びついてできるのさ。」

　太郎君「あ，そっか！この前学校で習ったよ。」

お父さん「水とガソリンでは同じ体積でも重さは異なるんだ。ガソリンの重さは水の0.8倍といわれているよ。では1Lのガソリンは何gになるかな。」

　太郎君「水1Lの重さは知っているから，ガソリン1Lは (A) gだね。」

お父さん「その通り。次に，ガソリンにふくまれる（　①　）の重さの割合は，80パーセントだよ。」

　太郎君「お父さんは物知りだね。それなら，ガソリン1L中の（　①　）は (B) gだね。」

お父さん「それと，12gの（　①　）が燃えると，44gの二酸化炭素ができることが知られているよ。」

　太郎君「ガソリン1L中の（　①　）が燃えると，二酸化炭素が (C) gできるんだね。」

お父さん「そうだよ。ここまでの道のりで使ったガソリンの量と移動距離を考えると答えを出せるよ。」

　太郎君「そっか！ぼくの家からおじいさんの家まで行くのに，(D) kgの二酸化炭素を排出することになるんだね！」

お父さん「そうだよ。二酸化炭素の排出量は思っていたよりも多いね。最近では，（　②　）と（　③　）を使って，水を作るときに発生するエネルギーを用いた (E) 電池車も登場しているんだよ。(E) 電池は，二酸化炭素を一切排出しない，環境にやさしい技術として注目されているよ。」

（1）　文中の（　①　），（　②　），（　③　）に当てはまる語を，次の**ア**〜**カ**から選び，記号で答えなさい。

ア　酸素　　　　　**イ**　ちっ素　　　　**ウ**　ヘリウム　　　**エ**　水素
オ　水蒸気　　　　**カ**　炭素

（2）　文中の (A) 〜 (E) に，適する数値または語句を答えなさい。答えが小数になる場合は，小数第1位を四捨五入して整数で求めなさい。

Ⅱ　　2種類のばねP, Qとおもりを使って，以下のような実験を行いました。次の問いに答えなさい。ただし，ばねと糸と棒の重さは考えないものとします。

【実験1】
　図1のように，ばねPを壁に固定し，もう片方に，糸とかっ車を使っておもりをつるしました。その後，おもりの重さを変えていき，そのときどきのばねPの長さ（AB間の長さ）を測定しました。表1は，その結果をまとめたものです。

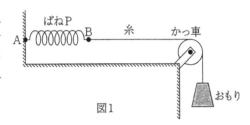

図1

表1

おもりの重さ（g）	10	20	30	40	50
AB間の長さ（cm）	20	22	24	26	28

【実験2】
　図2のように，2本のばねPと1本のばねQ，棒をつなぎ，糸とかっ車を使って，20gのおもりaをつるしました。ばねPは棒の両端に，ばねQは棒の中心にそれぞれつながれています。このとき，AD間の長さは30cmでした。

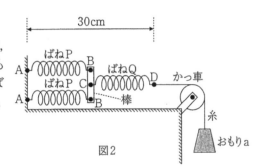

図2

【実験3】
　図3のように，1本のばねPと2本のばねQ，棒をつなぎ，糸とかっ車を使って，20gのおもりaを3個つるしました。ばねQは棒の両端に，ばねPと糸は，それぞれ棒の中心につながれています。このとき，AD間の長さは42cmでした。

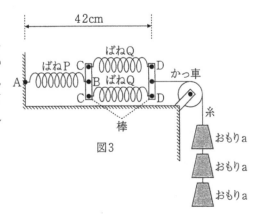

図3

－2－

【実験4】

　図4のように、ばねP、Qをつなぎ、糸とかっ車を使って、両端におもりbをつるしました。このとき、AD間の長さは50cmでした。

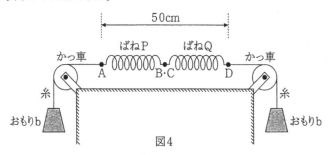

図4

【実験5】

　図5のように、天井にかっ車を固定し、かっ車を通して、おもりcと棒を糸でつなぎました。棒の両端にばねP、Qを取りつけ、糸はO点に取り付けてあります。このとき、AB間の長さとCD間の長さはともに22cmでした。また、OB間の長さは10cmでした。

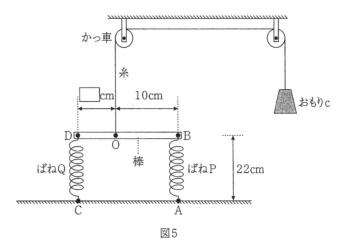

図5

(1)　実験1で、おもりの重さを60gにすると、ばねPののびは何cmになりますか。

(2)　実験2で、ばねQの長さ（CD間の長さ）は何cmですか。

(3)　実験3で、ばねQののびは何cmですか。

(4) 次の**ア～エ**の中で，ばねPののびが実験4のばねPののびと同じになるのはどれですか。
　　ア～エから1つ選び，記号で答えなさい。

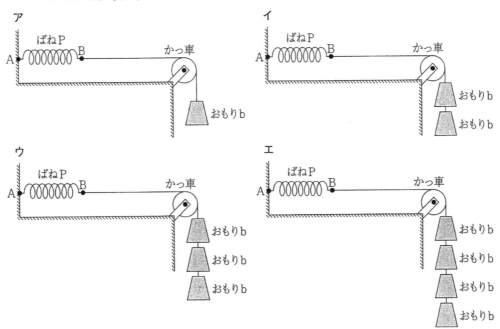

(5) 実験4で，おもりbの重さは何gですか。

(6) 実験5で，棒のOD間の長さは何cmですか。答えは小数第1位まで求めなさい。

2016(H28) 名古屋中
K 教英出版

２０１６年度

入学試験問題

社　　会

(40分)

注　意　事　項

◎　「始め」の合図があるまで中を見てはいけません。

◎　解答用紙は別になっています。

◎　答えは解答用紙のきめられた「らん」に書きなさい。

◎　教科書中に漢字で書かれている語句は，全て漢字で
　答えなさい。

問題は次のページから始まります。

社 会

次の文章を読んで，あとの問いに答えなさい。

2015年霜月。ある日の放課後。高山ホールで，名中生徒会執行部の定例会議が開かれている。主なメンバーは生徒会長の篤史（アツシ），副会長の健二（ケンジ），書記の正人（マサト），そして生徒会顧問の伊文（イブン）先生です。

アツシ：今日は『紅梅』（生徒会機関紙）の編集会議を主に行う。二学期までの学校の諸活動を振り返ってみて，なにか意見はあるか？

ケンジ：はい，年度当初から順を追って振り返ってみましょう。マサト，行事記録を読み上げて。

マサト：えぇーっと……まずは4月に兵庫県でおこなわれた阪神・淡路大震災20年事業・国際青年サミット「防災と環境」で，我が校の「減災チーム」が英語で発表を行いました。この国際会議では，名古屋と同様に①風水害の被害をうけやすい台湾の学校とも意見を交換することができたそうです。

アツシ：それはよかった。我が校の「減災チーム」は日頃から，校内の防災・減災研究を行い，防災や減災関連の研究機関やシンポジウムにも精力的に参加しているな。

ケンジ：はい。おかげで，うちの生徒たちの防災意識も随分と高まりました。僕自身も，ライフラインの完全復旧にかなり時間がかかるということを初めて学びました。

マサト：僕も普段何気なく使っている②電気やガスや水道のありがたみを改めて実感できました。

アツシ：それにしても，ここ最近の我が校の文化系クラブの活動は本当に目覚ましいものがある。

ケンジ：そうですね。なんといっても，文学部の③俳句甲子園優勝は本当にすばらしいですね。今年も愛媛県の松山市で全国大会が行われたんですよね。

マサト：イブン先生は文学部の顧問でしたよね。感想を一言！

イブン先生：文学部は普段から中学・高校合同で活動を行っておるんですね。優勝できたのは，昨年も出場できたことがとても大きな経験となったんです。そして，それらの経験は大会に同行した中学生にも引き継がれており，来年も非常に期待できますよ！

マサト：先生は大学での専攻は文学だったんですか？

イブン先生：いいえ，法学部です。大学では，④憲法をはじめとする法律の歴史や，時代の移り変わりが法律の変化にどのような影響を与えるのか，といった事を研究していたのだよ。

アツシ：興味深いですね。私は将来，法学部に進学しようと思っているのですが，具体的には先生はどういうことをやっておられたのですか？

イブン先生：「公正」や「正義」といった考え方が，歴史上どのように生まれ，解釈され，そして，人々に浸透していったのか。また，法律の考え方と社会における人々の考え方との

ズレをどのように修正していくのか、ということを、⑤古代〜現代という時間軸で考察してたね。もともとの出発点は特に近代社会が前近代的な価値観をどのように乗りこえ、多様な価値観を構築していくかということなんだけど（この後10分以上話が続く……）。

エントランスホールで休憩（きゅうけい）を取る3人

マサト：それにしても、イブン先生は話し出すと止まりませんね。

アツシ：いや、私にとっては大変貴重な話が聞けて、参考になった。

ケンジ／マサト：（すごい、さすがは生徒会長……）

アツシ：ところでケンジ。君は確か、地理歴史研究部にも所属していたな。エントランスホールの掲示板に毎月研究発表のポスターが掲示されているが。7月の発表はなかなかおもしろかったぞ。

ケンジ：ありがとうございます。1年の時に修養会で登呂遺跡に行くことができたので、そのことを調べて発表しました。

マサト：でも、ケンジ先輩は本当に歴史好きですよね。今年度の毎月の発表は歴史のテーマが多いですよね。

ケンジ：4月は⑥銀行の歴史についての発表、5月は⑦奈良〜平安の政治について、そして6月は⑧鎌倉〜室町の社会文化について発表しました。8月の発表は、今年が⑨戦後70年ということなので、⑩現代が抱える諸問題について発表しました。

アツシ：歴史ばかりだな。地理に関する研究は最近行っていないのか？

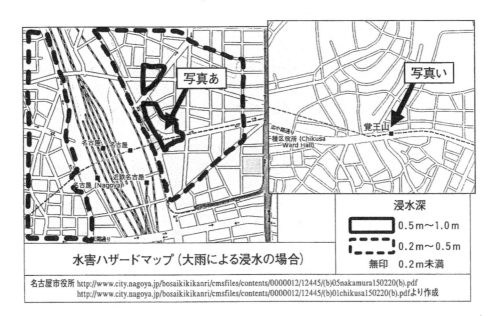

水害ハザードマップ（大雨による浸水の場合）

浸水深
■ 0.5m〜1.0m
▩ 0.2m〜0.5m
無印 0.2m未満

名古屋市役所 http://www.city.nagoya.jp/bosaikikikanri/cmsfiles/contents/0000012/12445/(b)05nakamura150220(b).pdf
http://www.city.nagoya.jp/bosaikikikanri/cmsfiles/contents/0000012/12445/(b)01chikusa150220(b).pdfより作成

－2－

ケンジ：僕は減災チームにも入ってまして，地理歴史研究部とのコラボで，7月に名古屋市の水害ハザードマップを作りました。ほら，あそこの掲示板に貼ってありますよ。また，地理歴史研究部では年1回，巡検と称して旅行を企画しているのですが……。⑪鹿児島に行こうだとか，小笠原諸島の西之島に行きたいとか，色々と意見は出ているのですが，まだまとまっていません。もっとも，西之島は火山の噴火活動のために上陸できないんですけどね。

マサト：ケンジ先輩，西ノ島といえば，噴火活動で島の面積が増えてますよね。これって，日本の国土面積が増えているので，すごくいいですね。

ケンジ：たしかに，⑫日本の国土面積は2013年から2014年にかけて東京ディズニーランド20個分相当増えたんだけど，西之島の面積増加分はまだ加算されていないんだ。

マサト：え？なんでですか？

アツシ：たしか国土地理院による測量が，激しい噴火活動のため，まだできないからだ。そうだね？ケンジ。

ケンジ：そのとおりです。いやぁ，でもさすがアツシ先輩ですね。そんなことまで，良く知ってますね。

アツシ：あたりまえだ。新聞を毎日読んで，色々な情報をチェックしているからな。名中の生徒会長だからこれくらい知ってて当然。

ケンジ／マサト：すげぇ……。

再び高山ホールに戻ってきました

マサト：あのぅ……。

アツシ：どうした？マサト？

マサト：今日，家庭科の授業でクッキーをたくさん焼いたので，みなさん召し上がりますか？

ケンジ：マサト！気がきくなぁ！ちょうど小腹が空いていたとこさ。いただきます。

アツシ：むぅ……ん。

ケンジ：うーん……。マサト，これ少し味が薄くない？

アツシ：甘味は十分あるが……バターの量が少なくないか？

マサト：（ドキッ！）いやぁ，よくわかりましたねぇ！？最近⑬バターの値段が高くて，しかも品不足なんです。だから，今日の調理実習では十分な量を確保できなかったんです。

ケンジ：そもそもバター不足の原因はなんなんですか？

イブン先生：様々な原因があるのだけど，一次産業全体の後継者不足はその一つだね。

アツシ：食料品の安定供給に関しては，本当に問題がある。輸入品は高いし，消費税も将

　　　　　　来値上げされたら国民生活に大きな負担となる。せめて, 食料品などの生活必需
　　　　　　品にはなんらかの対策が必要だ。食料自給率の改善も農業の改革も待ったなし
　　　　　　だ……。

　　マサト：あのぅ, ぼくは生物部に入っているんですね。

　　ケンジ：そういえば, そうだったね。やっぱり動物が好きなの?

　　マサト：え?まぁ, 好きといえば好きですね。家では柴犬も飼ってますし。

イブン先生：えっ!柴犬好きなの?実は先生も4匹飼っているんだ。

　　ケンジ：えぇ!4匹!たしか, 先生はマンション住まいですよね……。大丈夫なんですか?

イブン先生：うん, そうだね。うちは覚王山・日泰寺のそばのマンションで, 高台に位置しており
　　　　　　見晴らしが最高なんだ。もちろんペットを飼っても大丈夫なんだ。

　　マサト：あのー, すいません。犬の話がしたかったのではなくて……。僕ら生物部の活動
　　　　　　は主に畑で作物を育てることなんですよ。だから, さっきのアツシ先輩の話が気
　　　　　　になって……。ただ, おいしい野菜を育てるだけじゃなくて……なんというか, アツ
　　　　　　シ先輩みたいな大きな視点が欠けているなぁと……。

イブン先生：あぁ……なるほど。でも, 君たちが今やっている活動自体は間違っていないよ。
　　　　　　しっかり, 土に親しみ色々なことを学んでほしいな。

　　アツシ：イブン先生の言う通り。それにしても, 今日の定例会議では『紅梅』の話があまり
　　　　　　進まなかった……。ケンジ, 誌面企画の締切はいつだった?

　　ケンジ：来週末です。

　　アツシ：諸君……しばらくは猛烈に忙しいぞ。覚悟したまえ。

ケンジ／マサト：えぇーーー!

　　　　　　　とりあえず締切には間に合ったそうです

　　　　　　　　　　　　　　　　　－4－

問1　下線部①について，**写真あ**の地下鉄の地上入り口には，ある災害対策がとられています。一方で，**写真い**はその対策がとられていません。**写真あ**でとられている対策を説明し，**写真い**では対策がとられていない理由を2ページの水害ハザードマップを参考にして簡単に答えなさい。

問2　下線部②について，日本の電力構成について次の各問いに答えなさい。

（1）下の表の記号[　A　]が示す2つの年度を比較して，この2年間における特徴的な事柄とその原因についてそれぞれ簡単に述べなさい。

（2）下の表の記号[　B　]が示す2つの年度を比較して，この2年間における特徴的な事柄とその原因についてそれぞれ簡単に述べなさい。

日本の発電量の推移（単位：億kWh）

		[　A　]							[　B　]	
年度	1970	1973	1974	1980	1990	2000	2010	2011	2012
水力	725	652	778	845	881	904	858	863	787
火力	2167	3041	2723	3177	4466	5216	6209	7536	8307
原子力	46	97	198	820	2014	3219	2882	1018	159
新エネ等	1	1	1	9	15	56	115	133	154
合計	2939	3790	3700	4850	7376	9396	10064	9550	9408

経産省資源エネルギー庁 http://www.enecho.meti.go.jp/about/whitepaper/2015html/2-1-4.htmlより作成
※小数点以下の数値を省略しているため，合計が合わないことがあります。

問3　下線部③について，次の各問いに答えなさい。

（1）『おくの細道』は，江戸時代に俳句の芸術性を高めた人物によって書かれた作品です。この人物を次の**ア**～**エ**から1つ選び，記号で答えなさい。また，この人物の出身地を現在の都道府県名で答えなさい。

　　ア　井原西鶴　　　　**イ**　松尾芭蕉　　　　**ウ**　滝沢馬琴　　　　**エ**　歌川広重

（2）次ページの**地図**中の点線は，（1）で挙げた人物が実際に旅した大まかな順路を示しています。**地図**中の●①～⑦は場所を示し，それぞれの場所に関連して詠まれた句が矢印で示されています。●②～⑥が位置する場所の現在の都道府県名をそれぞれ答えなさい。ただし，**1つの都道府県に●は1つだけ所在するものとする。**

（3）次ページの**地図**中の●①～⑦がそれぞれ位置する現在の都道府県のうち，世界遺産が**存在しない**ものを●①～⑦から1つ選び，番号で答えなさい。

地図

象潟や雨に西施がねぶの花 →⑤

五月雨を集めてはやし最上川 →④

③ →五月雨の降り残してや光堂

あらたふと青葉若葉の日の光 ②

早稲の香や分け入る右は有磯海川

草の戸も住み替はる代ぞ雛の家 ①

⑥

塔のふたみに別れて行く秋ぞ ⑦

問4　下線部④について，日本国憲法の〔前文〕を読んで，あとの問いに答えなさい。

〔前文〕

　　日本国民は、正当に選挙された国会における代表者を通じて行動し、われらとわれらの子孫のために、諸国民との協和による成果と、わが国全土にわたつて自由のもたらす恵沢を確保し、政府の行為によつて再び戦争の惨禍が起ることのないやうにすることを決意し、ここに（　①　）が国民に存することを宣言し、この（　②　）を確定する。そもそも国政は、国民の厳粛な信託によるものであつて、その権威は国民に由来し、その権力は国民の代表者がこれを行使し、その福利は国民がこれを享受する。これは人類普遍の原理であり、この（　②　）は、かかる原理に基くものである。われらは、これに反する一切の（　②　）、法令及び詔勅を排除する。

　　日本国民は、恒久の（　③　）を念願し、人間相互の関係を支配する崇高な理想を深く自覚するのであつて、（　③　）を愛する諸国民の公正と信義に信頼して、われらの安全と生存を保持しようと決意した。われらは、（　③　）を維持し、専制と隷従、圧迫と偏狭を地上から

2016(H28) 名古屋中
K教英出版

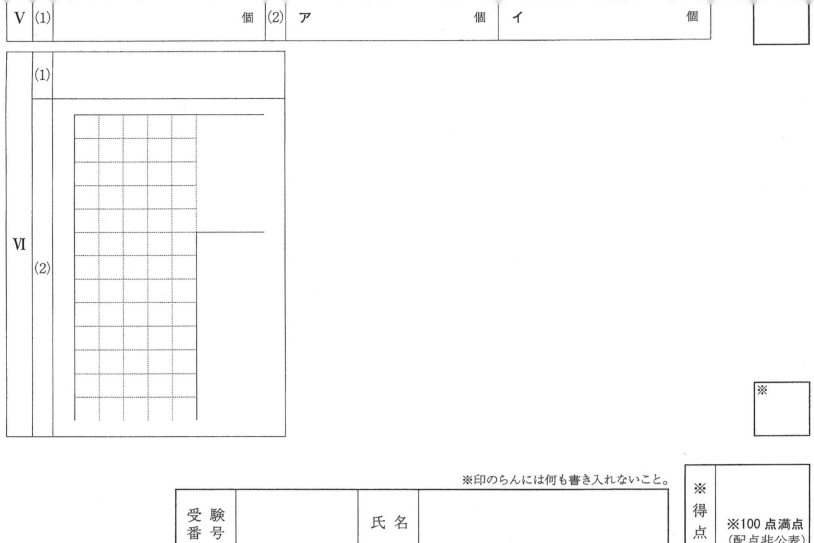

| V | (1) | | 個 | (2) | ア | | 個 | イ | | 個 |

VI

(1)

(2)

※印のらんには何も書き入れないこと。

| 受 験 番 号 | | 氏 名 | |

※ 得 点

※100 点満点
（配点非公表）

※

Ⅲ

問2										
(1)										
ア				イ						

(2)										

※

Ⅳ

問1					問2	
(1)	(2)	(3)	(4)	(5)	(1)	(2)

※

※印のらんには何も書き入れないこと。

受 験番 号		氏 名	

※得点	※50点満点(配点非公表)

問6		

問7	(1)	A	B	(2)	(3)	(4)	人
	(5)	作者	天皇				

※

問8	(1)	
	(2)	

問9	(1)	(2)		問10		問11	

問12	湾の干拓が陸地に計上された。

問13	

※

※印のらんには何も書き入れないこと。

受験番号		氏名	

※
得点

※50点満点
（配点非公表）

2016(H28) 名古屋中

Ｋ教英出版

社 会 解 答 用 紙

（2016中社会）

問1	対策		
	理由		

問2	(1)	
	(2)	

※

問3	(1)	記号	都道府県名			
	(2)	②	③	④	⑤	⑥
	(3)					

※

問4	(1)	①	②	③	
	(2)	A	B	C	

| | | A | B | C | D | |

理 科 解 答 用 紙

I

（1）			（2）			
①	②	③	A	g	B	g

（2）			
C	g	D	kg	E

※

II

（1）	（2）	（3）
cm	cm	cm
（4）	（5）	（6）
	g	cm

※

問1

（1）		（2）
A	E	
（3）	（4）	（5）

算 数 解 答 用 紙

Ⅰ	(1)		(2)		(3)		※

Ⅱ	(1)	通り	(2)	日目	(3)	kg	※
	(4)		(5)	㋐ ： ㋑	(6)	km	

Ⅲ	(1)		(2)	個	(3)	個	※

Ⅳ	(1)	ア
	(2)	イ　説明
		(答)

※

永遠に除去しようと努めてゐる国際社会において、名誉ある地位を占めたいと思ふ。われらは、全世界の国民が、ひとしく恐怖と欠乏から免かれ、（　③　）のうちに生存する権利を有することを確認する。

　われらは、いづれの国家も、自国のことのみに専念して他国を無視してはならないのであつて、政治道徳の法則は、普遍的なものであり、この法則に従ふことは、自国の（　①　）を維持し、他国と対等関係に立たうとする各国の責務であると信ずる。

　日本国民は、国家の名誉にかけ、全力をあげてこの崇高な理想と目的を達成することを誓ふ。

（1）　文中の空欄（　①　）～（　③　）に入る語句を漢字で答えなさい。

（2）　2016年は，日本国憲法の公布から70年になります。日本国憲法の前文には，基本原理が述べられていますが，特に，第1文（下線部）は，三つの基本原理について触れています。
　　「正当に選挙された国会における代表者を通じて行動し」の部分をA，「諸国民との協和による成果」と「政府の行為によつて再び戦争の惨禍が起ることのないやうにする」の部分をB，「わが国全土にわたつて自由のもたらす恵沢を確保し」の部分をCとした場合，A・B・Cに該当する三つの基本原理を，それぞれ答えなさい。

問5　下線部⑤について，次の年表を見て，あとの各問いに答えなさい。

3世紀中頃～	古墳時代	前方後円墳が西日本を中心に出現	ア
266～413年	（あ）空白の四世紀	中国の史書に倭国関連の記述無し	イ
593年～	飛鳥時代	奈良盆地南部に都があった	ウ
710年～	奈良時代	平城京に都があった	エ
794年～	平安時代	初期	オ
		摂関期	カ
		院政期	キ
1192年～	鎌倉時代	初の本格的武家政権の登場	ク
1336年～	南北朝時代	朝廷の力がはっきりと衰退	ケ
1392年～	室町時代	政治的な不安定が続く	コ
1477年～	戦国時代	「世界」と本格的な接触が始まる	サ
1573年～	安土桃山時代	荘園制が完全に崩壊する	シ
1603年～	（い）江戸時代	後期封建制とも呼ばれる	ス
1868年～	明治時代	資本主義による社会の登場	セ
1912年～	大正時代	大衆化が本格的になる	ソ
1926年～	昭和時代	昭和20年まで	タ
1945年～		昭和20年以降，占領下の時代	チ
		高度成長の時代	ツ
1989年～	平成時代		

山本博文著『歴史をつかむ技法』新潮新書P.95より作成

（1）　下の文章をもとに，A「古代」と「中世」の間，B「中世」と「近世」の間，C「近世」と「近代」の間，D「近代」と「現代」の間を，年表中の〈　〉ア〜ツ（年表の右側に付記）から1つずつ選び，それぞれ記号で答えなさい。

　日本の古代とは、畿内に起こった王権が先進的な中国の制度に学んで「律令国家」を作り上げる時代だと考えていいでしょう。古墳時代から飛鳥時代を経て、それが奈良時代に完成する、ということになります。これに続く「平安時代」は、律令国家が変質していく時代で、これを「王朝国家」と呼んで区別しています。律令に定められた制度は残っていますから、平安時代中期の摂関政治の時代までは、古代に分類することが一般的です。

〜中略〜

　平安時代後期には、天皇を退位した上皇が政治を握るようになるので、摂関政治の時代と区別して、「院政期」と呼びます。「院」と呼ばれた上皇が政治の中心にいたため院政と言うのですが、院政期においても摂政や関白は置かれています。しかし、「王朝国家」の慣行を無視して上皇が自由に政治を行うようになって摂関の地位は低下します。また武士が台頭してくる時代なので、この院政期以降を「中世」とする説が有力なわけです。

〜中略〜

　日本の中世は、この院政期に台頭し始め、「鎌倉時代」「室町時代」を経て、戦国時代にいたる「武士の時代」であり、権力を獲得した武士は「幕府」を組織、形成して政治を行うようになります。武士は、主君から領地を安堵される代わりに、その軍事的指揮下に入って命をかけて奉公します。この主従関係を封建的主従関係、または封建制度と呼ぶわけですが、それに従って中世を封建時代と言うこともあります。
　「近世」は、皆さんもよくご存知の織田信長・豊臣秀吉の天下統一に始まり、徳川家康によって江戸幕府が開かれ、それが終わるまでの時代を指します。しかし、この時代も武士が政治を行う時代なので、封建制はまだ続いているのです。そのため、前述のように中世を前期封建制、近世を後期封建制と分けて呼ぶことが歴史学では一般的です。
　「近代」は、江戸幕府が倒れ、欧米に倣った政権を作る明治維新以後を言います。近代社会の特質は資本主義の発達で、日本の近代社会も資本主義の時代になります。
　「現代」は、もちろん私たちがいま生きている時代のことですが、日本史では太平洋戦争の敗北後を現代に区分しています。

山本博文著『歴史をつかむ技法』新潮新書P.93〜96より、ルビは問題作成者による

（2）年表の下線部（あ）について，「空白の四世紀」の日本の様子を知ることのできる史料の一つに「好太王碑」がある。次の【史料】は好太王碑に記されていた内容を現代語訳したものである。好太王はどこの国の王か，【史料】から抜き出して答えなさい。

【史料】
……倭は辛卯の年（391年）から海を渡って来て百済や加羅や新羅を服属させた。好太王（広開土王）の六年（396年），好太王は自ら水軍を率いて百済を討伐した。……三九九年，百済は高句麗との誓いに背いて倭と通じたため，王は平穣へと巡幸した。……好太王の十年（400年），歩兵と騎兵五万を派遣して倭に占領された新羅を救援した。男居城から新羅城には倭の兵が充満していたが，高句麗兵が迫ると倭人は退却した。王の十四年（404年），倭は約束を破って帯方郡に侵入したが，（高句麗によって）倭の兵は潰滅した。

（3）年表の下線部（い）について，江戸幕府が開国をした当初，金銀の交換比率は日本では金：銀＝（　A　），外国では金：銀＝（　B　）と大きな差があったので外国人が外国の銀貨を持ちこみ，日本の金貨を安く手に入れました。（　A　）と（　B　）にあてはまるものを次のア〜エから1つ選び，記号で答えなさい。

ア　A＝15：1，B＝5：1　　　　イ　A＝5：1，B＝15：1
ウ　A＝1：15，B＝1：5　　　　エ　A＝1：5，B＝1：15

問6　下線部⑥について，銀行は，人々のお金を預金として集め，それを個人や企業に貸し出すことを仕事としています。右の図の場合，一般的に利子（a）と利子（b）はどのような関係にありますか。適当なものをア〜ウから1つ選び，記号で答えなさい。

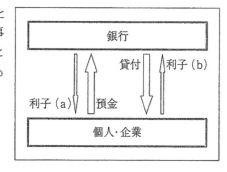

ア　利子（a）よりも利子（b）の方が大きい。
イ　利子（a）よりも利子（b）の方が小さい。
ウ　利子（a）と利子（b）は同じである。

問7　下線部⑦について，次の各問いに答えなさい。

（1）平城京は唐の都長安をモデルとしてつくられ，中央を南北に走る朱雀大路によって，左京と右京に分けられていました。左京・右京では市が正午から日没までひらかれていたとされ，売買には銭貨が用いられていました。

A　708年に鋳造された銭貨を何というか，答えなさい。
B　市には東市と西市があったが，東市は左京と右京のどちらにあったか，答えなさい。

（2） 平城京に都があった時代の税と民衆について述べた文として**誤っているもの**を次のア～
　　 エから1つ選び，記号で答えなさい。

　　ア　口分田は6年ごとにつくられる戸籍に基づき，6歳以上の男子のみに支給された。
　　イ　都へ税を運ぶ際の往復の食料は支給されなかったため，途中で飢え死にするものも
　　　　いた。
　　ウ　収穫した稲の約3％を地方の役人に納めなければならなかった。
　　エ　重い税負担に耐えかねた民衆の中には口分田を捨てて逃げ出す者もいた。

（3）　平安京に都を移した天皇の名前を答えなさい。

（4）　摂関政治の全盛期をきずいた藤原道長は，娘を天皇の后にして，その子どもを皇太子に
　　 することで権力をゆるぎないものとしました。天皇の后となった藤原道長の娘は何人いるか。
　　 次の【系図】を参考にして答えなさい。なお，図中の□□□を付した人物が天皇である。

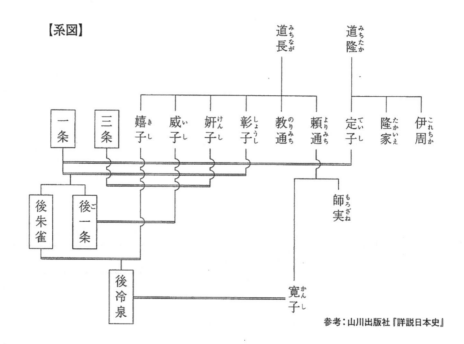

【系図】

参考：山川出版社『詳説日本史』

（5）　【系図】中の道長の娘，彰子につかえた『源氏物語』の作者の名前を答えなさい。また，
　　 彰子は何天皇の后か，答えなさい。

問8　下線部⑧について, 次の各問いに答えなさい。

（1）　次の図を参考に, 幕府が鎌倉にひらかれた理由を地形的な側面から説明しなさい。

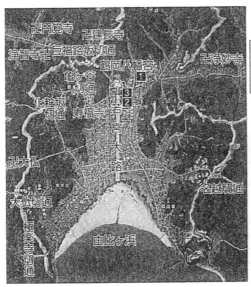

東京法令出版
『中学校社会科　定番教材の活用術　歴史』より抜粋

（2）　南北朝を統一した人物について述べた文として正しいものを次のア～エから1つ選び, 記号で答えなさい。

　　ア　京都の北山に金閣を建てた。　　　　イ　京都の東山に銀閣を建てた。
　　ウ　跡継ぎ争いで応仁の乱がおこった。　エ　室町幕府をひらいた。

問9　下線部⑨について, 次の各問いに答えなさい。

（1）　2015年8月, 宮内庁は昭和天皇による1945年（昭和20年）の（　　　　）放送の録音原盤と音声を初めて公開しました。（　　　　）にあてはまる語句を答えなさい。

（2）　2015年9月, 安全保障関連法案が成立しました。日本の安全保障をめぐる動きについて述べた次のア～エのうち, 平成のできごとを1つ選び, 記号で答えなさい。

　　ア　日米安全保障条約が結ばれた。　　　イ　警察予備隊がつくられた。
　　ウ　沖縄返還の際に, 米軍基地が多く残された。　エ　PKO協力法が成立した。

問10　下線部⑩について，次のグラフは，**出生数及び合計特殊出生率の年次推移**を表したものです。このグラフについて説明した**ア～エ**の文章のうち，**適当でないもの**を1つ選び，記号で答えなさい。

出生数及び合計特殊出生率の年次推移

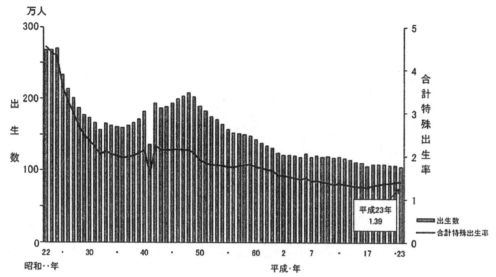

厚生労働省http://www.mhlw.go.jp/toukei/saikin/hw/jinkou/geppo/nengai11/kekka02.htmlより作成
※合計特殊出生率……1人の女性が一生に産む平均の子どもの数

ア　第2次世界大戦後，平和な世の中になった日本では，安心して子育てができる環境となり，第1次ベビーブームが発生した。

イ　1960年代半ば，ひのえうま伝説により，その年だけ大幅に出生数が減少した。

ウ　1970年代の前半，第1次ベビーブームの時期に出生した人々が，成人・結婚し，第2次ベビーブームを引き起こした。

エ　1990年代後半，バブル景気にあわせて，第3次ベビーブームが発生した。

問11　下線部⑪について，フランシスコ＝ザビエルが日本にキリスト教を伝えたころの中国の王朝の名前を次の**ア～エ**から1つ選び，記号で答えなさい。

ア　宋　　　　イ　元　　　　ウ　明　　　　エ　清

問12 下線部⑫について，次の表は2013年度から2014年度にかけて，面積が増加した上位5県を示しており，1位の長崎県が際立っています。この理由としては，1989年に始まり2007年に完了したある干拓事業以降，ある地域の面積の増加が認められたことも大きな理由の一つです。長崎県が1位になったその理由を，解答用紙にそって**ひらがな**で答えなさい。

1位	長崎県	2位	愛知県	3位	福岡県	4位	兵庫県	5位	熊本県
26.44平方㌔。		7.24平方㌔。		6.98平方㌔。		4.43平方㌔。		4.43平方㌔。	

国土交通省国土地理院http://www.gsi.go.jp/KOKUJYOHO/MENCHO/201410/ichiran.pdf より作成

問13 下線部⑬について，下の表は，日本の生乳の生産量（2014年）の上位5道県を示したものです。2，4，5位に共通する地域的特徴（＝利点）を答えなさい。

順位	道県	生産量（トン）
1位	北海道	3,810,742
2位	栃木県	317,150
3位	熊本県	245,969
4位	群馬県	245,397
5位	千葉県	219,461

農林水産省http://www.e-stat.go.jp/SG1/estat/List.do?lid=000001136733 より作成

2016(H28) 名古屋中

K 教英出版

Ⅲ　次の問いに答えなさい。

問1　夏のある日，池の水を取ってきてけんび鏡で観察すると，下の図A～Gのような小さな生物が
　　見られました。ただし，図A～Gの生物を観察したときの倍率は同じとは限りませんが，けんび
　　鏡で観察しているときにはどれもほぼ同じ大きさに見えました。

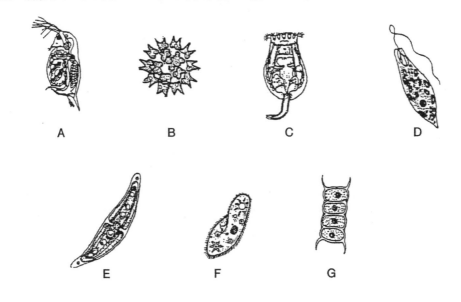

A　　　　　　　B　　　　　　　C　　　　　　　D

E　　　　　　　F　　　　　　　G

（1）　図A，Eの生物の名前をカタカナで答えなさい。

（2）　光合成をしている生物を，図A～Gからすべて選び，記号で答えなさい。

（3）　自由によく動きまわるが，たまごを産まないで増える生物を，図A～Gからすべて選び，記
　　　号で答えなさい。

（4）　図Aの生物により近いからだのつくりをしている生物を，次のア～カから2つ選び，記号で
　　　答えなさい。

　　　ア　ミミズ　　　　　　　　イ　カブトムシ　　　　　ウ　イカ
　　　エ　イソギンチャク　　　　オ　クモ　　　　　　　　カ　ゴカイ

（5）　最も低い倍率で観察した生物を，図A～Gから1つ選び，記号で答えなさい。

問2　下の実験1・2は，光合成のしくみが発見されるまでに行われた実験の一部です。

【実験1】　大きな植木ばちに乾いた土90.7kgを入れ，重さ2.3kgのヤナギを植えて，屋外で
　　　　　水だけを与えながら5年間育てました。図1はそのようすを表しています。

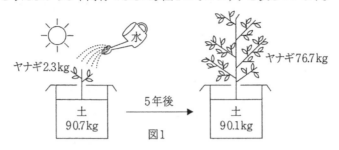

ヤナギ2.3kg　　ヤナギ76.7kg

5年後

土
90.7kg　　土
90.1kg

図1

【実験2】　空気の出入りができないとうめいなガラス容器を2つ準備しました。それぞれの中に
　　　　　火がついたろうそくを入れると，しばらくして火が消えてしまいました。次に，同じ数だ
　　　　　け葉がついたサクラの枝を水の入ったコップにさして，すばやく2つの容器の中に入れ
　　　　　ました。1つは光をあて，もう1つは暗所に置いて光をあてませんでした。5時間後，2つ
　　　　　の容器に火がついたろうそくをもう一度すばやく入れました。図2はそのようすを表して
　　　　　います。

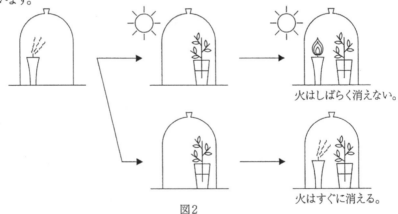

火はしばらく消えない。

火はすぐに消える。

図2

(1)　実験1の結果から考えたことを，次の文にまとめました。文中の (ア)，(イ) にあてはまる
　　漢字1字を答えなさい。
　　　植木ばちを光があたるところに置き，(ア) だけを与え続けたところ，ヤナギは大きく成長
　　した。(イ) はヤナギが大きく成長した割にほとんど減らなかった。このことから，植物は生
　　長するための養分として，(イ) ではなく主に (ア) を吸収していると考えた。

(2)　実験2の結果からわかることを考えて，句読点を含め10字以上20字以内で書きなさい。

Ⅳ 次の問いに答えなさい。

問1　図1は，よく晴れた日の午後9時に，名古屋（北緯35度，東経137度）である方角の空をながめたようすです。なお，図中には一定の角度ごとに目盛り線がかかれています。

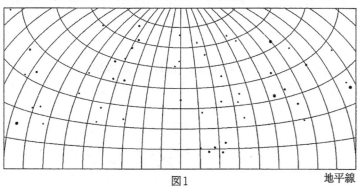

図1　　　　　　　　　　　　　　　　　　地平線

(1)　ながめた方角として最も適切なものを次のア～エから1つ選び，記号で答えなさい。

　　ア　東　　　　　イ　西　　　　　ウ　南　　　　　エ　北

(2)　図1の目盛り線の間隔は何度ですか。最も適切なものを次のア～カから1つ選び，記号で答えなさい。

　　ア　1度　　　イ　2度　　　ウ　5度　　　エ　10度　　　オ　15度　　　カ　30度

(3)　同じ夜に時間がたってから同じ方角をながめると，図2のように見えました。ながめたのは図1の時刻から何時間後ですか。最も適切なものを次のア～キから1つ選び，記号で答えなさい。

　　ア　1時間後　　　　　イ　2時間後　　　　　ウ　4時間後　　　　　エ　6時間後
　　オ　8時間後　　　　　カ　10時間後　　　　　キ　12時間後

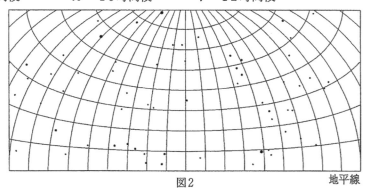

図2　　　　　　　　　　　　　　　　　　地平線

(4)　別の良く晴れた日の午前1時に，名古屋で図1と同じ方角をながめると，(3)の図2のように見えました。この日は図1の空をながめた日から何ヶ月前または何ヶ月後だと考えられますか。最も適切なものを次のア〜サから1つ選び，記号で答えなさい。

ア　5ヶ月前　　イ　4ヶ月前　　ウ　3ヶ月前　　エ　2ヶ月前　　オ　1ヶ月前
カ　1ヶ月後　　キ　2ヶ月後　　ク　3ヶ月後　　ケ　4ヶ月後　　コ　5ヶ月後
サ　6ヶ月後

(5)　図3は，オーストラリアのメルボルン（南緯38度，東経145度）で北の空をながめたようすです。図中Aの星座は時間がたつとどのように動きますか。最も適切なものを図中の矢印ア〜エから1つ選び，記号で答えなさい。

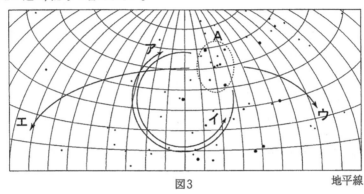

図3　　　　　　　　　　　　地平線

問2　図4は，日本で，よく晴れた日に，地平線の近くに見えた月をスケッチしたようすです。

――――――――――――――――――――――――
　　　　　　　　　　図4　　　　　　　　　　　地平線

（1）　この月をスケッチした時刻として，最も適切なものを次の**ア〜カ**から1つ選び，記号で答え
　　なさい。

　　ア　午前0時　　　　　**イ**　午前4時　　　　　**ウ**　午前8時
　　エ　午後0時　　　　　**オ**　午後4時　　　　　**カ**　午後8時

　　　図5は，地球とそのまわりを回る月の位置関係を示しており，地球は図中の矢印の方向に自
　　転しているとします。

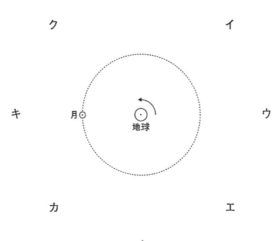

図5

（2）　図4の月をスケッチした日に，太陽はどの方向にあると考えられますか。最も適切なもの
　　を図5の**ア〜ク**から1つ選び，記号で答えなさい。

2016(H28) 名古屋中

K 教英出版

ひろし：… (計算中) …, [ア] ですね!

先　生：正解です!! このように表した数を『2進数』というんだよ。

ひろし：すると, 僕たちがいつもつかっている数は『10進数』なんですね。

　　　　でも先生, 逆に『2進数』を『10進数』にかえるには, どうやってやればいいんですか?

先　生：さっきの表と19のときの計算をヒントに, よーく考えてごらん。

ひろし：うーんと11111は…

```
┌─────────────────────────────────────────┐
│                                         │
│                                         │
│              イ　説明                    │
│                                         │
│                                         │
└─────────────────────────────────────────┘
```

先　生：その通りです。本当にひろし君は飲みこみが早い。もう説明はいらないなぁ。

ひろし：でも, 先生?この『2進数』は足し算とかできるんですか??

先　生：こうなったら, 疑問に思ったことは, とことんやってみよう!

　　　　こんな風に考えると,

　　　　　　10011+11111は　　　　　　　　10011
　　　　　　　　　　　　　　　　　+)　　11111
　　　　　　だから　　　　　　　　　　　┌─────┐
　　　　　　　　　　　　　　　　　　　　│　ウ　│
　　　　　　　　　　　　　　　　　　　　└─────┘

　　　　いままでやってきたことを振り返ると [ウ] が正解だってことは確認できるよね。

ひろし：先生…, まだ疑問はつきないです。

　　　　10でくり上がる, 2でくり上がるってことは,

　　　　他の数でもくり上がることがあるってことですよね。

先　生：その疑問も実は解決してるんじゃないかな?

　　　　10進数32を4でくり上げてみると, どうなる??

ひろし：同じようにやってみればいいんですね。

　　　　[エ] だ!

先　生：ほら, できた。今回も, ちゃんと疑問が解決できたかな?

ひろし：先生, ありがとうございました。最後にもう一つ質問してもいいですか?

　　　　こういったことは, 何かの役に立っているのですか?

先　生：これは, コンピュータを使った科学技術に役立てられていることが多いんだ。

　　　　たとえば, ひろし君が使っているパソコンの中で役に立っているんだよ。

　　　　あせらずに, もう少し勉強をしていくとわかるようになるよ。

ひろし：はい, わかりました。先生, またいろんなことを教えてください。

先　生：いつでも, どうぞ。

（1）①の例を参考にして，　ア　に適する数を答えなさい。

（2）　イ　に適する説明を計算式や文章を使ってかきなさい。
　　　解答らんの右下の部分に『10進数』で表された11111を答えなさい。

（3）　ウ　，　エ　に適する数を答えなさい。

Ⅴ　〇を図のように並べて，外側の円の中心を結んで正三角形になるときの〇の個数を『三角数』といいます。次の問いに答えなさい。

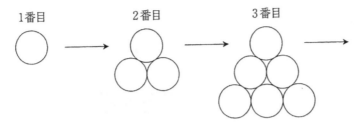

（1）5番目の図に〇は何個ありますか。

（2）『三角数』と同じように，『五角数』について考えます。

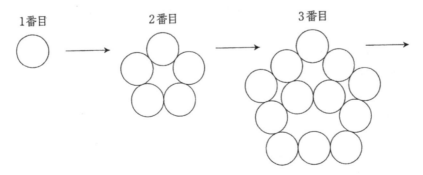

ア　8番目の図に〇は何個ありますか。

イ　15番目の図から16番目の図になるとき，〇は何個増えますか。

Ⅵ　図のように道幅が5mの道が直角に曲がって
います。この道を真上から見たときに，通ること
ができる図形を考えます。
　　ただし，図の1目盛りは1mとします。

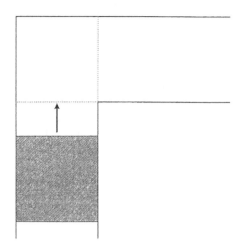

（1）　1辺が5mの正方形はこの道を通ることができます。この正方形と同じ面積でこの道を
　　通ることができる図形はどのような図形ですか。
　　次の①〜⑤の中から適当なものをすべて選びなさい。

　　① 長方形　　② ひし形　　③ 平行四辺形　　④ 正三角形　　⑤ 直角二等辺三角形

（2）　この道を通ることができる図形で1辺が5mの正方形よりも，面積が大きい図形がある
　　とすれば，どのような図形だろうか。
　　　その中でもっとも面積が大きいと思われる図形を，道を曲がる直前のおよその図でかき
　　なさい。図形をかいたら，その図形をはっきりとわかるようにぬりなさい。

　　　【下書き用】

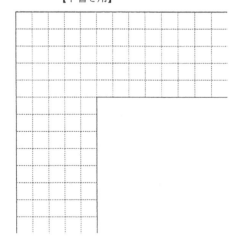

—8—

Ⓚ 教英出版

２０１５年度　　名古屋中学校

入 学 試 験 問 題

算　　数

(60分)

─ 注　意　事　項 ─

◎ 「始め」の合図があるまで中を見てはいけません。

◎ 解答用紙は別になっています。

◎ 答えは解答用紙のきめられた「らん」に書きなさい。

◎ 円周率は3.14とします。

◎ 三角定規を使用する問題があります。

算　　数

Ⅰ　　次の□にあてはまる数を答えなさい。

（1）　$\left\{0.75\times\left(2-\dfrac{1}{5}\right)+\dfrac{9}{20}\right\}\div 1\dfrac{4}{5}=\boxed{}$

（2）　$(1+2)\div 3+4\times\boxed{}-6=7$

（3）　面積について，

$10\,\text{m}^2+0.1\,\text{ha}+1\,\text{km}^2=\boxed{}\,\text{a}$

Ⅱ　　次の各問いに答えなさい。

（1）　10リットルつくったスープを，はじめにxリットルずつ，5人分をとりわけました。次に，残りのスープすべてを35人に同じ量ずつとりわけることにしました。このとき，あとからとりわけた1人分のスープの量を，xをつかった式で表しなさい。

（2）　立方体を1つの平面で切ってできる切り口について，つくることのできる図形をすべて選びなさい。
①　正方形　　　　　　　　　②　長方形
③　ひし形　　　　　　　　　④　ひし形でも長方形でもない平行四辺形
⑤　平行四辺形でない台形　　⑥　台形でない四角形

（3）　きつねが田植えをします。田んぼは長方形で，なえは100束まで植えることができます。なえを1列あたり5束ずつ植えると1束あまり，1列あたり7束ずつ植えると2束あまります。なえの束は何束ありましたか。ただし，この問題は列のはばのとり方をかえると，答えがいくつかあります。考えられる答えをすべてかきなさい。

（4）　9枚のカードがあります。

$\boxed{1}$ $\boxed{1}$ $\boxed{9}$ $\boxed{9}$ $\boxed{+}$ $\boxed{\times}$ $\boxed{\div}$ $\boxed{(}$ $\boxed{)}$

　　この9枚のカードを1列にならべて式をつくり，計算すると10にすることができます。ならべてできた式を答えなさい。

（5）　右の図の⑥の角度は何度ですか。

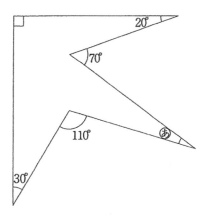

（6）　角がすべて直角で，4cmと2cmの辺でできた下の図のような紙について，次の問いに答えなさい。

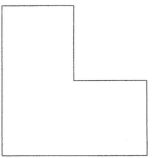

①　この紙を何本かのまっすぐな線で切って，合同な3つの図形をつくります。切る線を定規をつかってかき入れなさい。

②　この紙を何本かのまっすぐな線で切って，合同な4つの図形をつくります。切る線を定規をつかってかき入れなさい。

Ⅲ　次の会話文を読み, 問いに答えなさい。

ひろし：先生, よろしくお願いします。

先　生：やあ, ひろし君。さっそく質問に来るなんて, やる気満々だね。

ひろし：はい。兄から教えてもらったことで, ひとつ気になることがあって…。

先　生：なんだい?

ひろし：どんなけたのかずでも, それぞれの位のかずを足して, それが3の倍数だったら, もとのかずも3の倍数になるって聞いて, それで確かめてみたら本当になったんです。だったら, ほかのかずでもならないか考えてみたんですけど。

先　生：とてもいい考え方だね。それで何かわかったかい?

ひろし：2と5はすぐにわかりました。9は3と同じやり方ができそうです。

先　生：そうだね。2は, もとのかずの　あ　の位のかずが2の倍数, つまり偶数なら, もとのかずも偶数といえる。5の倍数も同じことだね。

ひろし：9だと, それぞれの位のかずを足して, それが9の倍数だったら, もとのかずも9の倍数になります。だから1から9までの9個のかずをならべると, どんなならび方でも足すと45になって, 9の倍数だから, ならべたかずも9の倍数になります。

先　生：その通り。お兄さんにいいことを教えてもらったね。こういうのを, 倍数の判定法というんだ。

ひろし：もっとほかのかずでも知っていると便利そうだなぁ。ほかにはないんですか?

先　生：もちろんあるとも。4は①下2けた, つまり十の位と一の位の2けたが4でわりきれたら, もとのかずも4の倍数になる。たとえば, 39524だったら, 24は4でわりきれるから, 4の倍数だ。

ひろし：　　　　　　　　　　　　　ほんとだ!

```
        9881
    ┌─────────
   4)  39524
        36
       ───
        35
        32
       ───
        32
        32
       ───
         4
         4
       ───
         0
```

先　生：だから, 百の位より上の位のかずは何でもよくなる。これが4の倍数の判定法だ。8の場合は　Ａ　だけを確かめればいい。

ひろし： これも便利だなぁ。6は　い　と　う　でわりきれればいいんですよね。だから，3
　　　　の倍数の判定法を使ってから，さらに　え　の位のかずを見ればいいだけですね。
先　生： よくわかってきてるじゃないか。かなりそろってきたね！
ひろし： 先生，あと7が残ってるんですけど，これはかなり強敵です…。
先　生： できなさそう？ でも7だけ残すのはくやしくないかい？
ひろし： もちろんくやしいんですけど，無理そうなんですよね…。
先　生： あきらめたらそこで成長が止まってしまうよ。一緒に考えてみよう！
ひろし： 先生…。はい！ お願いします！
先　生： よし！ じゃあ，まずは7の倍数をならべてみよう。

ひろし：
7	14	21	28	35
42	49	56	63	70
77	84	91	98	…

　　　　何か特徴がないか調べるんですね。う～ん，
　　　　21と42と63と84は何かににているような気がします。
先　生： いい目のつけどころだよ。これは，「一の位を2倍したものを十の位からひくと0に
　　　　なる」からなんだ。
ひろし： でも先生，14だと　お　から　か　はひけません。
先　生： こういうときは大きいほうから小さいほうをひいてみよう。
ひろし： 　か　－　お　＝7ですね。これが7の倍数だからなのかな？
先　生： よく気づいた！ ほかもやってみてごらん。
ひろし： 28だと2から16はひけないけど，16－2＝14で7の倍数だ！
先　生： そういうことだ。今は2けただけど，3けたも考えてみようか。たとえば119。

ひろし：
119

9×2＝18
18－1＝17
17

　　　　よくわからなくなってきました…。

先　生： あわてることはないよ。おちついて考えてみよう。じゃあ126は？

ひろし：
126

6×2＝12
12－2＝10
10
12－12＝0

　　　　…。あっ！ 十の位だけを見るんじゃなくて，十の位と百の位から12をひけば0にな
　　　　る！最初のと同じですね！

先　　生：その通り！　これで１１９をもう一度考えてみて。

ひろし：

119
9×2＝18
~~18−1＝17~~
~~17~~
18−11＝7

７になった！　これで７の倍数ですね！

先　　生：もう大丈夫だね。

ひろし：これなら②4けたでも5けたでもできそうです！

先　　生：これで1けたのすべてのかずの倍数の判定法がわかったね。

ひろし：ということは2けたのものもあるということですか？　難しそう…。

先　　生：君ならできるさ！　いろんな場合でできるだろうと思える君なら！　中学に入ると，どうして こういう判定法を作ることができるか，自分たちで説明できるようになる。それを使って考えれば，11だって13だってできるさ！

ひろし：何だか楽しみになってきました！　これからもがんばります！

（１）　　あ　　から　　か　　にあてはまるかずをかきなさい。

（２）　下線部①と同じかきかたで，　　A　　にあてはまることばをかきなさい。

（３）　下線部②について，1211は，7の倍数かどうか調べなさい。
　　　　ただし，この問題は調べ方もかくこと。

２０１５年度

入 学 試 験 問 題

理　　科

（40分）

注 意 事 項

◎ 「始め」の合図があるまで中を見てはいけません。

◎ 解答用紙は別になっています。

◎ 答えは解答用紙のきめられた「らん」に書きなさい。

問題は次のページから始まります。

2015(H27) 名古屋中
Ｋ 教英出版

理　　科

Ⅰ　　次の問いに答えなさい。

(1)　図1のように，石灰水を入れた集気びんの中で線こうを燃やし，線こうを取り出しました。その後，すぐに中の気体がもれないようにガラス板でふたをしてふりまぜました。石灰水はどのように変化しましたか。下の**ア～エ**から1つ選び，記号で答えなさい。

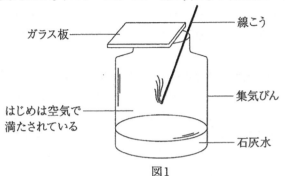

ガラス板　　　線こう

はじめは空気で
満たされている

集気びん

石灰水

図1

ア　変化しなかった　　　**イ**　赤くなった　　　**ウ**　白くなった　　　**エ**　青くなった

(2)　図2は，ガラス板でふたをしたびんの中でろうそくが燃えるときの気体の変化を示したものです。●，○，◎の記号で表した気体を，下の**ア～オ**からそれぞれ1つずつ選び，記号で答えなさい。

ガラス板

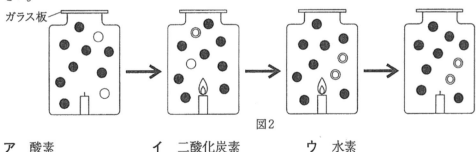

図2

ア　酸素　　　　　　　　　**イ**　二酸化炭素　　　　　　**ウ**　水素
エ　アンモニア　　　　　　**オ**　ちっ素

(3)　図2の◎の気体を発生させることができる液体と固体の組み合わせを，次の**ア～ク**から1つずつ選び，記号で答えなさい。

ア　うすい過酸化水素水　　　　　　　**イ**　うすい塩酸
ウ　うすい水酸化ナトリウム水よう液　**エ**　うすいアルコール水よう液
オ　二酸化マンガン　　　　　　　　　**カ**　鉄
キ　石灰石　　　　　　　　　　　　　**ク**　銅

(4) アルコールランプの使用上の注意を書いた文章について，正しくないものを次のア～エから1つ選び，記号で答えなさい。

    ア　使用前にアルコールの量が8分目ぐらいまで入っていることを確認して使う。

    イ　アルコールランプに火をつけるときは，アルコールランプどうしで火をつけ合ってはいけない。

    ウ　アルコールランプは不安定な台の上にのせて使ってはいけない。

    エ　火を消すときはふたを炎の横からかぶせて消してはいけない。

(5) おふろの水の温度が高すぎるとき，冷たい水を入れて温度を調節します。これは温度の高い水と低い水をまぜると，温度の高い水から低い水へ熱が移り，両方の温度が等しくなることを利用しています。例えば，80℃の水100gと20℃の水200gをまぜると，40℃の水300gができます。これについて，次の①，②に答えなさい。ただし，温度の高い水から低い水へ熱が移る以外には熱の移動はないものとします。

    ①　85℃の水300gと5℃の水500gをまぜると，まぜた水の温度は何℃になりますか。

    ②　70℃の水200g，30℃の水300g，10℃の水100gを同時にまぜると，まぜた水の温度は何℃になりますか。

Ⅱ　　次の問いに答えなさい。

問1　　図1のように，水平な机の上に2枚の鏡a，bを置き，鏡aに光線を当てました。光線は鏡aで反射され，その反射された光線がさらに鏡bで反射されました。図の中の点線でかかれた矢印は，光線の道すじを表しています。また，図2は図1を真上から見たものです。図2のように，光線は辺ＡＢに対して平行に進んでおり，鏡bは辺ＡＤ，辺ＢＣに対して平行に置いてあります。ただし，鏡a，bは片面だけが鏡になっているものとします。

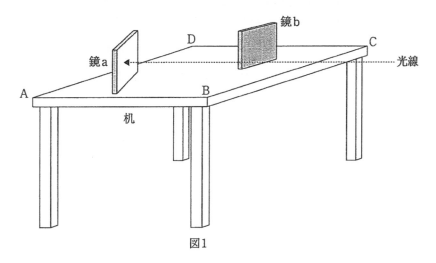

図1

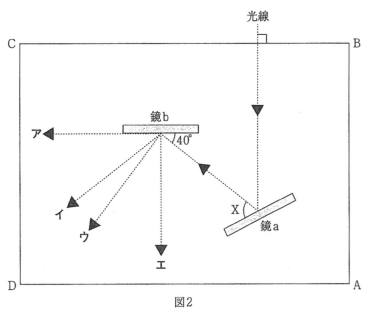

図2

(1) 　図2について，鏡bで反射された光の道すじを表した矢印として，正しいものを図2の中のア～エから1つ選び，記号で答えなさい。

(2) 　図2の中の角Xは何度になりますか。

(3) 　図3のように，「F」と書かれた透明なプラスチック板を鏡a，bにうつるように机の上に固定しました。鏡bにうつるプラスチック板を観測したとき，鏡bにうつったプラスチック板のようすとして適当なものを，下のア～エから1つ選び，記号で答えなさい。ただし，図3の中のO，P，Q，Rは，鏡bの4つの角の位置を表しています。

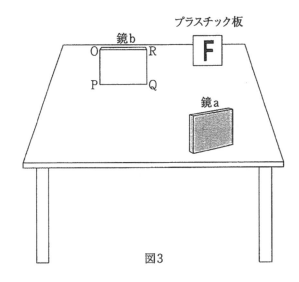

図3

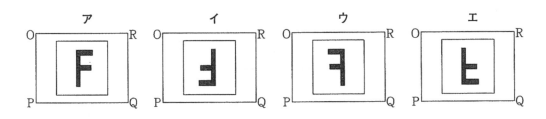

問2　エナメル線を巻いて作ったコイルの中に，鉄しんを入れ，電磁石を作りました。水平な机の上で，電磁石，電池，スイッチを図4のようにつなぎました。図4は，机の面を真上から見たものです。鉄しんのA側，B側に置いた方位磁石の針の黒色側はそれぞれ北を指しており，スイッチは開いた状態を表しています。

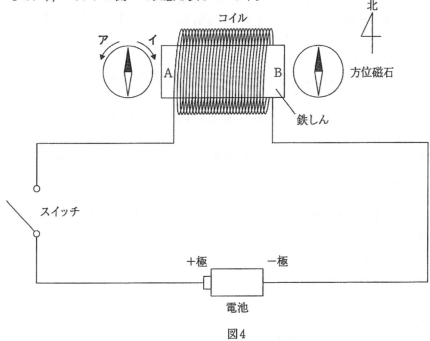

図4

(1)　スイッチを入れると，方位磁石の針が動きました。針が止まるのを待つと，B側の方位磁石の針は次のようになりました。

このことから，図4のA側の方位磁石の針の黒色側は，スイッチを入れた直後に，アとイのどちらの向きに動きますか。記号で答えなさい。

(2)　図4において，電池の＋極と－極を逆にして，電磁石について調べました。スイッチを入れた後の電磁石について適当なものを，次の**ア～カ**の中から<u>すべて選び</u>，記号で答えなさい。

　　ア　電池の＋極と－極を入れかえる前も後も，電磁石のA側は，つねにN極となっている。

　　イ　電池の＋極と－極を入れかえる前も後も，電磁石のB側は，つねにN極となっている。

　　ウ　電磁石のA側は，電池の＋極と－極を入れかえる前はN極となり，入れかえた後はS極となっている。

　　エ　電磁石のA側は，電池の＋極と－極を入れかえる前はS極となり，入れかえた後はN極となっている。

　　オ　電磁石のB側は，電池の＋極と－極を入れかえる前はN極となり，入れかえた後はS極となっている。

　　カ　電磁石のB側は，電池の＋極と－極を入れかえる前はS極となり，入れかえた後はN極となっている。

(3)　図4の電磁石をより強くするための操作として適当なものを，次の**ア～カ**の中から<u>すべて選び</u>，記号で答えなさい。

　　ア　エナメル線の巻く向きを逆にして，もとと同じ回数分だけ巻きなおす。

　　イ　エナメル線の巻き数を増やす。

　　ウ　エナメル線の巻き数を減らす。

　　エ　鉄しんをぬく。

　　オ　使用する電池の数を1個から2個に増やし，それらの電池を並列につなぐ。

　　カ　使用する電池の数を1個から2個に増やし，それらの電池を直列につなぐ。

２０１５年度

入 学 試 験 問 題

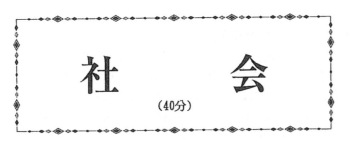

社　　会

（40分）

― 注 意 事 項 ―

◎ 「始め」の合図があるまで中を見てはいけません。

◎ 解答用紙は別になっています。

◎ 答えは解答用紙のきめられた「らん」に書きなさい。

◎ 教科書中に漢字で書かれている語句は，全て漢字で
　 答えなさい。

社　会

次の文章を読んで，あとの問いに答えなさい。

ある日の昼下がり。名中図書館。社会科の伊文（イブン）先生が，中学3年の雄大（ユーダイ）君と涼太（リョータ）君に出会ったところ……

イブン先生：おーっ！リョータにユーダイじゃないか。どうしたんだ？今日は図書館で勉強か？

　リョータ：はい。もちろんです。僕は今日は中間テストにむけて勉強をしています。

　ユーダイ：僕は，研修旅行の委員なので，調べ物をしています。

イブン先生：二人とも，感心だな。研修旅行はたしか，九州に行くんだよね？

　ユーダイ：そうです。それで，①九州の火山を調べていたところです。

イブン先生：なるほど，九州にはたくさんの火山があるからね。それにしても，この前の御嶽山の噴火はつらい出来事だったね。犠牲（ぎせい）となった方々のご冥福（めいふく）を心から祈るばかりだ。人間は自然を敬い，自然から多くの恩恵を受けてきた。でも，時には自然の厳しさを痛感させられる……。九州の研修旅行では，しっかりそういうことを意識して多くのことを学んできて欲しい。

　リョータ：本当ですね……。しっかり気持ちを引き締めて，学んできます。

　ユーダイ：ところで，先生はずいぶんと年季の入った②時計をはめてますね。なんですか，それは？

イブン先生：君たちは，二人とも最新のデジタル時計をはめているね。でもね，先生は機械式の時計が好きなんだ。これは「クロノメーター」といってね。今みたいに科学技術が十分発達していない昔，船乗りたちは正確な時刻を知ることで，海上での船の位置を知ることができたんだ。その必要性から発達した高精度の機械式ぜんまい時計なんだ。

　リョータ：へぇ……，ちなみに，先生が手に持っているその本はなんですか？

イブン先生：あぁ，これ？これは（　③　）によって作成された④地図の図版で，最近出版されたんだ。君たちも教科書や本で一度くらい見たことがあるだろう。

　リョータ：あります。これが（　③　）の地図なんですか。ちょっと見てもいいですか。うわ！すごい！この地図が作成された時代は，今日のような測量・観測技術はなかったんですよね。それで，よくこんな地図が作成できましたね！

イブン先生：そうだね。彼は，佐原町（＝現在の千葉県香取市）で財をなし，49歳で隠居した後，江戸に測量と地図製作技術を学びに出たんだ。地図作りに取りかかったのは55歳の時で，日本全国を歩き回り，当時の世界でも最高峰レベルの地図を独自の技術で作成した人物なんだ。ちなみに，彼の地図は，現在の国土地理院の地図の原型となり，近代的な測量技術を用いた地図に置き換えられるまで利用されていたんだよ。

　ユーダイ：へぇー！昭和の時代まで使われていたんだ……。でも，（　③　）の地図のすご

　　　　　さはわかるんですけど, 彼の地図が出る以前のそれまでの地図というのは, どういうレベルのものなんでしょうか?

イブン先生：いい質問だね。えーっと……, こんな地図がある。これは「坤輿万国全図」といって, ヨーロッパの宣教師たちの知識をもとに, 当時の⑤中国で作られ, 後に江戸時代の日本にもたらされたものなんだ。

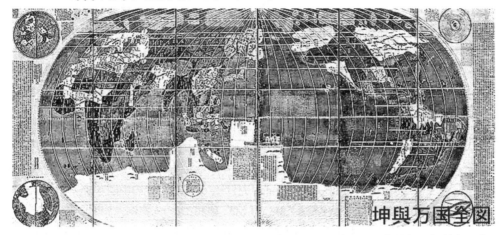

坤輿万国全図

リョータ：へぇ……。けっこう, 形が変ですね。地形がびみょうだし, 緯線とか経線とかも適当に引いてある感じですね。

イブン先生：なるほど。これでも, 当時の水準では, かなり健闘していると思うんだけど……。でも, いいところに気づいたね。地球が球体であるということはかなり昔からわかっていた。また, 子午線, 簡単に言うと, 地球の円周の長さについても, ある程度は昔からわかっていた。多くの人々が地図を利用するようになり, 場所を特定するために経緯線を引く必要性が生まれてくるんだけど。なかなか簡単ではなかったんだ。

ユーダイ：でも, 正午の太陽の角度や北極星の観測で, 簡単にわかりますよね……。

リョータ：ユーダイ, おまえすごいね。よくそんなこと知っているね。

イブン先生：緯線に関しては, 確かにその通り。でも, 経線の場合は少し難しい。

ユーダイ：え?なぜですか?

イブン先生：地球は1時間に約15度の速度で回転しているよね。そこで, 二つの地点の太陽の南中時刻を計測して, その時間の差を求めれば, 基準となる経度から見た, 自分のいる場所の経度が求められるんだ。しかし, どこにいても正確な時間を知ることができるのは18世紀になってからの話なんだよ。広い洋上では, 陸からの距離もわからないし, 持ち運びのできるコンパクトな時計がない昔においては, 当然正確な時刻もわからない訳だから, さぁ大変。ちなみに『ガリヴァー旅行記』の中でスウィフトは, 「経度の測定法」, 「永久運動」, そして「不老不死の

薬」を不可能なことであると，たとえているぐらいだからね。

ユーダイ：なるほど。他にもかわった地図がありそうですね。

イブン先生：おっ！こんなのはどうだ？かなり驚く地図があるぞ。これは，7世紀のヨーロッパの地図だ。

ユーダイ：え！なんですか，これは！ほんとにこれが地図なんですか！？

イブン先生：うむ。⑥TO図という，非常に原始的だが立派な世界地図だよ。当時の人々はこの地図をながめることで，世界を意識することができたんだろうね。世界はドン川から地中海，そしてナイル川までの間でTの字に区分けされ，その外側には円状に大洋が取り巻いている。ちなみに，地図の中心は⑦エルサレムだね。

ユーダイ：エルサレムって，聞いたことあります。

イブン先生：よく勉強してるね。

ユーダイ：はい，中1の社会の授業で教わりました。

イブン先生：さきほど，ヨーロッパの宣教師たちの話をしたけれども，彼らはヨーロッパ人による「地理上の発見」を経て，中国までやって来たんだな。コロンブスの発見もその一つなのは知っているよね？だけど，⑧明の時代の中国もヨーロッパ人の活動に負けていなかったんだよ。例えば，鄭和という人物は大船団を率いて，インドからアフリカ東岸まで航海を行ったんだ。これは，ヨーロッパ人がやってくる100年近くも前のことなんだ。歴史に「もし」は禁物だが，当時の明が本気で世界進出を考えていたとしたら，世界の姿は今日とは全く違うものになっていただろうね……。

三人は休息をとるために休けい室に行き，自販機でジュースを買おうとする

リョータ：それにしても，⑨消費税の値上げはぼくら中学生にもきついです。このジュースも10円値上げされたからね。

ユーダイ：消費税が上がっても，お小遣いは上がらないので，お小遣いで買えるものが少なくなりました。

イブン先生：消費税を上げたのは安倍内閣だけど，消費税の増税を決めたのは（　⑩　）内閣だね。それに，将来の社会保障関連の財源不足が予測されていた中での決定だから，ある程度は仕方がないかもね。

ユーダイ：こういう法律っていうのは国会で決めるんですよね？⑪通常国会ってのを学校で習いました。

イブン先生：そうだね。それに加えて⑫特別国会と臨時国会がある。

リョータ：現在の政権になってから，ずいぶんと色々なことが議論されてますね。アベノミクスに，⑬集団的自衛権に，⑭裁判員制度に，⑮日本国憲法の改正に，えーっと……。

ユーダイ：リョータ！おまえ，すごいね！よくそんなにスラスラ出てくるね！

リョータ：名中に入学した時に，「新聞を読みなさい」って言われただろ？それで，読み始めた
　　　　　んだ。最初はよくわからなかったけど，最近は少しおもしろいなと思うようになった
　　　　　んだ。
イブン先生：継続は力なり。
ユーダイ：よーし，俺も今日から新聞を読み始めるぞ！

休けい終わり

イブン先生：ところで，君たちは名中の遠足では，奈良に行ったんだよね？
ユーダイ：はい。昨年度は，奈良県の明日香村に行ってきました。
リョータ：古代の都をこの目で見て，とても感動しました。
ユーダイ：石舞台古墳や高松塚古墳も見ることができたので，すごく興奮しました。
イブン先生：⑯東大寺の大仏も見たのかい？多くの⑰外国人観光客が訪れる有名な場所の
　　　　　一つだね。
ユーダイ：残念ながら，今回は東大寺には行ってません。
リョータ：東大寺の大仏は見られなかったけど，かわりに飛鳥大仏を見ました。日本最古の
　　　　　大仏なんですけど，イブン先生知ってますか？
イブン先生：君はいったい誰にものを言っておるのかね？鞍作鳥（くらつくりのとり）によって制作されたものだ
　　　　　ね。そもそも，飛鳥寺というのは蘇我氏の氏寺（うじでら）だろ。
リョータ：まいりました。もっとも，ぼくは⑱飛鳥時代よりも平安時代の方に興味がありまし
　　　　　て。鎌倉時代や戦国時代よりも，⑲平安貴族の雅（みやび）やかな文物に興味があります。
ユーダイ：平安時代を代表する貴族って誰だっけ？摂関政治とか⑳院政とか，複雑なんだ
　　　　　よね。
リョータ：えっ！ユーダイ知らないの！
ユーダイ：僕はやっぱり武家社会の方が好みだな。㉑室町時代から戦国の動乱期を駆け
　　　　　抜けていった武将たちの勇姿ときたら……本当にあこがれるなぁ。
イブン先生：きみたちは二人とも，三英傑（さんえいけつ）には興味はないのかい？
リョータ：そんなことはないですよ。ぼくは家康は好きですし，江戸時代も好きですよ。
ユーダイ：江戸時代のどういうところが好きなの？
リョータ：そうだねぇ……，簡単に言うならば，長い太平の時代に，今日まで息づく日本文
　　　　　化の多くが開花した……。そんな時代背景にとても興味があるね。
イブン先生：驚いたな。まさかリョータの口からそんな言葉が出てくるとは。
ユーダイ：でも，日本文化ってどんなのだよ？歌舞伎？相撲？浮世絵？
リョータ：ぼくが最も興味のあるのは食文化だね。ソバ，テンプラ，スシとかね……。
イブン先生：なるほど，蕎麦（そば）も，天婦羅（てんぷら）も，寿司も，江戸時代を代表するファーストフードだね。

ユーダイ：えっ！ファーストフードだって！どれも伝統的な㉒和食じゃないですか！

リョータ：先生の言うとおり。たしかに、ファーストフードですね。例えば、テンプラも、握りズシも、忙しい江戸の職人たちが、屋台で手軽に食事をとるために発達した食べ物だという話だね。

ユーダイ：へーっ、知らなかった。スシがハンバーガーと同じファーストフードだなんて。

イブン先生：江戸で握り寿司が発達したのは、香り豊かな浅草海苔と、江戸湾で取れる新鮮な江戸前の魚があってこそだね。魚は江戸の庶民によって本当に愛されていたんだ。

ユーダイ：僕は魚が苦手なので、スシはそんなに好きじゃないです。むしろファーストフードのハンバーガーが好きです。パンが好きなので、㉓最近はほとんど米を食べなくなってしまいました。

イブン先生：やれやれ。㉔明治維新以降、日本では欧米の文化が流入して、肉食の習慣が広がり、㉕食文化も大きく変化したからな……。

リョータ：僕は、ハンバーガーよりもカレーライスが好きだな。カレーライスって日本食の代名詞っぽいけど、やっぱりインドからもたらされたものなんですよね。

イブン先生：ちがうよ。ルーにご飯をそえて食べるカレーライスのスタイルは、イギリスが発祥だよ。それが、明治期に日本に入ってきて、日本風にアレンジされて、㉖大正時代に一般に普及したんだ。㉗昭和期に入ってからは、レトルト食品が開発されることによって、あっという間にお手軽なメニューになった。インスタントラーメンも同じような時期に登場して、戦後の人々に受け入れられたんだ。

リョータ：なんか話をしていたら、急にカレーライスが食べたくなってきたな。今日の晩御飯はカレーがいいな。

ユーダイ：うちは今日はカレーだって、お母さんが言っていた。

イブン先生：先生も今晩はカレーにしようかな。

問1　下線部①について，九州地方の火山である，阿蘇山，雲仙岳，桜島，及び由布岳が属する
　　都道府県をそれぞれ答えなさい。

問2　下線部②について，時計に代表される精密機械の製造が盛んな都道府県を答えなさい。

問3　文章中の空らん（　③　）（　⑩　）に入る人物名をそれぞれ漢字で答えなさい。ただし，
　　（　⑩　）については名字のみ答えなさい。

問4　下線部④について，次の問いに答えなさい。

（1）　2014年8月18日の読売新聞に，文章中の（　③　）が作成した地図の蝦夷地全体が，
　　弟子で探検家の間宮林蔵の測量データに基づいて描かれたと考えられるという記事があ
　　りました。間宮林蔵が調査して，島であることを確認し，西の海が間宮海峡と呼ばれてい
　　る島について述べた文として正しいものを次のア〜エから一つ選び，記号で答えなさい。また，
　　その島の形として正しいものを次のカ〜ケから一つ選び，記号で答えなさい。ただし，
　　縮尺は一定ではなく，上が北とは限らない。

　　ア　この島に漂着したポルトガル人が日本に鉄砲を伝えた。
　　イ　この島はかつて金山で栄えた。
　　ウ　この島は下関条約により，日本に割譲された。
　　エ　この島の南半分が日露戦争の講和条約で日本に割譲された。

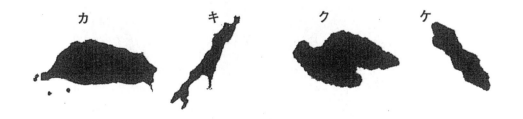

カ　　　　　　キ　　　　　　ク　　　　　　ケ

（2）　次の図1は文章中の空らん（　③　）によって作成された大阪の地図で，図2は現在の大阪の航空写真です。図1と図2を比較すると，この地域の地形のどのような変化が読み取れますか。その変化を2つ説明しなさい。なお，図1と図2は同範囲を示しており，図中の記号A・B・Cは同じ場所を示しています。

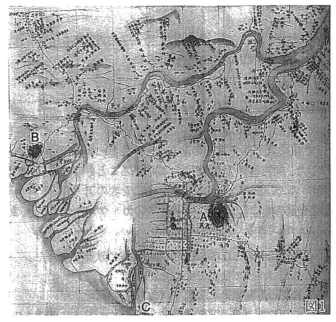

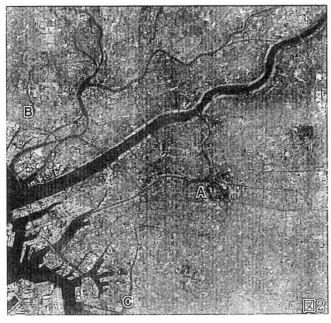

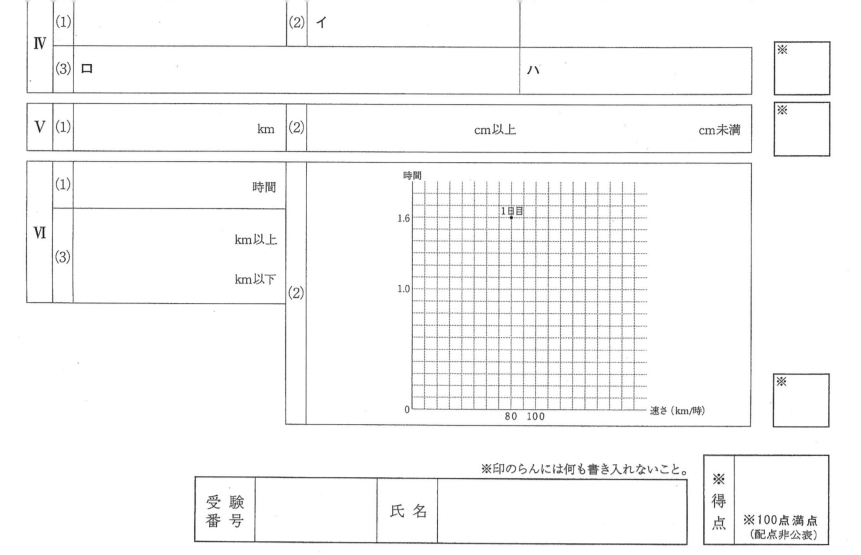

IV	(1)		(2) イ	
	(3) ロ		ハ	

| V | (1) | km | (2) | cm以上 | cm未満 |

VI	(1)	時間	(2)	
	(3)	km以上		
		km以下		

時間

1.6 ・1日目

1.0

0   80 100   速さ（km/時）

※印のらんには何も書き入れないこと。

受験番号　　　氏名

※得点　※100点満点（配点非公表）

	(8)	(5)

	問1		
	(1)	(2)	(3)
Ⅳ			
	問2		
	(1)	(2)	(3)
	(4)	(5)	
		ア → （　　）→（　　）→（　　）→（　　）→（　　）→（　　）→ オ	

※印のらんには何も書き入れないこと。

受　験番　号		氏　名	

※
得
点

※50点満点
（配点非公表）

| 問12 | (1) | A | B | (2) | |

| 問13 | | 問14 | (1) | (2) | |

| 問15 | | 問16 | |

| 問17 | | 問18 | |

| 問19 | | 問20 | | 問21 | |

| 問22 | | 問23 | | 問24 | | ※ |

※印のらんには何も書き入れないこと。

| 受験番号 | | 氏名 | |

| ※得点 | ※50点満点 (配点非公表) |

社 会 解 答 用 紙

（2015中社会）

問1	阿蘇山	雲仙岳	桜島	由布岳

問2		問3	③		⑩	

※

問4	(1)	文	形	
	(2)			

※

問5		問6		問7	

※

問8	

※

問9	(1)	第	回	(2)		問10	

【解答用

理 科 解 答 用 紙

I

（1）	（2）			（3）	
	●：	○：	◎：	液体：	固体：

（4）	（5）	
	① ℃	② ℃

※

II

問1

（1）	（2）	（3）
	度	

問2

（1）	（2）	（3）

※

（1）	（2）		（3）
	A	B	

（4）	（5）	（6）	（7）

算 数 解 答 用 紙

（2015中算数）

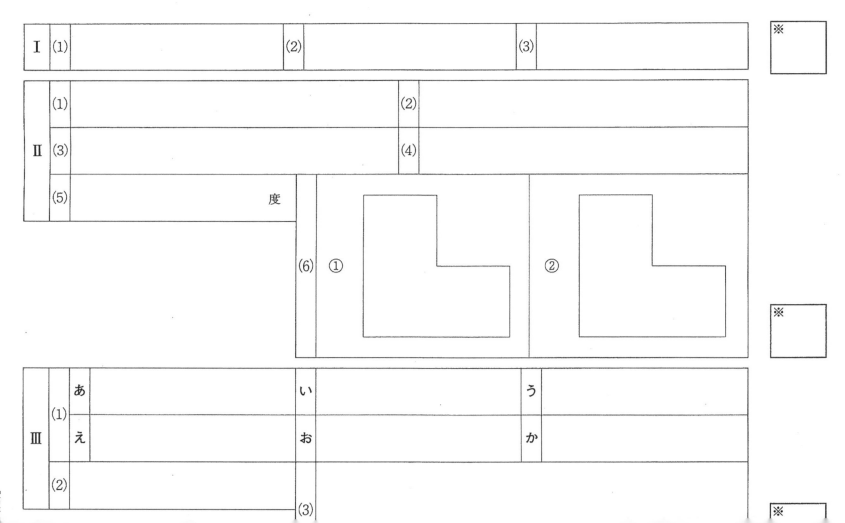

Ⅰ　(1)　　　　　(2)　　　　　(3)　　　　　※

Ⅱ　(1)　　　　　(2)
　　(3)　　　　　(4)
　　(5)　　　　度
　　(6)　①　　　②　　　　※

Ⅲ　(1)　あ　　　い　　　う
　　　　　え　　　お　　　か
　　(2)
　　(3)　　　　　※

問5　下線部⑤について，「それ楽浪海中に倭人あり，分れて百余国となす」と，紀元前一世紀頃の日本についての記述がなされた中国の歴史書の名前を漢字で答えなさい。

問6　下線部⑥について，右の図はＴＯ図を簡略化したものです。図中のＡ，Ｂ，及びＣの地域の組み合わせとして正しいものを，次の**ア～カ**から一つ選び，記号で答えなさい。

ア　Ａ－アジア　　　Ｂ－アフリカ　　Ｃ－ヨーロッパ
イ　Ａ－アジア　　　Ｂ－ヨーロッパ　Ｃ－アフリカ
ウ　Ａ－アフリカ　　Ｂ－アジア　　　Ｃ－ヨーロッパ
エ　Ａ－アフリカ　　Ｂ－ヨーロッパ　Ｃ－アジア
オ　Ａ－ヨーロッパ　Ｂ－アジア　　　Ｃ－アフリカ
カ　Ａ－ヨーロッパ　Ｂ－アフリカ　　Ｃ－アジア

問7　下線部⑦について，エルサレムはキリスト教にとっての聖地です。これ以外に，エルサレムを聖地とする宗教名を一つ答えなさい。

問8　下線部⑧の時代におこなわれた貿易において，右の写真に示されているものが使われた理由を説明しなさい。

問9　次の表は2012年1月～2014年中に行われた第180回～第188回の国会を簡単にまとめたものです。次の問いに答えなさい。

会次	第180回	第181回	第182回	第183回	第184回	第185回	第186回	第187回	第188回
国会の種類	A	B	C	A	B	B	A	B	C
会期	2012.1〜2012.9	2012.10〜2012.11	2012.12〜2012.12	2013.1〜2013.6	2013.8〜2013.8	2013.10〜2013.12	2014.1〜2014.6	2014.9〜2014.11	2014.12〜2014.12

（1）下線部⑨について，2014年4月に消費税8％に，2015年の10月に消費税を10％に引き上げること等を定めた，いわゆる消費増税を柱とする「社会保障と税の一体改革関連法」が成立したのは，第何回の国会だと考えられますか。なお，「社会保障と税の一体改革関連法」が成立した次の国会では，継続案件となっていた「年金生活者支援給付金の支給に関する法律案」が成立しました。

（2）　下線部⑪と⑫について, 表中の「国会の種類」のA・B・Cにあてはまる語句の組み合わせとして正しいものを次の**ア～カ**から一つ選び, 記号で答えなさい。

    ア　A－通常国会　　　　B－特別国会　　　　C－臨時国会
    イ　A－通常国会　　　　B－臨時国会　　　　C－特別国会
    ウ　A－特別国会　　　　B－通常国会　　　　C－臨時国会
    エ　A－特別国会　　　　B－臨時国会　　　　C－通常国会
    オ　A－臨時国会　　　　B－通常国会　　　　C－特別国会
    カ　A－臨時国会　　　　B－特別国会　　　　C－通常国会

問10　下線部⑬について, 安倍晋三首相は2012年の就任以来たびたび「〇〇〇平和主義」という語を用いています。これは, 自国の平和だけでなく地域および国際社会の平和の実現のため, より能動的に行動することに価値を求めることであると言われています。「〇〇〇」に入る語句を, 漢字三文字で答えなさい。

問11　下線部⑭について, 次の文章を読み, あとの問いに答えなさい。

> 2014年5月で裁判員制度が始まって（　A　）年が経過した。これまでに約5万人以上の市民が参加したことになる。裁判員裁判は, 死刑や無期の懲役等が言い渡せる重大な（　B　）裁判が対象である。そのため裁判員に与える心理的負担は大きいことが問題視されている。実際, 福島県で裁判員を務めた女性が, 法廷で遺体の写真を見たことなどで急性ストレス障害になったとして, 国に賠償を求めて裁判を起こしたというケースも発生した。

（1）　上の文章の（　A　）に入る数字として正しいものを次の**ア～エ**から一つ選び, 記号で答えなさい。

    ア　5　　　　　　**イ**　10　　　　　　**ウ**　15　　　　　　**エ**　20

（2）　上の文章の（　B　）には裁判の種類を表す語句が入ります。適切な語句を漢字二文字で答えなさい。

（3） 日本の裁判・司法に関する説明として**誤っているもの**を次のア〜エから一つ選び, 記号で答えなさい。

ア　権力が1つに集中すると, 国民の人権が侵害される恐れがあるため, 国会は立法権, 内閣は行政権, 裁判所は司法権を担当し, 互いに抑制し, 均衡を保つ三権分立の制度がとられている。

イ　裁判所の種類は, 最高裁判所・高等裁判所・地方裁判所・家庭裁判所・簡易裁判所があり, 最高裁判所以外は, すべて名古屋市にも設置されている。

ウ　国民の権利を守り, 間違いのない公正な裁判が行われるように「三審制」と「裁判の公開の制度」が採られている。

エ　日本は, 死刑制度を採用している国であるが, 刑の執行は慎重に行われているため, 2014年は刑が執行されることはなかった。

問12　下線部⑮について, 次の問いに答えなさい。

（1）　下の文章は, 憲法第11条の条文の一部であり, 日本国憲法の基本原則にも大きく関わります。文章中の空らん（　A　）と（　B　）に入る語句をそれぞれ答えなさい。

> 国民は, すべての（　A　）の享有を妨げられない。この憲法が国民に保障する（　A　）は, 侵すことのできない（　B　）の権利として, 現在及び将来の国民に与へられる。

（2）　下の文章は, 平和主義を表した憲法第9条の条文です。
文章中の空らん（　A　）（　B　）（　C　）に当てはまる語句の組み合わせとして正しいものを次のア〜カから一つ選び, 記号で答えなさい。

> 日本国民は, 正義と秩序を基調とする（　A　）を誠実に希求し, 国権の発動たる（　B　）と, 武力による威嚇又は武力の行使は, （　C　）を解決する手段としては, 永久にこれを放棄する。

ア　A−平和社会　　　B−戦争　　　　　C−紛争
イ　A−平和社会　　　B−経済制裁　　　C−紛争
ウ　A−平和社会　　　B−経済制裁　　　C−国際紛争
エ　A−国際平和　　　B−戦争　　　　　C−国際紛争
オ　A−国際平和　　　B−国際紛争　　　C−戦争
カ　A−国際平和　　　B−紛争　　　　　C−戦争

問13　下線部⑯について，渡来人の子孫として現在の大阪府に生まれ，人々に熱心に仏教の教えを広めて歩き，ため池や道路，橋などをつくる土木工事を進めて人々にしたわれた僧が，聖武天皇の命令を受けて，東大寺の大仏づくりに協力しました。この僧の名前を答えなさい。

問14　下線部⑰について，次の文章を読み，あとの問いに答えなさい。

> 2014年1月に日本政府観光局（JNTO）から発表された2013年の1年間に日本に訪れた外国人旅行者数は初めて1000万人を超えた。これは2003年から掲げていた政府目標を初めて突破したことを意味している。内訳で見ると，1位が23.7％で韓国，2位が21.3％で台湾，3位には（　　　）が入る。1位・2位の国は前年より増加したものの，3位の国は前年実績よりも減少し，過去3番目の訪日旅行者数にとどまった。その理由としては2012年途中からの旅行者の急激な減少が影響しているといわれている。また政府は今後の訪日外国人旅行者数の目標を，「オリンピック・パラリンピック東京大会」の開催と関連させて，2020年に2003年に掲げた目標値の2倍以上にしたい，として観光立国の推進をはかっている。

（1）　文章中の空らん（　　　）に適する国名を答えなさい（国名は略称でも良い）。

（2）　今後，訪日旅行者を増やすための方法のひとつとして，「観光庁」では，ムスリム（ムスリマ含む）への対応が必要とされています。では，「観光庁」ではどのようなムスリムへの対応が必要で，どのようなことを強化，推進しようとしていますか。正しいものを次のア〜エから一つ選び，記号で答えなさい。

ア　ムスリムとは二ヶ国語以上を話すことができる人々のことで，小学校低学年からの英語授業を推奨している。

イ　ムスリムとは無線を利用しタブレット端末などでどこでも情報が得られるシステムのことで，飲食店や公園などで自由に無線を使うことができる環境整備を推奨している。

ウ　ムスリムとはキリスト教徒のことで，洗礼について理解することや聖書を毎日読むことを推奨している。

エ　ムスリムとはイスラム教徒のことで，店で豚肉やアルコールの使用の有無などの情報開示を推奨している。

問15　下線部⑱について，この時代に遣隋使として中国にわたり，「日がのぼる国の天子，国書を日がしずむ国の天子に届けます」という書き出しの国書を中国の皇帝にわたした人物名を漢字で答えなさい。

問16　下線部⑲について, 摂関政治の最盛期をもたらした藤原道長の栄華をよんだ歌として正しいものを次のア〜エから一つ選び, 記号で答えなさい。

　ア　なれや知る　都は野辺の　夕ひばり　あがるを見ても　落つる涙は
　イ　世の中に　蚊ほどうるさき　ものはなし　ぶんぶというて　夜も寝られず
　ウ　この世をば　わが世とぞ思う　望月の　欠けたることも　なしと思えば
　エ　からころも　すそにとりつき　泣く子らを　おきてぞ来ぬや　母なしにして

問17　下線部⑳について, 院政をはじめておこなった人物名を漢字で答えなさい。

問18　下線部㉑について, 室町幕府の組織をあらわした図として正しいものを次のア〜ウから一つ選び, 記号で答えなさい。

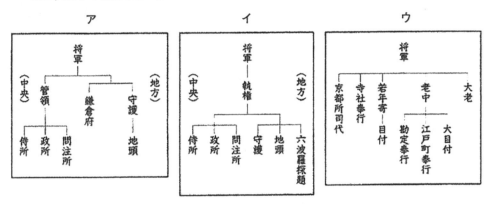

問19　下線部㉒について, 農林水産省が作成した『「和食」のガイドブック』によると, 和食の説明として正しいものを次のア〜エから一つ選び, 記号で答えなさい。

　ア　和食には, アワビやハマグリ, アサリ等の貝類がよく用いられるが, 食用に利用されたのは江戸時代中期以降である。
　イ　一汁三菜とは, 「ご飯」と「汁」と「香の物」に「お菜」が3品そえられるという献立のことである。
　ウ　和食には, 水の存在が重要である。日本では欧米などと異なり, 雨水等が地下で滞留（たいりゅう）する時間が長いためミネラル豊富な硬水となり, ご飯や豆腐にも良い影響を与えている。
　エ　一生食べることに苦労しないようにと満20歳の誕生日に尾頭付きの鯛を含んだ「お食い初め」を行う。

問20　下線部㉓について，米の日本国内での消費量は年々減少しています。そのため，日本政府の農業政策の一つとして1970年から米の作付面積の減少を行う生産調整を行ってきました。この政策を何といいますか。漢字二文字で答えなさい。

問21　下線部㉔について述べた文として正しいものを次の**ア〜エ**から一つ選び，記号で答えなさい。

　　ア　長州藩出身の坂本龍馬の尽力により，長州藩と薩摩藩が同盟を組んだ。
　　イ　西郷隆盛が勝海舟を説得したことで江戸城の無血開城が実現した。
　　ウ　五箇条の御誓文では引き続きキリスト教が禁止された。
　　エ　富国強兵，殖産興業をスローガンに近代化政策がおこなわれた。

問22　下線部㉕について，下の表は，日本の1960年度・1980年度・2011年度の1日の摂取カロリーに占める食品の割合の変化をまとめたものです。2011年度のものとして正しいものを次の**ア〜ウ**から一つ選び，記号で答えなさい。

	米	畜産物	油脂類	小麦	魚介類	その他	カロリー
ア	23.1%	16.2%	14.0%	13.5%	4.5%	28.7%	2436kcal
イ	30.1%	12.0%	12.5%	12.7%	5.2%	27.5%	2562kcal
ウ	48.3%	3.7%	4.6%	10.9%	3.8%	28.7%	2291kcal

出典：農林水産省「食料需給表」より

問23　下線部㉖について述べた文として**誤っているもの**を次の**ア〜エ**から一つ選び，記号で答えなさい。

　　ア　バスガールや電話交換手などで働く女性が増加した。
　　イ　ラジオ放送が全国に普及した。
　　ウ　夏目漱石が労働者の生活を小説に描いた。
　　エ　新聞や雑誌などの発行部数が急速にのびた。

問24 下線部㉗について，高度経済成長期（＝1950年代～1973年）のそれぞれの時代の世相を反映した次のa～dの漫画を年代の古い順に並べ替えたものとして正しいものを次のア～エから一つ選び，記号で答えなさい。

ア　a → c → b → d
イ　c → a → b → d
ウ　b → a → d → c
エ　b → a → c → d

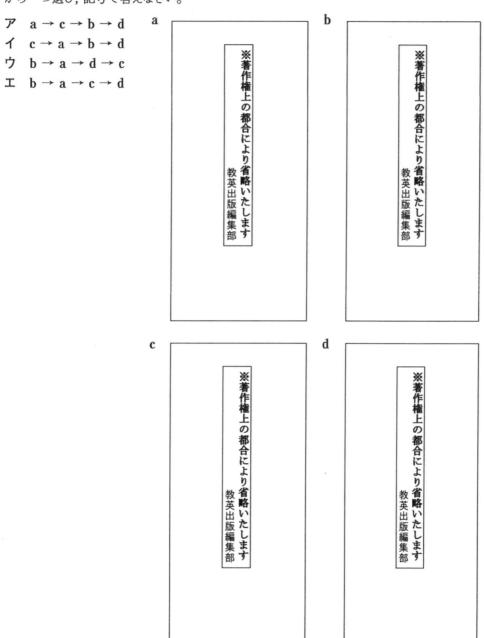

a ※著作権上の都合により省略いたします　教英出版編集部

b ※著作権上の都合により省略いたします　教英出版編集部

c ※著作権上の都合により省略いたします　教英出版編集部

d ※著作権上の都合により省略いたします　教英出版編集部

(朝日新聞be編集グループ 編『サザエさんをさがして』(2005年)，『サザエさんをさがして その2』(2006年)，『またまたサザエさんをさがして』(2007年)，『サザエさん パンダを見に行く』(2009年)，朝日新聞社より抜粋)

2015(H27) 名古屋中
Ⓚ教英出版

Ⅲ　次の文（けん君の夏休みのレポート）を読んで、あとの問いに答えなさい。

夏休みに学んだこと　　「地球の鎖」

　ぼくは夏休みに岐阜県へキャンプに行きました。岐阜県にはたくさんの山や川があり、都会ではあまり見たことがないこん虫がいたり、たくさんの種類の花も咲いていたりしました。一学期の授業では地球について学んだので、色々な生き物と地球のつながりについて学んだことをまとめてみたいと思います。

　①地球の表面は、約70％が水でおおわれています。この割合から、ぼくたちの住んでいる地球には、飲める水がたくさんあるように思えますが、水のうち約97％が海水です。海水は蒸発して、やがて陸地に雨として降りそそぎます。そして、雨として降った水は川になったり、土や植物に吸収されたりします。植物はでんぷんをつくって大きくなるとき、この水はぜったいに必要ですし、その他に光と空気中の（　A　）も必要です。また、植物は（　A　）を吸収し、（　B　）を空気中へ出しています。昔は、②宇宙からの有害な紫外線を防ぐ地球と宇宙のあいだの層はなかったようですが、だんだん（　B　）が増えて、層が厚くなったことで、地球の上にいる生き物も安全に暮らせるようになったようです。ただ、③しっかりと育つことができた植物も、動物に食べられたりすることがあります。その動物もまた他の動物に食べられたりします。植物や動物などのたくさんの生き物は網の目のようにつながっているということです。

　今回、夏休みに行ったキャンプ場では、こん虫の数が昔よりも減っていることを、地元の人から聞きました。こん虫の中でも特に④ミツバチが減っているそうです。ぼくの友達のたろう君は、「ハチが減ることで人が刺されたりしなくなるからいいことだね」と言っていましたが、ぼくはそうは思いませんでした。⑤ぼくのおじいちゃんは、最近はミツバチが減っていて、困っていると前に言っていたからです。そのときはまだ、ぼくはミツバチの数が減ることで起きる問題はわかりませんでしたが、今は本で調べたのでわかります。長野県に住む、ぼくのおじいちゃんは、ビニールハウスでイチゴやメロンを育てています。⑥おじいちゃんは植物を育てるためのミツバチについて、ぼくの生まれるずっと前から観察や研究をしていて、おじいちゃんからミツバチの賢さについて聞いたこともあります。それに、地球の人口はどんどん増えているとも聞いたことがあります。ぼくたちが大人になった時に、食べるものがなくならないかも心配です。なぜならば、地球は色々な生き物や環境が見えない鎖でつながっているからです。今ぼくは、ミツバチがいなくなることで、この鎖が切れてしまわないか心配です。

(1) 下線部①について，地球の水は海水と淡水を合わせて約14億km³（立方キロメートル）あると言われています。海水以外をすべて淡水としたとき，淡水は，約何km³ありますか。最も近いものを次の**ア〜エ**から1つ選び，記号で答えなさい。

    ア　約13.58億km³　　　　　　　**イ**　約9.8億km³
    ウ　約4.2億km³　　　　　　　　**エ**　約4200万km³

(2) けん君のレポート中にある（　A　）と（　B　）に入る気体の名前を，次の**ア〜オ**からそれぞれ1つずつ選び，記号で答えなさい。

    ア　水素　　　**イ**　ちっ素　　　**ウ**　酸素　　　**エ**　二酸化炭素　　　**オ**　アルゴン

(3) 下線部②の層を何といいますか。

(4) 下線部③について，このような「食べる食べられるの関係」を何といいますか。

(5) 下線部③について，次の図はある雑木林でみられる「食べる食べられるの関係」の例です。矢印（→）は食べられる方向を示しています。生物**ア〜カ**は，キジバト，ヒヨドリ，シジュウカラ，オオタカ，ガの幼虫，クモのいずれかです。この網の目では，クモはヒヨドリとシジュウカラのみに食べられ，ヒヨドリは樹木とガの幼虫とクモを食べ，オオタカにのみに食べられます。このとき，キジバトと考えられるものを，図の**ア〜カ**から1つ選び，記号で答えなさい。

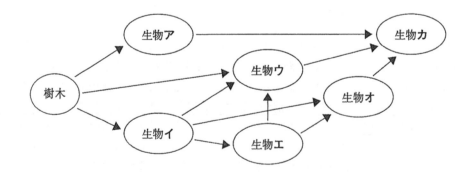

(6) 下線部④について, 次の図はたろう君がかいたミツバチのからだのつくりです。一般的な（いっぱんてき）ミツバチのからだのつくりの図として正しいものを, 次の**ア〜カ**から1つ選び, 記号で答えなさい。

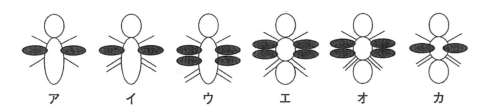

ア　イ　ウ　エ　オ　カ

(7) 下線部⑤について, けん君のおじいさんが困っている理由について, 最も適当なものを, 次の**ア〜エ**から1つ選び, 記号で答えなさい。

ア　植物の光合成（こうごうせい）が行われなくなるから。
イ　樹木から樹液（じゅえき）が出なくなるから。
ウ　植物の受粉（じゅふん）がされなくなり, 実（み）が育（そだ）たなくなるから。
エ　ビニールハウスの中の虫が増えるから。

(8) 下線部⑥について, 次の表は, おじいさんの研究したあるミツバチの巣（こ）の好みをまとめたものです。表より, このミツバチが好む巣の特ちょうとして最も適当なものを, 下の**ア〜エ**から1つ選び, 記号で答えなさい。

表：ミツバチの巣（こ）の好み

巣の特ちょう	好（す）き　＞　嫌（きら）い	はたらき
出入り口の大きさ	10 cm² ＞ 76 cm²	巣の防衛（ぼうえい）と温度調節（おんどちょうせつ）のため
出入り口の向き	南向き ＞ 北向き	温度調節のため
出入り口の地上からの高さ	3m ＞ 1m	巣の防衛のため
巣の大きさ	40ℓ ＞ 100ℓ	蜜（みつ）をためるスペースと温度調節のため

ア　巣の大きさは40ℓよりも100ℓを好む。
イ　出入り口の高さと向きは3mくらいで西向きを好む。
ウ　出入り口の大きさと巣の大きさはともに大きければ大きいものほど好む。
エ　出入り口の大きさは76 cm²よりも10 cm²くらいのものを好む。

(9)　たろう君は，けん君のレポートとけん君のおじいさんの困っている理由〔(7)〕やこれまでの研究〔(8)の表〕を知り，わかったことを簡単にまとめました。たろう君がわかったことの内容として最も適当なものを，次のア～エから1つ選び，記号で答えなさい。

　　ア　植物が減ると淡水の量が減って水不足になることがわかりました。
　　イ　植物が減ると二酸化炭素の量が多くなり，地球の平均気温が上がることがわかりました。
　　ウ　ミツバチは巣の出入り口の大きさは小さく，位置を低くすることで敵から巣を守っていることがわかりました。
　　エ　ミツバチが減ることで植物が減り，さらに人口が増えていくことで，将来，食料不足になるかもしれないことがわかりました。

Ⅳ　次の問いに答えなさい。

問1

（1）　火山が噴火する原因になる，液状の岩石成分が地球の奥深くにたまっているものを何と
いいますか。カタカナ3文字で答えなさい。

（2）　図1は2013年に火山が噴火し，その後も噴火が続き，陸地が大きく広がった島の写真
です。この島の名前を下の**ア～カ**から1つ選び，記号で答えなさい。

2014年7月撮影
国土地理院ウェブページより

図1

ア 桜島　　**イ** 大島　　**ウ** 沖ノ鳥島　　**エ** 新島(西之島)　　**オ** 父島　　**カ** 母島

（3）　図2は，陸から川によってけずられ
て運ばれたねん土・砂・れきが海の底
に積もるようすを示しています。図2
のA，B，Cに，ねん土・砂・れきをあ
てはめた組み合わせとして適切なも
のを下の**ア～カ**から1つ選び，記号で
答えなさい。

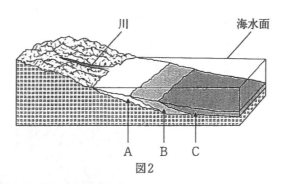

図2

	A	B	C
ア	ねん土	砂	れき
イ	ねん土	れき	砂
ウ	砂	ねん土	れき
エ	砂	れき	ねん土
オ	れき	ねん土	砂
カ	れき	砂	ねん土

問2

図3は, ある場所のがけのようすを表したものです。

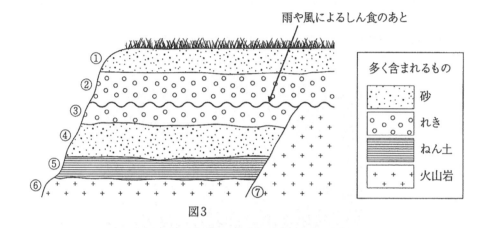

図3

(1) このようにねん土・砂・れき等が積み重なってしま模様になっているものを何といいますか。

(2) 地下水が出ていると考えられるのはどこですか。最も適切なものを次のア〜オから1つ選び, 記号で答えなさい。

ア ①と②の間　　イ ②と③の間　　ウ ③と④の間
エ ④と⑤の間　　オ ⑤と⑥の間

(3) 図4は⑤のねん土 (でい岩) の中から見つかった化石です。この生物の名前を答えなさい。

図4

(4)　図5はある岩石の写真です。詳しく調べると，ガラスのようにすきとおった結晶や，黒くて薄い結晶が含まれていました。この岩石の名前を答えなさい。

図5

(5)　このがけのしま模様はどのようにしてできましたか。次の（　）に起きた出来事を順序にしたがって下のア〜ケから選んで並べなさい。ただし，初めはア，最後はオとし，同じ記号を何度選んでも良いものとします。

ア → （　）→ （　）→ （　）→ （　）→ （　）→ （　）→ オ

ア　海底で⑤のねん土が積もった。
イ　地上で⑦の溶岩が入り込んで固まった。
ウ　地上で雨や風によるしん食を受けた。
エ　大地の動きによって海に沈んだ。
オ　大地の動きによって地上に現れた。
カ　大地の動きによって海が徐々に浅くなるなかで，④・③の順に積もった。
キ　大地の動きによって海が徐々に深くなるなかで，④・③の順に積もった。
ク　大地の動きによって海が徐々に浅くなるなかで，②・①の順に積もった。
ケ　大地の動きによって海が徐々に深くなるなかで，②・①の順に積もった。

2015(H27) 名古屋中
K 教英出版

Ⅳ 次の4つの文章は，わり算の意味を考えると，2つずつの組み合わせにわけられます。

(あ) 12個のおはじきを3人でわける。

(い) 14mの色テープを3mずつに切りわける。

(う) 1.5トンの雪を5かしょに同じ量を振りわける。

(え) 7dLの食塩水を$\frac{3}{4}$dLずつとりわける。

このとき，次の問いに答えなさい。

(1) (え)と同じ組み合わせになるものはどれか，(あ)～(う)の中から選びなさい。

(2) (う)は，1.5÷5ですが，

$$1.5 \div 5 = (1.5 \times \boxed{\text{イ}}) \div (5 \times \boxed{\text{イ}})$$

とすると，整数どうしのわり算にかえることができます。 $\boxed{\text{イ}}$ にあてはまる整数のうち，小さいものからかぞえて5番目の整数はいくつですか。

(3) (え)は，「わる数の逆数をかける」方法を使わなくても，(2)と同じように計算できます。

$$7 \div \frac{3}{4} = \boxed{\text{ロ}}$$
$$= \boxed{\text{ハ}} \div 3$$

$\boxed{\text{ロ}}$ にあてはまる式と，$\boxed{\text{ハ}}$ にあてはまる数をかきなさい。

Ⅴ　　この算数のテストは円周率を3.14としています。もし，円周率を3.1と考えて計算すると，円周の長さがちがう値になります。このような，実際の長さとの<u>ちがい</u>のことを「誤差」といいます。

（1）いま，地球の直径を12700kmとします。地球を球と考えて，赤道の長さを円周率3.1で計算したときの誤差は何kmですか。

（2）円周率3.14というのは，くわしい円周率の小数第3位を四捨五入したものです。だから，直径1cmの円の円周の長さは<u>およそ3.14cm</u>です。

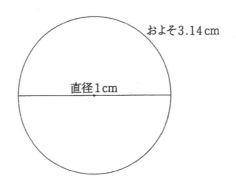

直径2cmの円について，円周率3.14で計算したときの円周の長さは誤差があるといえます。くわしい円周率を使って計算した円周の長さは，何cm以上，何cm未満と考えられますか。

Ⅵ 　信号のない道路のある一定の道のりを車で, だいたい同じ速さになるようにこころがけて走ったときの, 速さと時間を何回か記録します。気候や周りの車の影響があるので, 必ず同じ状況とはいえません。

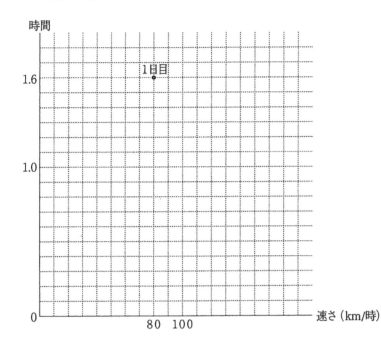

1日目は, 時速80kmぐらいをこころがけて走ったら, 1.6時間かかりました。上のグラフの点は, 1日目の記録をかきこんだものです。

（１）　もし, 1日目に時速40kmで走ったとしたら, 何時間かかっていたと考えられますか。

（２）　1日目の記録をもとにして, 速さと時間の関係をあらわすグラフをかきなさい。

そのほかの日にも記録をとりました。
2日目　　　時速100km　　　1.5時間
3日目　　　時速120km　　　1.4時間
4日目　　　時速100km　　　1.45時間

（３）　4日間の記録から, 「ある一定の道のり」が何km以上, 何km以下と予想できますか。

2015(H27) 名古屋中

Ⓚ 教英出版

K 教英出版

２０１４年度

入 学 試 験 問 題

算　数

（50分）

── 注 意 事 項 ──

◎ 「始め」の合図があるまで中を見てはいけません。

◎ 解答用紙は別になっています。

◎ 答えは解答用紙のきめられた「らん」に書きなさい。

◎ 円周率は3.14とします。

算　　数

Ⅰ　　次の□にあてはまる数を求めなさい。

（1）　$18 \div 2 \times 3 - \{24 - 4 \times (7 - 3) \div 2\} \div 8 = $ □

（2）　$\left(\dfrac{3}{5} - \boxed{} \right) \div \dfrac{5}{4} = \dfrac{2}{15}$

Ⅱ　　次の各問いに答えなさい。

（1）　赤と白のテープがあり，赤いテープの長さは２１０cmです。また，赤いテープの長さは白いテープの長さのa倍です。白いテープの長さをcmで表す式を書きなさい。

（2）　図のアの角度を求めなさい。
　　　ただし，辺ＡＢとBDは同じ長さで，
　　　辺ＢＥとCDは同じ長さです。

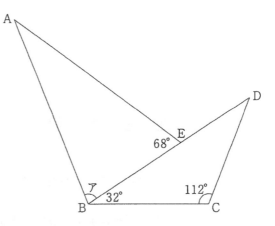

（3）　2％の食塩水５００ｇから，何ｇの水を蒸発させたら5％の食塩水になりますか。

（4）　四捨五入して一万の位までのがい数にしたら20000になる整数のうち，もっとも小さいものともっとも大きいものを答えなさい。

（5） まさし君は850円, じゅん君は550円持っていましたが, きょう同じ金額ずつ使ったので, 持っている残りのお金の比が5：3になりました。二人はいくらずつ使ったのか答えなさい。

（6） 立方体を1つの平面で切って, 2つの立体にわけたときの切り口の形として出てくるものを, 次の中からすべて選びなさい。

　① 正三角形　　　② 正方形　　　③ 五角形　　　④ 正六角形　　　⑤ 円

Ⅲ　　　1辺が1cmの立方体を, 図のように増やして立体を作る操作をくり返します。次の問いに答えなさい。

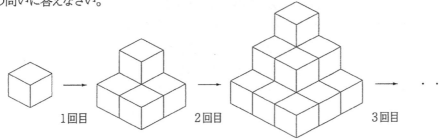

　　　　　　　　1回目　　　　　　2回目　　　　　　3回目

（1） この操作を6回くり返したとき, 立方体は何個になっていますか。

（2） この操作を6回くり返したときの, 立体の表面積を求めなさい。

Ⅳ あきひろ君は, 平行四辺形の面積の求め方を考えていました。図の方眼の1マスは1cmです。

あきひろ君の考え

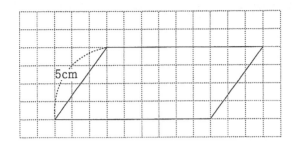

「長方形と同じように考えると, 9×5＝45だから, 45cm²だな。」

これを聞いたゆうじ君は,「平行四辺形の面積はこうすると求められるから, 9×5じゃなくて9×4だよ。」と言いました。

ゆうじ君の考え

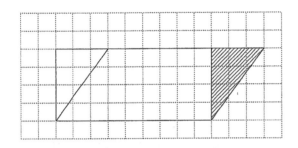

（1） ゆうじ君はどのような求め方を利用していますか。
次の①から④までの中からあてはまる番号を1つ選びなさい。

① もとの図形を2つの三角形に分けて求めました。
② 面積がもとの図形の2倍の長方形をもとにして求めました。
③ 面積がもとの図形と等しい長方形をもとにして求めました。
④ 面積がもとの図形の2倍の平行四辺形をもとにして求めました。

（2） あきひろ君の考え方はどうしてまちがっていますか。下の中からあてはまる番号を<u>すべて</u>選びなさい。

① 長方形は平行四辺形とはいえないから。
② この平行四辺形は長方形ではないから。
③ 平行四辺形の面積は「底辺の長さ×高さ÷2」で求めるから。
④ 図形の面積は, 1辺が1cmの正方形の面積をもとに考えているから。
⑤ 角が直角でないので,「9×5×角度」にしなければいけないから。

（3）　あきひろ君は，(1)の①〜④の求め方のどれか1つを使うと，下の図の台形の面積も求められることに気づきました。①〜④の求め方のどれを使えばいいですか。求め方の式も答えなさい。（答えは2つありますが，1つかけばよろしい）

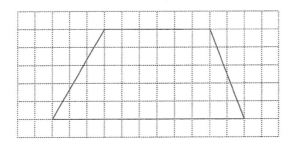

（4）　ゆうじ君も負けずに，ひし形は(1)の②の求め方を使えば，2本の対角線の長さをかけて2で割ると求められることに気づきました。その後二人は，他の四角形の面積の求め方についても考えました。すると，下の図において，外側の四角形はある特ちょうがあるときだけ，それぞれの辺のまん中をむすんでできる内側の四角形がひし形になり，そのひし形の面積を2倍すれば求められることに気づきました。そのときの外側の四角形の特ちょうは何ですか。

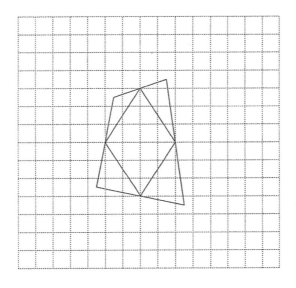

V 　ある水そうと，じゃ口A，B，Cがあり，じゃ口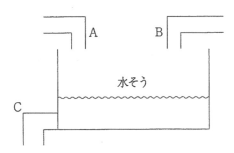
Aからは水が毎分1リットル，じゃ口Bからは水
が毎分3リットル出ます。
また，じゃ口Cは水そうから毎分5リットルの水
を外に出します。
このとき，次の問いに答えなさい。

（1）はじめ，水そうには10リットルの水が入っていたとします。このとき，じゃ口A，B，Cを
　　同時に開けました。6分後の水そうの中の水の量は何リットルですか。

（2）右のページのグラフは，はじめに水そうに20リットルの水が入っている状態で，じゃ口A，
　　B，Cを開けたり閉めたりしたときの水そうの中の水の量を表しています。また，区間 (あ) は
　　0分から3分の間（0分と3分はふくみません）を，区間 (い) は4分から6分の間（4分と6
　　分はふくみません）を，区間 (う) は6分から9分の間（6分と9分はふくみません）をそれぞ
　　れ表します。このとき，各区間 (あ)，(い)，(う) で開いているじゃ口はそれぞれどれですか。開
　　いているじゃ口はすべて書きなさい。

次に，じゃ口から出る水の量を変えられるようにしました。

（3）下のグラフ①は，はじめに水そうが空の状態でじゃ口Aだけを10分間開けたときの水
　　そうの中の水の量を，グラフ②は，はじめに水そうに50リットルの水が入っている状態で
　　じゃ口Cだけを10分間開けたときの水そうの中の水の量を表しています。
　　点Xは，2つのグラフが交わっている点を表します。この点Xがグラフ上でもっと右にくるよ
　　うにするには，じゃ口Aから出る水の量を増やすか減らすかどちらになりますか。また，じゃ
　　口Cから出る水の量では増やすか減らすかどちらになりますか。

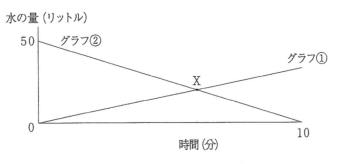

２０１４年度

入 学 試 験 問 題

理　　　科

（30分）

注 意 事 項

◎「始め」の合図があるまで中を見てはいけません。

◎解答用紙は別になっています。

◎答えは解答用紙のきめられた「らん」に書きなさい。

理　　科

Ⅰ　　うすい水酸化ナトリウム水よう液を用いて２つの実験を行いました。次の問いに答えなさい。
ただし，気体の体積はすべて２０℃のときの体積とします。

【実験1】　うすい水酸化ナトリウム水よう液（A液）３０cm³に，塩酸（B液）２０cm³を加えた
ところ完全に中和しました。

(1)　A液４５cm³を完全に中和するのに必要なB液は何cm³ですか。

(2)　A液を2倍にうすめたうすい水酸化ナトリウム水よう液４５cm³を完全に中和するのに必
要なB液は何cm³ですか。

【実験2】　アルミニウムの粉末５gにうすい水酸化ナトリウム水よう液をじゅうぶんに加えて，
水素を発生させる実験をしました。この実験で発生した水素の体積は６Lで，重さは
０.５gありました。

(3)　水素の性質や特ちょうとして，正しいものを次の**ア〜キ**から**すべて**選び，記号で答えなさい。

　　　ア　ぬれた青色のリトマス紙を赤色に変える。
　　　イ　ぬれた赤色のリトマス紙を青色に変える。
　　　ウ　空気より軽い。
　　　エ　空気より重い。
　　　オ　水素を集めた試験管の口を上にして火をつけると，音を出して燃える。
　　　カ　空気中に体積の割合で，1％ふくまれている。
　　　キ　鼻をさすような強いにおいがする。

(4)　アルミニウムの粉末１３.５gに，うすい水酸化ナトリウム水よう液をじゅうぶんに加えると
何Lの水素が発生しますか。小数第1位まで答えなさい。

(5)　(4)でつくられた水素を完全に燃やすには，何Lの空気を必要としますか。小数第1位
まで答えなさい。ただし，水素を完全に燃やすために必要な酸素の体積は，水素の体積の
半分です。また，空気中には，酸素が体積の割合で２０％ふくまれているものとします。

（6）　アルミニウムと鉄の粉末をよくまぜて，全体の重さを80gにしたもの（物質C）をつくりました。これにうすい水酸化ナトリウム水よう液をじゅうぶんに加えたところ，水素が5.3g発生しました。この物質Cの中には，重さの割合で何％の鉄の粉末がふくまれていましたか。小数第1位を四捨五入して整数で答えなさい。

Ⅱ 次の問いに答えなさい。

問1 かん電池, 同じ豆電球4個, スイッチ3個を用いて, 下図のような回路を作り, 1〜4の豆電球の明るさを調べました。

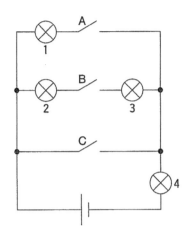

(1) かん電池を最も長持ちさせるには, どのスイッチを入れればよいですか。A〜Cから1つ選び, 記号で答えなさい。

(2) Cのスイッチを切ったまま, AとBのスイッチを入れたとき, 最も暗い豆電球はどれですか。1〜4から2つ選び, 番号で答えなさい。

(3) Bのスイッチを切ったまま, AとCのスイッチを入れたとき, 最も明るい豆電球はどれですか。1〜4から1つ選び, 番号で答えなさい。

(4) 最初, AとCのスイッチは切り, Bのスイッチのみを入れました。次にCのスイッチも入れると, 3と4の豆電球の明るさは, それぞれどうなりますか。正しいものを次のア〜カから1つ選び, 記号で答えなさい。

　　ア　3も4も明るくなる
　　イ　3は明るくなり, 4は変わらない
　　ウ　3も4も消える
　　エ　3は消え, 4は明るくなる
　　オ　3は明るくなり, 4は消える
　　カ　3は消えて, 4は変わらない

問2　長さがともに２０cmのばねA，Bがあります。下のグラフはA，Bにそれぞれいろいろ
な重さのおもりをつるして，そのときのばねののびを調べたものです。ばねの重さは考え
ないものとして，次の問いに答えなさい。

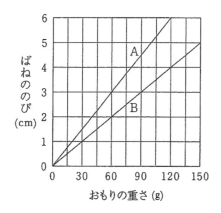

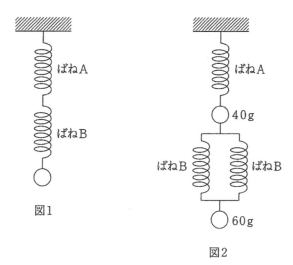

図1

図2

(1)　ばねAを半分に切ったばねに６０ｇのおもりをつるしました。このばねののびは何cmで
すか。

(2)　図1のようにばねA，Bをつないでおもりをつるすと，ばね全体の長さが５０cmになりま
した。つるしたおもりの重さは何gですか。

(3)　図2のように1本のばねAと2本のばねBを使って，４０ｇと６０ｇのおもりをつるしまし
た。ばねA，Bののびはそれぞれ何cmですか。

Ⅲ　次の問いに答えなさい。

問1　図1のように，ヒイラギの葉をつかって，葉にみられるすじだけを残した標本をつくりました。

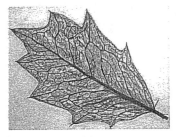

図1

(1)　葉にみられるすじを何といいますか。漢字で答えなさい。

(2)　ヒイラギの葉と同じわかれかたをしたすじをもつ植物を，次のア〜オから2つ選び，記号で答えなさい。

　　ア　アサガオ　　　イ　ユリ　　　ウ　トウモロコシ　　　エ　イネ　　　オ　ツツジ

(3)　ヒイラギと同じように1年中緑色の葉をつけている植物を，次のア〜オから2つ選び，記号で答えなさい。

　　ア　ケヤキ　　　イ　サクラ　　　ウ　アカマツ　　　エ　ツバキ　　　オ　イチョウ

問2　次の問いに答えなさい。

(1)　図2のけんび鏡を使って，メダカのおびれを観察しようとしましたが，暗くてよく見えませんでした。けんび鏡のどこを調節したら明るく見えるようになりますか。図2のア〜オから1つ選び，記号とその部分の名前を答えなさい。ただし，レンズは最も低い倍りつに調節してあります。

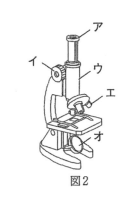

図2

(2)　図3はメダカのおびれの骨や血管の中を流れる血液のようすを表しています。①の向きに流れる血液は心臓からおびれの先端に向かって流れています。②の向きに流れる血液はおびれの先端から心臓に向かって流れています。①の向きよりも②の向きに流れる血液中に多くふくまれている物質の組み合わせとして正しいものを，次のア〜エから1つ選び，記号で答えなさい。

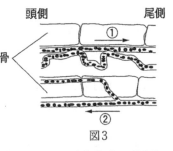

図3

　　ア　酸素，栄養　　　イ　酸素，不要物　　　ウ　二酸化炭素，栄養　　　エ　二酸化炭素，不要物

２０１４年度

入 学 試 験 問 題

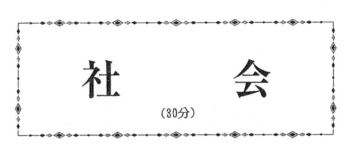

注 意 事 項

◎「始め」の合図があるまで中を見てはいけません。

◎ 解答用紙は別になっています。

◎ 答えは解答用紙のきめられた「らん」に書きなさい。

◎ 教科書中に漢字で書かれている語句は，全て漢字で
　答えなさい。

社　　会

I　　次の文章は２０１３年のできごとについての会話文です。これについてあとの問いに答えなさい。

ともみ：夏休みに①伊勢神宮に行ってきたよ。２０年ぶりの式年遷宮の年だからとても混み合っていたよ。

おさむ：式年遷宮って何？

ともみ：おさむ，知らないの？すごく話題になっていたよ。遷宮っていうのは，神社の正殿を修理したり，新たに建てたりしたときに神さまを移すことだよ。式年っていうのは定められた年っていうこと。

まりこ：特に２０１３年は，②出雲大社でも，６０年ぶりに「平成の大遷宮」が行われたんだよね。③伊勢神宮と出雲大社との遷宮が重なったとても珍しい年だったんだって。

おさむ：そうなんだ，知らなかった。勉強になったなぁ。ぼくは夏休みには，④世界遺産に登録された富士山にのぼったよ。とても大変だったけど，山頂までたどり着いたときは今まで味わったことのない感動がこみあげてきたなぁ。

たかし：富士山は長年世界遺産登録をめざしていたけど，やっとの思いで登録にこぎつけたんだよね。地元の人たちの喜んでいる姿を見て，ぼくもとてもうれしくなった。

まりこ：うれしいニュースといえば，２０２０年の⑤オリンピック開催地に東京が選ばれたね！日本のアピールが伝わって本当に良かった。

おさむ：イスタンブールと⑥マドリードをおさえて，見事東京が勝ち取ったね。

ともみ：トルコは親日の国として知られているね。イスタンブールには日本の東郷平八郎の名前を冠した「トーゴー通り」というのがあるらしいけど，本当かしら・・・。

たかし：東郷平八郎といえば，⑦日露戦争の日本海海戦でロシアのバルチック艦隊を破った司令長官だよね。今年，２０１４年は日露戦争の開始から１１０周年。第一次世界大戦の開始からちょうど１００周年にあたる年だね。

まりこ：戦争といえば，内戦の続くシリアにアメリカが軍事介入を検討したことも記憶に新しいわ。１０年ほど前にも⑧イラク戦争があったわね。第一次世界大戦から１００年がたった今も戦争がなくなっていないのは残念……。

おさむ：戦争といえばもう一つ，⑨憲法第９条に関連する議論も活発になされていたね。７月の参議院議員選挙で自民党が圧勝したことをきっかけに盛り上がったよね。

問1　下線部①について，伊勢神宮のある都道府県の歴史に関する文として正しいものを次の
　　ア～エから1つ選び，記号で答えなさい。

　ア　足利義政の後継ぎ争いから，応仁の乱がおこった。
　イ　国学を大成した本居宣長の出身地がある。
　ウ　織田信長と戦った今川義元の本拠地であった。
　エ　身分差別への反発から，渋染一揆がおこった。

問2　下線部②について，出雲大社のある都道府県名を漢字で答えなさい。また，この都道府県
　　では，安土桃山時代に阿国が出てかぶき踊りを大成した。安土桃山時代の文化と関係する
　　ものを次のア～エから1つ選び，記号で答えなさい。

ア

イ

ウ

エ

－2－

問3　下線部③について，下の表は伊勢神宮（内宮）の式年遷宮が行われた西暦と回数をまとめたものです。この表を見ると，伊勢神宮（内宮）の式年遷宮はほぼ２０年に１度おこなわれていることがわかります。ところが，４０回目と４１回目の間は１２０年以上もあいています。その理由として考えられることを１０字以内で答えなさい。

14世紀		15世紀		16世紀		17世紀		18世紀		19世紀		20世紀	
西暦	回数	西暦	回数	西暦	回数	西暦	回数	西暦	回数	西暦	回数	西暦	回数
1304	33回	1411	38回	1585	41回	1609	42回	1709	47回	1809	52回	1909	57回
1323	34回	1431	39回			1629	43回	1729	48回	1829	53回	1929	58回
1343	35回	1462	40回			1649	44回	1749	49回	1849	54回	1953	59回
1364	36回					1669	45回	1769	50回	1869	55回	1973	60回
1391	37回					1689	46回	1789	51回	1889	56回	1993	61回

伊勢神宮式年遷宮広報本部　公式ウェブサイト (http://www.sengu.info/index.html/) を参照

問4　下線部④について，次の日本にある世界遺産とそれに関連する人物（一族）の組合せとして**誤っているもの**を次のア～エから1つ選び，記号で答えなさい。

　　ア　法隆寺 - 聖徳太子　　　　　イ　中尊寺金色堂 - 奥州藤原氏
　　ウ　比叡山延暦寺 - 空海　　　　エ　厳島神社 - 平清盛

問5　下線部⑤について，かつて東京オリンピックが開催された１９６０年代の日本の様子について述べた文として**誤っているもの**を次のア～エから1つ選び，記号で答えなさい。

　　ア　日本で最初の万国博覧会が札幌市で開催された。
　　イ　各家庭には，テレビや洗濯機などの電気製品が普及した。
　　ウ　東海道新幹線や名神高速道路が開通した。
　　エ　資本主義国の中でGNPが世界第２位の国へと発展していった。

問6　下線部⑥について，マドリードのある国について述べた文として**正しいもの**を次のア～エから1つ選び，記号で答えなさい。

　　ア　この国の人をのせた船が種子島に漂着し，日本に鉄砲が伝わった。
　　イ　この国の宣教師が日本にキリスト教を伝えた。
　　ウ　この国は鎖国中の江戸時代にも長崎で通商を許された。
　　エ　この国の憲法は，大日本帝国憲法を作成する際に参考にされた。

問7　下線部⑦について，日露戦争後の日本の領土をあらわした地図を次のア〜ウから1つ選び，記号で答えなさい。なお，黒く着色された所が日本の領土をあらわしている。

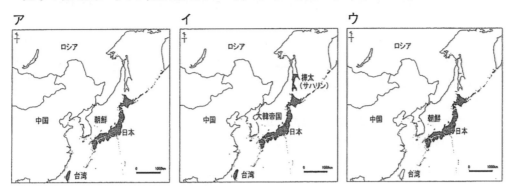

問8　下線部⑧について，イラク戦争について述べた次の文章AとBの正誤の組合せとして正しいものを，あとのア〜エから1つ選び，記号で答えなさい。

A　この戦争はイラクがクウェートを侵攻したことを非難し，アメリカとイギリスが中心となって武力介入して始まった。

B　この戦争に対し，日本はイラク復興支援特別措置法を制定し，自衛隊をイラクに派遣した。

ア　A - 正　B - 正　　　　　イ　A - 正　B - 誤
ウ　A - 誤　B - 正　　　　　エ　A - 誤　B - 誤

問9　下線部⑨について，憲法はあらゆるきまりの中で最上位に位置づけられる。日本の歴史上つくられてきたさまざまなきまりのうち，徳川秀忠が将軍の時に，全国の大名をとりしまるために定められたきまりの名前を漢字で答えなさい。

Ⅱ　次の文章を読んで，あとの問いに答えなさい。

　　政治に参加する権利である参政権は，日本国憲法の三つの原則の一つである①国民主権にもとづく。

　　この参政権の中で特に重要なのが選挙権である。日本では，②現在，２０歳以上のすべての男女に選挙権が認められており，国民は③【A衆議院議員，B参議院議員，C都道府県知事，D市町村長，E地方議会議員】を選ぶことができる。また，これらに立候補できる④被選挙権もある。

　　参政権には，選挙権・被選挙権のほかにも，（　⑤　）のときに行う国民投票や最高裁判所の⑥裁判官の国民審査などの重要な権利がある。

問1　下線部①の原則により，天皇は日本国の象徴として，日本国憲法で定められた仕事を，内閣の助言と承認にもとづいて行っています。

　（1）　この天皇の仕事を何といいますか。漢字４文字で答えなさい。

　（2）　天皇の仕事として誤っているものを次のア～エから1つ選び，記号で答えなさい。

　　　　ア　法律を公布する　　　　　　イ　国会を召集する
　　　　ウ　衆議院を解散する　　　　　エ　外国と結んだ条約を承認する

問2　下線部②について，明治時代に日本で初めて選挙によって衆議院議員が選ばれるようになった時に選挙権を持つ人はどのような条件であったか，答えなさい。

問3　下線部③のA～Eの中で任期が６年となっているものをすべて選び，記号で答えなさい。

問4　下線部④の被選挙権が３０歳以上となっているものを，下線部③のA～Eからすべて選び，記号で答えなさい。

問5　文章中の空らん（　⑤　）に入る語句を漢字で答えなさい。

V	(1)	リットル		
	(2)	区間 (あ)	区間 (い)	区間 (う)
	(3)	じゃ口A	じゃ口C	

VI	(1)	②	③	④	⑤	⑥
	(2)					

※印のらんには何も書き入れないこと。

受験番号		氏 名	

※得点 ※100点満点（配点非公表）

				匹

<table>
<tr><td rowspan="8">IV</td><td colspan="5" align="center">問1</td></tr>
<tr><td colspan="2" align="center">（1）</td><td colspan="2" align="center">（2）</td><td align="center">（3）</td></tr>
<tr><td>A</td><td>D</td><td>a</td><td>b</td><td></td></tr>
<tr><td colspan="5" align="center">問2</td></tr>
<tr><td align="center">（1）</td><td align="center">（2）</td><td align="center">（3）</td><td align="center">（4）</td><td align="center">（5）</td></tr>
<tr><td></td><td></td><td></td><td></td><td></td></tr>
<tr><td colspan="5" align="center">問3</td></tr>
<tr><td colspan="2" align="center">（1）</td><td colspan="3" align="center">（2）</td></tr>
</table>

※

※印のらんには何も書き入れないこと。

受験番号		氏名	

※
得
点

※50点満点
（配点非公表）

IV	問3	(1)				台風			
		(2)	A		B		C		
			都道府県名	記号	都道府県名	記号	都道府県名	記号	

※

V	問1	
	問2	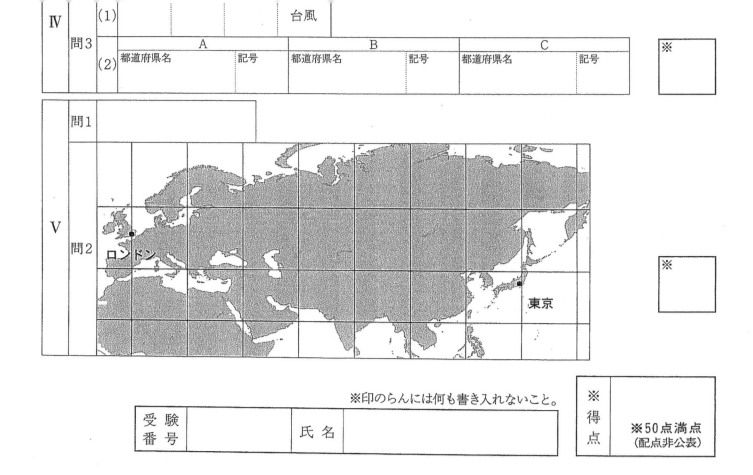

※

※印のらんには何も書き入れないこと。

受験番号		氏名	

※得点

※50点満点
（配点非公表）

社 会 解 答 用 紙

（2014中社会）

I

問1		問2	都道府県名		記号	

問3

| 問4 | | 問5 | | 問6 | | 問7 | | 問8 | |

問9

※

II

問1 (1) (2)

問2

| 問3 | | 問4 | | 問5 | | 問6 | |

問7 | A | | B | |

※

III

| 問1 | | 問2 | | 問3 | |

| 問4 | | 問5 | |

※

【解答用

理 科 解 答 用 紙

I

（1）	（2）	（3）
cm³	cm³	

（4）	（5）	（6）
L	L	%

※

II

問1

（1）	（2）	（3）	（4）

問2

（1）	（2）	（3）	
cm	g	A： cm	B： cm

※

問1			問2
（1）	（2）	（3）	（1）
			記号　　名前

算 数 解 答 用 紙

I	(1)		(2)	

※

II	(1)		(2)	度	(3)	g
	(4)	もっとも小さいもの	もっとも大きいもの			
	(5)	円	(6)			

※

III	(1)	個	(2)	cm²

※

IV	(1)		(2)	
	(3)	求め方の番号	式	
	(4)	特ちょう		

問6　下線部⑥について，国民が裁判員として裁判に参加する制度として裁判員制度があります。これについての説明として，**誤っているもの**を次のア〜エから1つ選び，記号で答えなさい。

　　ア　裁判員は，選挙権をもつ人で，裁判員を希望する人の中からくじで選ばれる。
　　イ　裁判員は，重大な刑事事件の裁判に裁判官とともに加わる。
　　ウ　裁判員は，うったえられた人が有罪か無罪か，有罪の場合はどのくらいの刑にするかを判断する。
　　エ　裁判員制度は，国民が主権者として裁判への関心をもつとともに，国民の感覚や視点を裁判にいかすことを目的にしている。

問7　２０１３年7月に行われた参議院議員選挙の翌日，次のような内容の報道がありました。記事中の（　Ａ　）に入る数字をあとのア〜エから記号で選び，（　Ｂ　）に入る語句をカタカナ7文字で答えなさい。

> 総務省は２２日午前，第２３回参院選の投票率（選挙区）を発表した。全国平均は（　Ａ　）％で，〜中略〜　過去3番目の低さだった。今回から（　Ｂ　）を使った選挙運動が解禁されたが，投票率の向上には結び付かなかった。

出典：時事ドットコム　【図解・政治】参院選／投票率の推移・総務省発表（２０１３年7月）　7月２２日掲載記事より

　ア　35.56　　　　　イ　43.87　　　　ウ　52.61　　　　エ　68.73

Ⅲ　次の文章を読んで，あとの問いに答えなさい。

　　国際連合（国連）は，世界の平和と安全を守り，人々のくらしをよりよいものにするために，
１９４５年に①（　Ａ　）か国が参加して生まれた。本部は（　②　）におかれ，現在では，
世界の２００近くの国のうち，①（　Ｂ　）か国が加盟している。（２０１３年）
　　国連には，ユネスコや③ユニセフなど，目的に応じたたくさんの機関がある。また，全体に
かかわることは，すべての加盟国が参加する（　④　）で決められる。

問１　下線部①の（　Ａ　）と（　Ｂ　）に入る数字の組み合わせとして正しいものを，次のア
　　〜エから１つ選び，記号で答えなさい。

　　　ア　Ａ　４２　　　　　Ｂ　１７１
　　　イ　Ａ　３６　　　　　Ｂ　１５９
　　　ウ　Ａ　２５　　　　　Ｂ　１８２
　　　エ　Ａ　５１　　　　　Ｂ　１９３

問２　文章中の空らん（　②　）に入る都市名を答えなさい。

問３　下線部③についての説明として，**誤っているもの**を，次のア〜エから１つ選び，記号で答えな
　　さい。

　　　ア　ユニセフは，戦争や食料不足により厳しいくらしをしている地域の子どもたちを助ける
　　　　ことを目的としている。
　　　イ　ユニセフは，国連教育科学文化機関という。
　　　ウ　日本は第二次世界大戦後すぐのころ，ユニセフから給食の支援を受けた。
　　　エ　ユニセフの活動は，民間の寄付金に支えられている。

問４　文章中の空らん（　④　）に入る語句を漢字で答えなさい。

問5 次の資料は各国の国連分担金の割合を示したものです。この中で日本にあてはまるものを, ア～オから1つ選び, 記号で答えなさい。

【国連分担金の多い国】

順位	国名	分担率 (%)
1	ア	22.000
2	イ	10.833
3	ドイツ	7.141
4	ウ	5.593
5	英国	5.179
6	エ	5.148
7	イタリア	4.448
8	オ	2.984
9	スペイン	2.973
10	ブラジル	2.934

出典：外務省 「2011-13年 国連通常予算分担率・分担金」(2013年)
http://www.mofa.go.jp/mofaj/gaiko/jp_un/yosan.html より一部抜粋

Ⅳ　次の文章を読んで，あとの問いに答えなさい。

　　この100年間において，日本の平均気温は大きく上昇し，世界の平均気温もほぼ同じ傾向
を示している。その主な原因としては，二酸化炭素などの（　①　）ガスの増加による人為的
な影響が指摘されており，特に1980年代半ば以降の気温上昇に大きな影響を与えている
可能性が高い。大気中の（　①　）ガスがこのまま増え続けると，2100年には世界平均で，
1.4～5.8℃上昇し，特に北半球の赤道付近の大陸で気温の上昇が大きくなると予想されて
いる。②海面水位は2100年には世界平均で9～88cm上昇すると考えられており，高潮被
害を受ける地域の人口は4,600万人から9,200万人に倍増すると考えられている。また，集
中豪雨が発生しやすくなる半面，渇水も頻発することが予想されている。こうした気象の変化
で③台風の最大風速や最大降水量が増える可能性も高く，災害の危険性が一層増すことが
懸念されている。

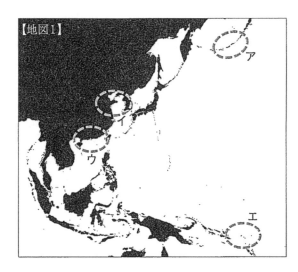
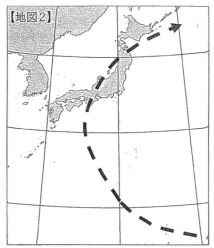

問1　文章中の空らん（　①　）に入る語句を漢字4文字で答えなさい。

問2　下線部②について，海面水位が上昇して水没などの危険にさらされていると考えられる
　　　地域としてもっとも適切なものを，上の【地図1】中の記号ア～エから1つ選び，記号で答え
　　　なさい。

問3　下線部③について, 次の問いに答えなさい。

（1）　左の【地図2】は1959年に甚大な被害をもたらした台風の経路図である。この台風
　　　の名称を解答らんに合うように漢字3文字で答えなさい。

（2）　下の図（A）〜（C）は日本のある都道府県を示している。都道府県名をそれぞれ漢
　　　字で答えなさい。また, 各都道府県の説明として正しいものを, あとのア〜オから1つずつ
　　　選び, それぞれ記号で答えなさい。なお, 各図の方向・縮尺などはそろえていない。

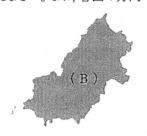

ア　1991年の台風19号は, この県の名産品リンゴの収穫に深刻な被害を与えた。
イ　1998年の台風7号によって, 県内の室生寺の五重塔が被害を受けた。
ウ　2004年の台風18号が, この地域を襲い, 世界遺産の厳島神社も深刻な被害を受け
　　た。
エ　2011年の台風12号によって, 世界遺産の那智大社は土砂被害を被った。
オ　2013年の台風18号による桂川の増水で, 渡月橋などに浸水被害が出た。

V 　【地図3】は航空図に用いられるもので，東京からの方位と距離を正しく直線で表示することができる地図である。この地図を見て，あとの問いに答えなさい。

問1　東京からみたロンドンの方位を8方位で答えなさい。

問2　東京からロンドンまで飛行機で行くとする。その際の最短距離を解答用紙の地図中に書き込みなさい。なお，解答用紙の地図は主に航海図として用いられるもので，面積や距離が正しく表示されない部分がある。【地図3】と解答用紙の地図にある緯線と経線は，同一間隔で表されている。

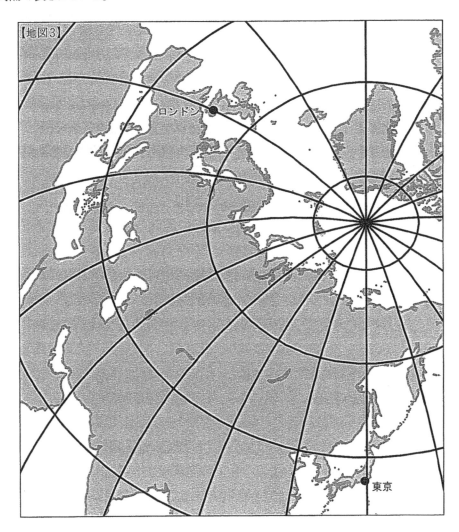

【地図3】

ロンドン

東京

(3)　卵と精子がむすびつく現象を何といいますか。漢字で書きなさい。

(4)　メダカは，流れのある川で，周りの景色を目で見てその場
にとどまり続けることができます。メダカを水を入れた丸型
すいそうの中に入れ，図4のように，たてじま模様をえがい
た紙を丸型すいそうのまわりで反時計まわりに回しました。
メダカはどんな反応をすると考えられますか。次のア～エか
ら1つ選び，記号で答えなさい。

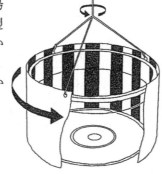

図4

　ア　時計まわりに泳ぐ
　イ　反時計まわりに泳ぐ
　ウ　いろいろな向きに自由に泳ぐ
　エ　その場にとどまる

(5)　メダカを丸型すいそうの中に入れ，図4のたてじま模様をえがいた紙をすいそうのまわ
りに置きました。丸型すいそう内に時計まわりのゆるやかな流れをつくるとメダカはどんな
反応をすると考えられますか。次のア～エから1つ選び，記号で答えなさい。
　ア　水流と同じ向きに泳ぐ
　イ　水流と反対向きに泳ぐ
　ウ　いろいろな向きに自由に泳ぐ
　エ　泳がずに水流の向きに流される

(6)　ある池にすんでいるメダカの数を推定するために50匹のメダカを採集し，印を付けてか
ら放流しました。じゅうぶん時間をおいた後，再度50匹のメダカを採集すると，そのうちの
2匹に印がついていました。この池にすんでいるメダカの数は何匹と考えられますか。ただ
し，メダカはこの池の全体に散らばり，なおかつメダカの数の増減や出入りはないものとし
ます。

Ⅳ 次の問いに答えなさい。

問1　下のグラフ**A〜D**は，名古屋の連続しない4日分の気温（1時間ごとの値）を示したものです。

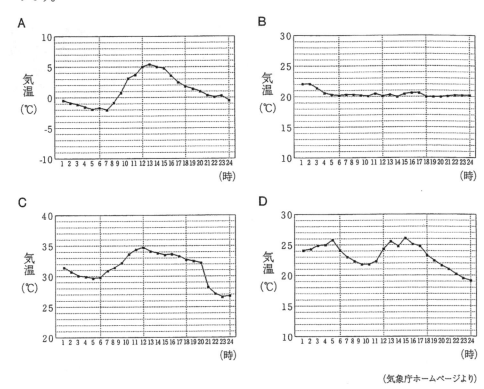

（気象庁ホームページより）

(1) 次のグラフ**ア〜エ**は，名古屋の1時間ごとの日照時間を示したものです。それぞれのグラフは，気温のグラフ**A〜D**のいずれかの日に対応しています。グラフ**A**とグラフ**D**に対応する日照時間のグラフをそれぞれ**ア〜エ**から1つずつ選び，記号で答えなさい。

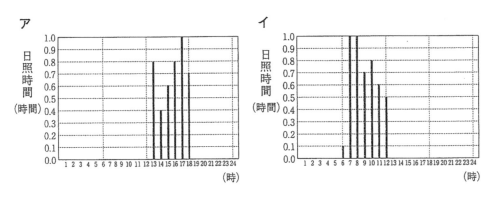

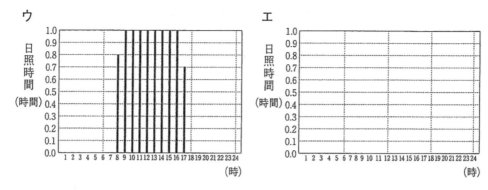

(気象庁ホームページより)

(2) 下のグラフa，bは，名古屋の1時間ごとの降水量を示したものです。それぞれのグラフは，気温のグラフA～Dのいずれかの日に対応しています。グラフaとグラフbに対応する気温のグラフをそれぞれA～Dから1つずつ選び，記号で答えなさい。

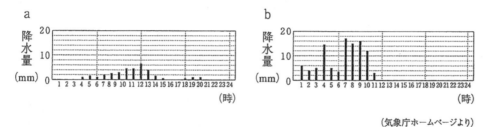

(気象庁ホームページより)

(3) 台風とその予報についての説明としてまちがっているものを，次のア～オから1つ選び，記号で答えなさい。

ア 台風が近づくと，台風情報が発表される。台風情報では現在の台風の位置と今後に予想される台風の位置が円（予報円）で示されている。

イ 台風情報には，現在強い風がふいているところ（暴風域や強風域）や台風の進路によって強い風がふくおそれがあるところ（暴風警戒域）が示されている。

ウ 台風の風の強さは，進行方向に向かって右側と左側とでは異なり，左側は特に強い風がふく。

エ 9月ごろ，台風は北へ進んだ後，日本付近を北東へ進むことが多い。

オ 台風は日本のはるか南の海上で発生することが多い。

問2　ある川の川原でアンモナイト化石の入ったれき
　　　をみつけました。右の図は付近の略図です。

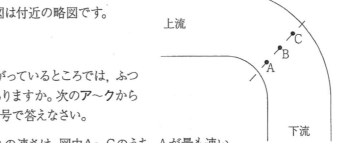

(1)　右の図のように川が曲がっているところでは，ふつ
　　　うどのような特ちょうがありますか。次の**ア～ク**から
　　　正しいものを3つ選び，記号で答えなさい。

　　ア　川の表面部分の流れの速さは，図中A～Cのうち，Aが最も速い。
　　イ　川の表面部分の流れの速さは，図中A～Cのうち，Bが最も速い。
　　ウ　川の表面部分の流れの速さは，図中A～Cのうち，Cが最も速い。
　　エ　川の深さは，図中A～Cのうち，Aが最も深い。
　　オ　川の深さは，図中A～Cのうち，Bが最も深い。
　　カ　川の深さは，図中A～Cのうち，Cが最も深い。
　　キ　川のA側の川岸が川原になっており，C側の川岸はがけのようになっている。
　　ク　川のC側の川岸が川原になっており，A側の川岸はがけのようになっている。

(2)　次の図に示した化石を年代の古い順に左から並べるとどうなりますか。次の**ア～カ**から
　　　正しいものを1つ選び，記号で答えなさい。

アンモナイト　　　　　　　　　　　三葉虫　　　　　　　　　　ビカリア

（「アンモナイト学　絶滅生物の知・形・美」国立科学博物館編，「瑞浪化石博物館　古生物データベース」より）

　　ア　ビカリア－アンモナイト－三葉虫　　　**イ**　ビカリア－三葉虫－アンモナイト
　　ウ　アンモナイト－ビカリア－三葉虫　　　**エ**　アンモナイト－三葉虫－ビカリア
　　オ　三葉虫－ビカリア－アンモナイト　　　**カ**　三葉虫－アンモナイト－ビカリア

（3）　アンモナイト化石のように地層がたい積した年代を決めることのできる化石を何といいますか。

（4）　アンモナイト化石の入っていたれきの化石以外の部分は，小麦粉のように細かくてつぶが見えませんでした。このれきの化石以外の部分は何と呼ばれる岩石だと考えられますか。次の**ア～エ**から1つ選び，記号で答えなさい。

　　　ア　砂岩　　　　**イ**　れき岩　　　**ウ**　でい岩　　　　**エ**　かこう岩

（5）　下の図は別の川原の写真です。平らなれきの重なり方がほぼある方向にそろっています。この川は図中**ア・イ**のどちらの矢印の向きに流れていますか。記号で答えなさい。

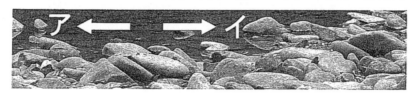

問3　次の問いに答えなさい。

（1）　地層に大きな力がはたらいて，地層が切れてくいちがうことがあります。この地層のくいちがった部分を何といいますか。漢字で答えなさい。

（2）　地下の浅い場所で大きな地震が起きると，地層のくいちがいが地表に現れることがあります。次の**ア～エ**の地震のうち，地震を起こした地層のくいちがいが陸上に現れ，観察できるようになっているものはどれですか。正しいものを2つ選び，記号で答えなさい。

　　　ア　1891年濃尾地震
　　　イ　1995年兵庫県南部地震
　　　ウ　2004年スマトラ島沖地震
　　　エ　2011年東北地方太平洋沖地震

2014(H26) 名古屋中
K 教英出版

問題 (2) グラフ

水の量 (リットル)

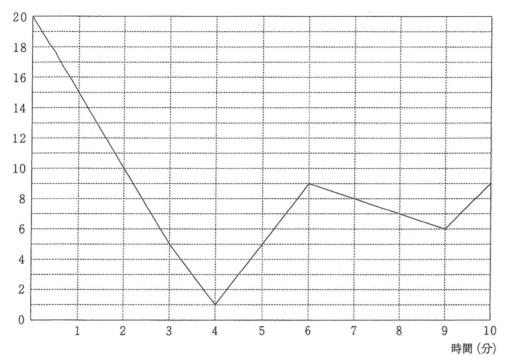

Ⅵ　次の文は，小学校6年生のまさし君が先生に質問している文です。これを読んで，後の問いに
答えなさい。

まさし：「先生，質問していいですか？」
先　生：「やあまさし君。いよいよ中学受験だねえ。がんばってるかい？」
まさし：「ええ。それで，この問題がわからなくて・・・」
先　生：「どれどれ・・・『1から9までの数をすべてならべて9けたの数を作るとき，素数を作
　　　　ることができるか，それともできないか。』・・・また素数の問題かい。君は素数が
　　　　　　　　　　　　　　①
　　　　好きだねえ。」
まさし：「先生，わかりますか？」
先　生：「うん，教えてあげることは簡単だけど，ちょっと自分で考えてみようか。」
まさし：「さんざん考えたんですけど。」
先　生：「まだまだやれるはずだよ。考えるってことは，そこからはじまるのさ。まさし君は，素数
　　　　ができる，できない，どっちだと思う？」
まさし：「はい，ならべ方は（　②　）通りありますから，そのうちの1つくらいは素数になると
　　　　思うんですけど・・・でもならべた数が素数かどうかチェックするのが大変なんです
　　　　よ。全部の素数を求める式って，ないんですか？」
先　生：「うーん，残念ながらまだ見つかってないんだよ。素数の一部を求める式はいくつかあ
　　　　るんだけどね。例えば『オイラーの二次式』という名前の式がある。」
まさし：「おいら？　先生が作ったんですか？」
先　生：「違う違う。オイラーはスイスの数学者の名前だよ。式は『□×□－□＋41』この□
　　　　に同じ数字を当てはめて計算していくんだ。例えば1，2，3，4，・・・と順に当ては
　　　　めていくと・・・」
まさし：「41，43，47，53，・・・全部素数です。じゃあ，この式で出てきた数字は全部素数
　　　　になるんですね？」
先　生：「いや，実はならないものもあるんだ。例えば（　③　）を当てはめた場合。」
まさし：「あ，本当だ・・・」
先　生：「こういう式で素数を完全に作り出すことはできないことがわかってるんだよ。」
まさし：「そうなんだ。他に何かうまい手はないかなあ。質問した問題は9けたになるから，素
　　　　数かどうか調べるには時間がかかりすぎるんだよな。」
先　生：「その通りだね。でも，逆にその性質を利用して，世の中の役に立ててもいるんだ。」
まさし：「ええっ？　素数が世の中の役に？」
先　生：「うん。例えばインターネットで買い物をするとき，クレジットカードの番号を入力した
　　　　りするだろう？　でも悪い人に知られると困るから，暗号化して送られる。そのとき使
　　　　われるのが素数の性質だ。RSA暗号っていうんだけど。」
まさし：「RSA暗号？」
先　生：「うん，これは，たとえ別の人に知られてもまず解かれる心配のないものなんだ。君が
　　　　ある会社の品物をネットで買うことにしたとする。会社はまず，2つの数字を用意する。
　　　　ここでは計算しやすいように小さい数にしておこう。55と3だ。この55が5×11
　　　　という，2つの素数の積になっているのがポイントだ。この55と3を『公開カギ』と
　　　　いう。まさし君，好きな数字を言って。」

まさし：「ええと，25。」

先　生：「それがまさし君のクレジットカードの番号だとしよう。まさし君のパソコンは，公開カ
　　　　ギの55を使って，次の計算をする。
　　　　　　25×25×25÷55は284あまり5。 この5が暗号で，会社に送る番号になる。
　　　　もしこれが悪い人にうばわれたらどうなる？」

まさし：「僕のクレジットカード番号がばれちゃう！」

先　生：「ところがそれは難しい。なぜなら，相手は『3回かけて55で割った余りが5になる
　　　　数』を探さないといけない。1から順番にやってごらん。」

まさし：「余りは，1，8，27，9，15，51，13・・・規則性が全然ないや。」

先　生：「だろう。これで正解の5を見つけるにはかなり時間がかかる。実際はもっとけた数
　　　　が多いから，まず無理なんだ。ばれても安心な暗号なんだよ。」

まさし：「じゃあ，会社はどうやって僕の番号を計算するんですか？」

先　生：「ここで55＝5×11が効いてくる。会社は，次の方法で計算する。まず，5と11か
　　　　らそれぞれ1をひいた数4と10について，最小公倍数を求める。（　④　）だね。
　　　　次に，もう1つの公開カギの3を使って，□×3÷（　④　）の余りが1となるような，
　　　　□に当てはまる数を求める。（　⑤　）だ。55とこの（　⑤　）を『秘密カギ』と
　　　　いう。最後に，暗号の5を（　⑤　）回かけて55で割った余りを求めるんだ。」

まさし：「ええと，余りは・・・（　⑥　）だ！　なるほど！」

先　生：「こんな風に，55の約数である2つの素数を知っていれば簡単に計算できるんだ。
　　　　55なら簡単にわかっちゃうけど，実際の公開カギは数百けたの素数の積を使うか
　　　　ら，知らないと事実上計算は無理なんだよ。」

まさし：「数百けた！　すごいなあ！　算数って，生活の役に立ってるんですね。」

先　生：「当たり前だよ。数の性質は面白いだろう。素数じゃなくたって，例えば各けたの数の
　　　　和が3の倍数なら，元の数は3の倍数だとわかったり・・・」

まさし：「そうですね・・・ああっ！」

先　生：「どうしたんだ？」

まさし：「最初に質問した問題が解けました！　素数はできないんですね！」

先　生：「気づいたようだね。どうして素数はできないのかな？」

まさし：「それは，・・・・・・・・・・・・だからです。」

先　生：「大正解！解けたじゃないか。」　　⑦

まさし：「そうか，これが考えるってことか。でもこんなに時間がかかっちゃった。僕，中学受
　　　　験大丈夫かなあ・・・」

先　生：「弱気になっちゃだめさ。暗号だって日々進化してる。今では算数と理科を合体させ
　　　　てできた，より強力な「量子エニグマ暗号」なんてものまで開発されている。君自身
　　　　も日々進化しているはずだよ。1つ言えることは，夢をかなえた人は最後まであきら
　　　　めなかった人だってこと。あきらめなければきっと大丈夫。君の努力は，君を裏切
　　　　らないよ。元気を出して，さあがんばろう！」

まさし：「わかりました！　絶対合格してみせます！」

（※問題は次のページにあります）

問題

（1） ②から⑥にあてはまる数を求めなさい。答えがいくつかあてはまる場合，1つ答えれば
　　　よろしい。ただし，③は1から50までの数字で考えなさい。

（2） 下線部①と⑦について，なぜ素数はできないのですか。理由を答えなさい。

2014(H26) 名古屋中

K 教英出版

２０１３年度　　名古屋中学校

入学試験問題

算　数

（50分）

┌─ 注 意 事 項 ─────────────┐

◎ 「始め」の合図があるまで中を見てはいけません。

◎ 解答用紙は別になっています。

◎ 答えは解答用紙のきめられた「らん」に書きなさい。

◎ 円周率は3.14とします。

算　　数

Ⅰ　次の□にあてはまる数はいくつになりますか。

（1）　$1\dfrac{1}{11} \times (1.75 - \dfrac{5}{6}) - \dfrac{9}{16} \div 2.25 = \boxed{}$

（2）　$70 + (310 - \boxed{}) \div 5 = 100$

Ⅱ　次の問いに答えなさい。

（1）　次の□にあてはまる数はいくつになりますか。

　　　$(3 \times \boxed{} - 2) : 8 = 5 : 4$

（2）　$\dfrac{2013}{999}$ を小数で表したとき，小数第25位の数字はいくつになりますか。

（3）　一定の速さで走っているある列車Aが長さ1kmのトンネルをくぐったとき，トンネルに完全にかくれている時間は42秒でした。また，この列車Aが同じ長さ，同じ速さの列車Bと出会ってから完全にすれ違うのに8秒かかりました。このとき，列車Aの長さは何mですか。

（4） 長方形を，辺に平行な直線で四つの部分に分け，その一部分に影をつけた図があります。この図の，影の部分の面積は何cm² ですか。

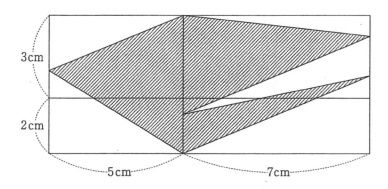

（5） 右の図のように，円すいを底面に平行な平面で，高さが半分になるような上下2つの立体に分けました。もとの円すいの底面の円の半径は6cmで，高さ4cmです。このとき，下の立体の体積は何cm³ ですか。

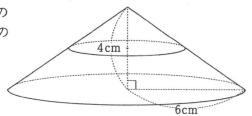

（6） 図のように，長方形と正方形がくっついた図形があります。この図形の面積を，長さをはからずに一本の直線で面積の等しい2つの図形に分けようと思います。その直線を解答らんに記入しなさい。ただし，直線をかくのに利用した線は消さないようにしなさい。

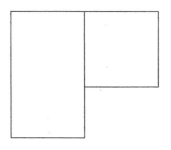

Ⅲ　　　税ぬきの値段が，1本80円のえんぴつと1冊120円のノートがあります。消費税率を5％として，次の問いに答えなさい。

（1）　えんぴつを8本とノートを5冊買いました。支払った金額はいくらですか。

（2）　えんぴつとノートを合わせて20個買いました。それをプレゼント用の，税抜きの値段が160円の箱にいれてもらい，2100円支払いました。えんぴつとノートをそれぞれいくつずつ買いましたか。

　　　　数年後に同じ店にいくと，同じえんぴつとノートが以前と同じ値段で売られていました。そのえんぴつとノートをいくつか買ったところ，消費税率が10％に上がっていたので，5％のときよりも60円余分にかかりました。

（3）　えんぴつとノートをそれぞれいくつずつ買いましたか。考えられる場合をすべて答えなさい。ただし，えんぴつもノートも少なくとも1つは買ったこととします。
　　　【この問題は，考え方や求め方も答えなさい。ただし，解答らんの答えのらんはたくさんありますが，すべて使うとはかぎりません。】

Ⅳ　　　次の文は，まさし君が先生に素数や約数の性質について質問している文です。これを読んで，あとの問いに答えなさい。

まさし：「先生，素数って何ですか？」
先　生：「やあ，まさし君。最近よく質問に来るねえ。いいことだよ。素数とは，（　①　）とその数でしかわり切れない数のことだよ。」
まさし：「例えば・・・5とか？」
先　生：「そうだね。ただし，1は素数ではないというきまりにしているんだ。」
まさし：「じゃあ，整数の中で素数が2つ続くことはないんですね。」
先　生：「どうしてそう思うんだい？」
まさし：「例えば，"5, 6"だと6は2でわり切れちゃう。数が2つ続くと，片方は偶数になるから，2でわり切れちゃいますもんね。」
先　生：「いいところに気がついたけれど，ちょっと違うんだな。1組だけ，続いた素数があるよ。」
まさし：「ええっ？　・・・ああ，（　②　），（　③　）か。」
先　生：「そうだね。あと，素数は言いかえれば，『約数が2個しかない数』とも言えるね。」

－3－

入 学 試 験 問 題

理　　科

(30分)

─注 意 事 項─

◎ 「始め」の合図があるまで中を見てはいけません。

◎ 解答用紙は別になっています。

◎ 答えは解答用紙のきめられた「らん」に書きなさい。

理　科

I　　下の表は，各温度で100gの水に固体の硝酸カリウムが最大何gまでとけるかを示しています。次の問いに答えなさい。ただし，一定量の水に固体がその温度でとけるだけとけているとき，そのよう液のことをほう和水よう液といいます。

温度（℃）	水100gにとける硝酸カリウムの最大の重さ（g）
10	22
30	46
50	85

(1)　10℃で水50gに固体の硝酸カリウムは最大何gまでとけますか。

(2)　30℃における硝酸カリウムのほう和水よう液146gを加熱し，すべての水を蒸発させると固体の硝酸カリウムは何gでてきますか。

(3)　30℃における硝酸カリウムのほう和水よう液73gを50℃まで温めると，固体の硝酸カリウムはさらに最大何gとけますか。小数第1位まで求めなさい。

(4)　30℃における硝酸カリウムのほう和水よう液のこさは何％になりますか。小数第2位を四捨五入して，小数第1位まで求めなさい。

(5)　30℃における硝酸カリウムのほう和水よう液73gを加熱し，10gの水を蒸発させ，30℃にもどしました。このとき固体としてでてくる硝酸カリウムは何gですか。答えは小数第1位まで求めなさい。

(6)　50℃で，10％のこさの硝酸カリウム水よう液100gに，30％のこさの硝酸カリウム水よう液100gを混ぜ合わせたよう液を，10℃まで冷やしました。このとき固体としてでてくる硝酸カリウムは何gですか。小数第1位まで求めなさい。

Ⅱ 次の問いに答えなさい。

問1 図1～3のように棒を水平につり合わせました。おもり以外の重さは考えないとします。

(1) 図1のおもりAは何gですか。

(2) 図2のばねはかりBとCはそれぞれ何gの目もりを示しますか。

(3) 図3のばねはかりDとEはそれぞれ何gの目もりを示しますか。

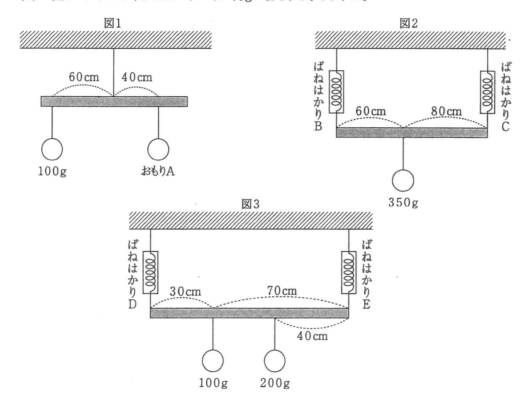

問2 鉄心のまわりにエナメル線を巻いたコイルを用いて，電磁石の実験をしました。はじめに，図4と図5のように棒磁石を電磁石の右側において電流を流したところ，どちらの棒磁石も電磁石に引き寄せられました。

次に，図6のようにコイルのまわりに方位磁針をおいて電流を流しました。Aの位置においた北を向いていた磁針は矢印のようにふれ，コイルの方を向いて止まりました。

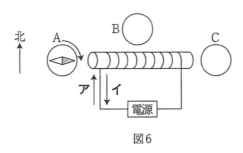

図6

(1)　図6のB，Cにおいた方位磁針の向きはどうなりますか。次の**ア〜ク**から最も適するものを1つずつ選び，記号で答えなさい。

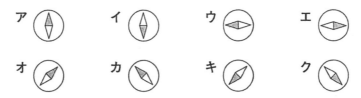

(2)　コイルに流れる電流は図6の**ア，イ**のどちら向きに流れますか。記号で答えなさい。

(3)　下の図で2組の電磁石がたがいに引き合っているものはどれですか。次の**ア〜エ**からすべて選び，記号で答えなさい。

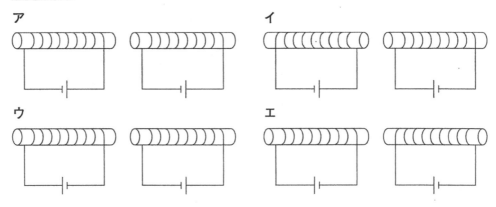

Ⅲ　　　下の会話文を読んで，次の問いに答えなさい。

　ある日，ゆうじくんは学校の体験学習で先生と湖に行きました。

ゆうじくん　「やっと湖に着いた。あっ，あそこで魚がはねてる！」
　　先生　　「あれはブラックバスだよ。私が小さい頃にはこの湖にはいなかった魚なのだが・・・」
ゆうじくん　「えっ，ではどうしてこの湖にいるのですか？」
　　先生　　「　　①　　」
ゆうじくん　「このような魚が湖にいると何か問題があるのですか？」
　　先生　　「色々な事が考えられるけど，最悪の場合はその湖の生物の数のつり合いがとれな
　　　　　　②
　　　　　くなってしまい，その場所にもともと住んでいた生物がいなくなってしまうこともある
　　　　　んだ。」
　　先生　　「これをみてごらん。生物の数のつりあいは基本的には図1のようになっているが，ある
　　　　　きっかけで図2のようになると，その次には（　③　）と考えられる。やがては図1のよ
　　　　　うに戻る。でも，あまりにも大きな変化があると図1のように戻ることができなくなって，
　　　　　もともとその場所に住んでいた生物がいなくなってしまうかもしれないんだ。」

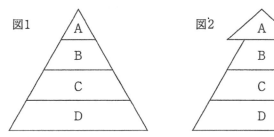

※上の図は面積がその生物の数を表す。またAはBを食べ，BはCを食べ，CはDを食べる関係にある。

ゆうじくん　「最近，ニュースでニホンウナギの減少によってうなぎの値段が上がっているというの
　　　　　　　　　　　　　　　　　④
　　　　　を聞きましたが，今の話が関係しているのでしょうか？」
　　先生　　「うなぎの場合は人間がうなぎの子ども（シラスウナギ）をとり過ぎたり，うなぎが生活
　　　　　する場所を壊してしまったということが原因ではないかと言われているね。うなぎに関
　　　　　わらず，いろいろな生き物やそのまわりの自然を守るために，私たちにもできることがた
　　　　　くさんあるはずだよ。今日は体験学習を通して様々な問題を考えてみよう。」

（1）　会話文中の「　①　」で，先生が話した内容として明らかにまちがっているものを次の
　　　ア～エから2つ選び，記号で答えなさい。

　　　ア　「ある魚がその湖で生活しやすいからだを，長い時間をかけて作っていったからだよ」
　　　イ　「だれかが他の場所から魚を持ってきたからだよ」
　　　ウ　「環境の変化によって，その湖の中に新たな魚が生まれたからだよ」
　　　エ　「他の湖に生えていた水草を持ってきたときに，水草にその魚の卵がついていたからだよ」

(2)　生物の間には, 食べる・食べられるの関係があります。この関係において, 人などの動物の食べ物のもとを順にたどっていくと, 最後には植物にいきつきます。このような関係を何といいますか。

(3)　図1のA～Dに入る最もふさわしい生物の組み合わせを次のア～オから1つ選び, 記号で答えなさい。ただし, 下の図の生物をスケッチしたときの倍率はそれぞれ異なります。

メダカ

イカダモ

ミジンコ

ブラックバス

	A	B	C	D
ア	ブラックバス	メダカ	イカダモ	ミジンコ
イ	イカダモ	ミジンコ	メダカ	ブラックバス
ウ	メダカ	ブラックバス	イカダモ	ミジンコ
エ	ブラックバス	メダカ	ミジンコ	イカダモ
オ	ミジンコ	イカダモ	メダカ	ブラックバス

(4)　図1のCやDのなかまが大量にふえて, 海や湖の広いはん囲で水面が赤くなることを何といいますか。漢字で答えなさい。

(5)　会話文中の（　③　）に入る最もふさわしい文を次のア～エから1つ選び, 記号で答えなさい。

　ア　Bが減少し, それにともなってAも減少し, Cは増加する
　イ　Bが減少し, それにともなってAも減少し, Cも減少する
　ウ　Aは増加を続けて, BとCはすべて減少する
　エ　Bが増加し, それにともなってCは減少する

(6)　会話文中の下線部④ニホンウナギの一生を説明した文として, 最もふさわしいものを次のア～エから1つ選び, 記号で答えなさい。

　ア　海で生まれてから川に行き, 産卵時にまた海に戻る。
　イ　川で生まれて海に行き, 産卵時にまた川に戻る。
　ウ　川で生まれて川で一生を生活する。
　エ　海で生まれて海で一生を生活する。

２０１３年度　　名古屋中学校

入 学 試 験 問 題

社　　会

（30分）

―注 意 事 項―

◎ 「始め」の合図があるまで中を見てはいけません。

◎ 解答用紙は別になっています。

◎ 答えは解答用紙のきめられた「らん」に書きなさい。

◎ 教科書中に漢字で書かれている語句は，全て漢字で
　答えなさい。

I　　下の図は日本の各県の図を示したものです。これらの図を見て，あとの問いに答えなさい。
なお各図の方位や縮尺はそろえてありません。

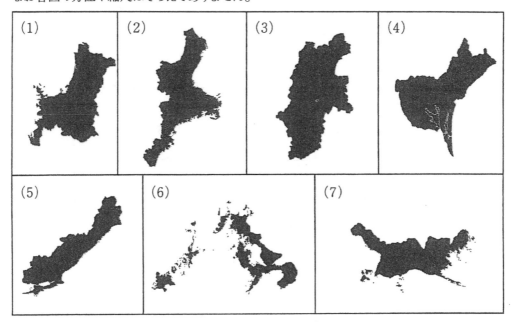

　　　上の図（1）〜（7）の県名を答えなさい。また，その説明として正しいものをあとの選択肢
ア〜ケから1つずつ選びなさい。

【選択肢】

ア　国内第2位のリンゴの生産量を誇る。「牛に引かれて善光寺参り」でおなじみの善光寺が
　　あることでも有名。

イ　温暖な気候を利用した野菜の促成栽培が盛んである。県内を流れる四万十川は日本最
　　後の清流として有名。

ウ　カキ養殖が盛んであり，2010年には国内第2位の収穫量を誇った。また，日本三景の
　　一つがあることでもよく知られる。

エ　日本神話にも登場する出雲大社がある。また，2007年に登録された世界遺産（文化遺
　　産）があることでも有名。

オ　この県の島原半島には雲仙普賢岳があり，1990年代には噴火活動により付近に大災
　　害をもたらした。

カ　この県には，日本で最初に稼働した原子力発電所を有する東海村がある。また，臨海地
　　域には石油化学コンビナートが発達している。

キ この県の, ある主要都市は四大公害病の一つであるぜんそくの被害に苦しんだ。また, 全国的にも有名なこの地方への神宮参りは, 江戸時代から盛んに行われるようになった。

ク この県には西日本で最も高い石鎚山がある。また, みかんなどのかんきつ類の生産量は日本有数である。

ケ 江戸時代は徳川御三家の藩が置かれた。みかんや梅の生産量は全国第1位を誇る。古来より仏教寺院・神社などは信仰の対象となり, これらを取り巻く神秘的な山林とともに, 2004年には世界遺産（文化遺産）に登録された。

Ⅱ　次の地図を見て，あとの各問いに答えなさい。なお地図はメルカトル図法に基づいて描画して
ある。

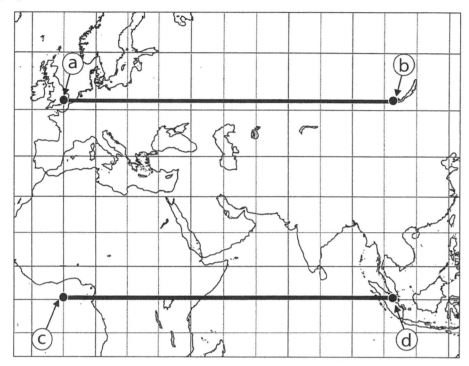

（1）　地図中の記号＝●ⓐはロンドン，ⓑはイルクーツク，ⓒはサントメ，及びⓓはシンガポールの
おおよその位置を示している。線ⓐⓑ間と線ⓒⓓ間では，実際にはどちらの距離が長い
か。線ⓐⓑ間が長ければ [1] と，線ⓒⓓ間が長ければ [2] と，同じ長さならば [3] と解
答らんに書きなさい。

（2）　東京を２０１３年２月２日の午前１１時とすると，イルクーツク（東経１０５度）は何日の
何時か答えなさい。なお，２４時間表記は認めない。

（3）　旅客機が東京を２０１３年２月２日の午前１１時に出発し，ちょうど９時間かけてサン
フランシスコ（西経１２０度）に着いた。

①　旅客機が経度１８０度を越えた時，日付をどのように変更するか。「１日進める」なら
[ア] を，「１日遅らせる」なら [イ] と解答らんに書きなさい。

②　サンフランシスコへの到着時間は現地の時刻で何日の何時か答えなさい。なお，２４
時間表記は認めない。

Ⅲ　次の (1) ～ (4) について, それぞれ①～③の文を年代の古い順に並べかえなさい。
解答は以下のようにして, 正しいものをア～カからそれぞれ1つ選び, 記号で答えなさい。

ア　①—②—③　　　イ　①—③—②　　　ウ　②—①—③

エ　②—③—①　　　オ　③—①—②　　　カ　③—②—①

(1) ① 大宝律令が制定される。
② 御成敗式目が制定される。
③ 十七条の憲法が出される。

(2) ① 前九年の役が起こる。
② 承久の乱が起こる。
③ 平治の乱が起こる。

(3) ① 後醍醐天皇が建武の新政を行う。
② 平清盛が太政大臣に任じられる。
③ 白河上皇が院政を始める。

(4) ① 紫式部が源氏物語を書く。
② 古事記が完成する。
③ 平家物語が編集される。

IV　次の年表を見て，あとの各問いに答えなさい。

年	できごと
１８５３年	ペリーが（　**ア**　）に来航する。
１８５８年	大老井伊直弼がアメリカと貿易に関する条約を結ぶ。・・・・・・・・①
１８７１年	明治政府，欧米に使節団を派遣する。・・・・・・・・・・・・・②
	↕③
１８８３年	井上馨外務大臣が東京の日比谷に社交場を建てる。・・・・・・・④
１８８９年	大日本帝国憲法が発布される。・・・・・・・・・・・・・・・⑤
１８９４年	（　**イ**　）外務大臣が領事裁判権を撤廃する。
１９０４年	日露戦争が起こる。・・・・・・・・・・・・・・・・・・・⑥
１９１１年	（　**ウ**　）外務大臣が関税自主権を回復する。

（1）　年表中の（　**ア**　）～（　**ウ**　）にあてはまる地名や人名を答えなさい。

（2）　年表中の①について述べた文として正しいものを，次の**ア**～**エ**から1つ選び，記号で答えなさい。

　　ア　下田・箱館の2港が開かれた。

　　イ　この条約によって開始された貿易では，アメリカとの取り引きがもっとも多かった。

　　ウ　アメリカの船に食料や水，石油などを供給することを認めた。

　　エ　この条約が結ばれた後，オランダ・ロシア・イギリス・フランスとも，ほぼ同じ条約を結んだ。

（3）　年表中の②について，この使節団の代表であった人物は誰ですか。

（4）　年表中の③の時期に起こったできごととして**誤っているもの**を，次の**ア**～**オ**からすべて選び，記号で答えなさい。

　　ア　板垣退助が自由党をつくった。

　　イ　日英同盟が結ばれた。

　　ウ　西郷隆盛が西南戦争を起こした。

　　エ　徴兵令が出され，満20歳以上の男子に兵役が課された。

　　オ　五箇条の御誓文が出された。

2013(H25) 名古屋中
K 教英出版

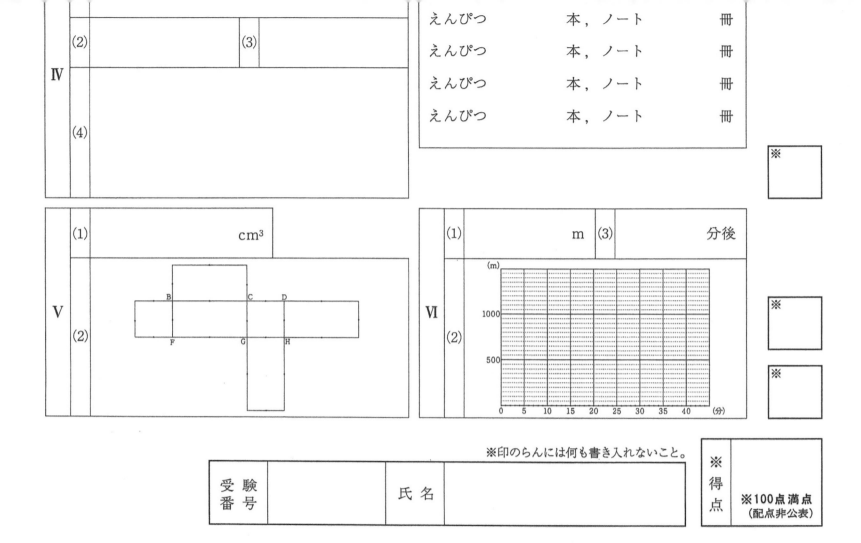

えんぴつ　　　　　本，ノート　　　　　冊

えんぴつ　　　　　本，ノート　　　　　冊

えんぴつ　　　　　本，ノート　　　　　冊

えんぴつ　　　　　本，ノート　　　　　冊

IV	(2)		(3)	
	(4)			

※

V	(1)		cm³
	(2)		

B　　C　D

F　　G　H

VI	(1)		m	(3)		分後
	(2)					

(m)

1000

500

0　5　10　15　20　25　30　35　40　(分)

※

※

※印のらんには何も書き入れないこと。

受　験番　号		氏　名	

※得点	※100点満点
	（配点非公表）

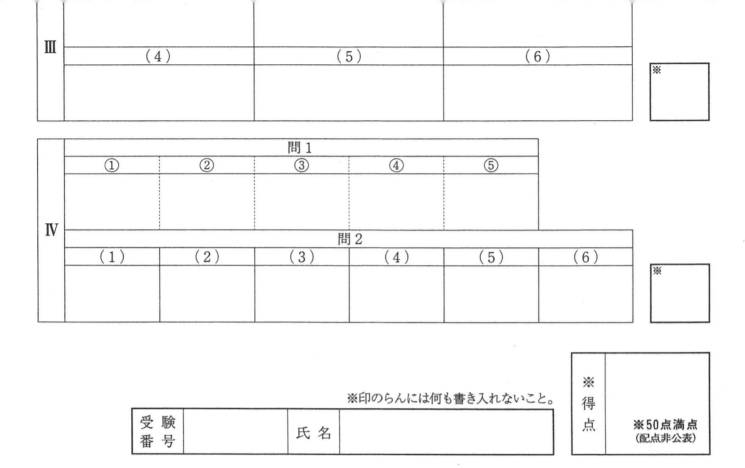

	（4）	（5）	（6）	※
Ⅲ				

Ⅳ	問1					
	①	②	③	④	⑤	
	問2					
	（1）	（2）	（3）	（4）	（5）	（6）

※印のらんには何も書き入れないこと。

受 験 番 号		氏 名	

※ 得 点	
	※50点満点 （配点非公表）

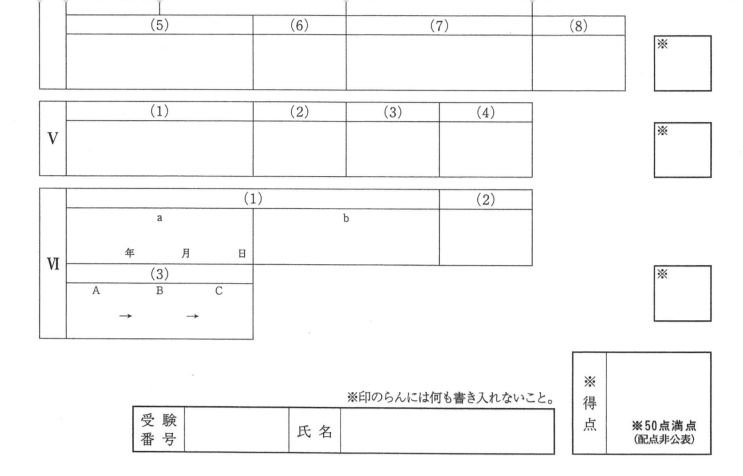

	(5)	(6)	(7)	(8)

※

V	(1)	(2)	(3)	(4)

※

VI	(1)		(2)
	a	b	
	年　　月　　日		
	(3)		
	A　　B　　C		
	→　　　→		

※

※印のらんには何も書き入れないこと。

受　験番　号		氏　名	

※得点	※50点満点(配点非公表)

2013(H25) 名古屋中
K 教英出版

社 会 解 答 用 紙　　（2013中社会）

I

(1)		(2)		(3)		(4)	
県名	記号	県名	記号	県名	記号	県名	記号
県		県		県		県	
(5)		(6)		(7)			
県名	記号	県名	記号	県名	記号		
県		県		県			

※

II

(1)	(2)	(3)	
		①	②
	日　　　　時	日　　　　時	

※

III

(1)	(2)	(3)	(4)

※

(1)		
ア	イ	ウ
(2)	(3)	(4)

理 科 解 答 用 紙

（2013中理科）

Ⅰ	（1）	（2）	（3）
	g	g	g
	（4）	（5）	（6）
	%	g	g

※

	問1		
Ⅱ	（1）	（2）	
	g	B g	C g
	（3）		
	D g	E g	
	問2		
	（1）	（2）	（3）
	B C		

※

算 数 解 答 用 紙

※

I	(1)		(2)	

※

II	(1)		(2)		(6)	
	(3)	m	(4)	cm²		
	(5)	cm³				

※

III	(1)	円	(2)	えんぴつ 本， ノート 冊

【考え方・求め方】

【答】

えんぴつ　　　　本　ノート　　　　冊

	①	②	③

【解答用

(5)　年表中の④について，この社交場を何といいますか。

(6)　年表中の⑤について，大日本帝国憲法の内容に関して述べた文X〜Zについて，次の**ア**
　　　〜**エ**から正しいものを1つ選び，記号で答えなさい。

　　　X　この憲法は天皇が国民に与えるという形で発布された。
　　　Y　この時の内閣総理大臣は伊藤博文であった。
　　　Z　国民の権利は法律の範囲内で認められていた。

　　ア　X＝正　Y＝正　Z＝誤　　　　　　**イ**　X＝正　Y＝誤　Z＝正
　　ウ　X＝誤　Y＝正　Z＝誤　　　　　　**エ**　X＝誤　Y＝誤　Z＝正

(7)　年表中の⑥について，キリスト教信者の立場から戦争に反対した人物は誰ですか。

(8)　明治時代の人々の生活に関して述べた文X・Yについて，次の**ア**〜**エ**から正しいものを1つ
　　　選び，記号で答えなさい。

　　　X　全国でラジオ放送が始まる。
　　　Y　レンガ造りの洋風建築が並び，ランプやガス灯が設置される。

　　ア　X＝正　Y＝正　　　　　　　　　**イ**　X＝正　Y＝誤
　　ウ　X＝誤　Y＝正　　　　　　　　　**エ**　X＝誤　Y＝誤

V 次の文章を読んで，あとの各問いに答えなさい。

　皆さんは，フード・マイレージということばをご存知でしょうか。

　フード・マイレージとは，英国の消費者運動家ティム・ラングが１９９４年に提唱した概念（フード・マイル）で，生産地から食卓までの距離が短い食料を食べたほうが，（　①　）の排出などといった，輸送にともなう環境への負担が少ないであろうという仮説を前提として考え出されたものです。具体的には，輸入食料にかかわるフード・マイレージは，「輸入相手国別の食料輸入量（t：トン）×輸入相手国から輸入国までの輸送距離（km：キロメートル）」で算出され，これを集計したものが全体のフード・マイレージとなります。この値が大きいほど地球環境への負荷が大きいとされ，２００１年では，人口一人当たりのフード・マイレージは，②日本が７，０９３tkm（トンキロメートル）であるのに対し，韓国は６，６３７tkm，アメリカは１，０５１tkm，イギリスは３，１９５tkm，フランスは１，７３８tkmなどとなっています。

　フード・マイレージは，あくまで一面的な見方ではありますが，グローバル化と環境問題の関係を示しているといえます。また，日本には③「地産地消」という考え方があります。フード・マイレージは，このような考え方を数量的に裏付けるものと考えられます。

（参考：農林水産省ホームページ　http://www.maff.go.jp/j/heya/sodan/0907/05.html）

（１）　文中の（　①　）には，地球温暖化の原因とも考えられている温室効果ガスがあてはまります。その排出量が多いことから，１９９７年の京都議定書において削減目標が示された，この温室効果ガスを答えなさい。

（２）　文中下線部②の国々のフード・マイレージをそれぞれ比較したとき，もっとも地球環境への負荷が小さい国は，どこの国ですか。次のア～オから１つ選び，記号で答えなさい。

　　ア　日本　　　イ　韓国　　　ウ　アメリカ　　　エ　イギリス　　　オ　フランス

（３）　文中下線部③について，本文中から読み取れる「地産地消」の長所としてもっとも適当なものを，次のア～エから１つ選び，記号で答えなさい。

　　ア　消費者と生産者の距離が近いので，鮮度が良く，栄養価の高い食物を手に入れることができる。
　　イ　地域経済の活性化，地域への愛着につながる。
　　ウ　旬の食べ物を，新鮮なうちに食べることができる。
　　エ　消費者と生産者の距離が近いので，食料の輸送にかかるエネルギーを削減できる。

（4） フード・マイレージの考え方にもとづき，以下の4つの都市から東京へ食料を輸入した場合，もっとも地球環境への負荷が大きいのはどの場合ですか。下の図を参考に，適当なものを，次のア〜エから1つ選び，記号で答えなさい。（輸入量および輸入距離以外の要素は考えないものとする。）

ア　サンフランシスコからオレンジを1,000t輸入した。
イ　シカゴから小麦を1,500t輸入した。
ウ　リオデジャネイロからコーヒーを1,000t輸入した。
エ　ブエノスアイレスから豚肉を500t輸入した。

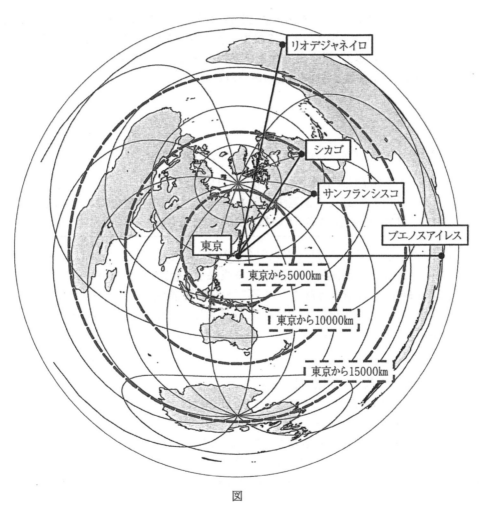

図

(注：正距方位図法。東京からそれぞれの都市への距離と方位が正しく表されています。)

Ⅵ　次の文章を読んで，あとの各問いに答えなさい。

　　わたしたちが自由に人間らしく生きていくことができるように，①日本国憲法では基本的人権が保障されています。大人も子どもも，老人や②女性も男性も，すべての人々に保障されています。

　　人権の保障は，とても大切です。わたしたちが，たすけを求めて政府や社会に働きかけるとき，その主張を支えるのが人権の保障だからです。

　　さて，近年における社会の変化，産業や科学技術の進歩とともに，③「新しい人権」が登場しています。

　　「新しい人権」とは，日本国憲法上に直接記述されてはいませんが，時代の変化とともに，日本国憲法の人権に関する規定を根拠に主張されるようになった人権を指します。とりわけ，日本国憲法第13条の「生命，自由及び幸福追求に対する国民の権利」（「幸福追求権」とも呼ばれます）が根拠とされることが多いのです。

（1）　文中下線部①について，次のa，bの問いに答えなさい。

　　a　日本国憲法が公布された西暦年月日を答えなさい。

　　b　次の文章は，日本国憲法の前文の一部です。日本国憲法には三つの基本原則がありますが，下線部にふさわしい基本原則を答えなさい。

日本国民は，正当に選挙された国会における代表者を通じて行動し，われらとわれらの子孫のために，諸国民との協和による成果と，わが国全土にわたって自由のもたらす恵沢を確保し，政府の行為によって再び戦争の惨禍が起ることのないやうにすることを決意し，ここに主権が国民に存することを宣言し，この憲法を確定する。

（2）　文中下線部②について，女性の人権に関わる問題として，夫婦別姓（結婚した男女で姓が異なる）制度の問題があります。

　　結婚による改姓（氏を変えること）について，日本の法律では男女平等の建て前から，夫あるいは妻のどちらかの姓を称しても良いとしています。（ただし，夫あるいは妻のどちらかの姓を選択しなければなりません。これを夫婦同姓といいます。）

　　しかし，現実には，約98％の夫婦が夫の姓を選んでいます。この現状に対して，さまざまな理由から夫婦別姓を求める声もあります。

次にあげる**ア〜エ**の意見のうち，夫婦同姓を支持する意見としてもっともふさわしいものは，どの意見ですか。**ア〜エ**から1つ選び，記号で答えなさい。

ア 夫または妻のどちらか一方だけが姓をゆずることとなり，男女平等に反する。

イ 仕事に不都合が生じたり，社会的な信用や今まで築いたさまざまな実績が，結婚の前後で途切れてしまう。

ウ 夫婦をつなぐきずなであり，家族としての一体感が生まれる。

エ 自分であるという一つのあかしを失うことになり，自分が自分で無くなってしまう。

（3） 文中下線部③について，基本的人権や「新しい人権」に関わる年表があります。次の**ア〜ウ**は，ある保育園で，年表中のA〜Cのいずれかの時期に出された求人広告です。A，B，Cの時期にあわせて，**ア〜ウ**を並び替えなさい。

年	法律
	A
1999	「男女雇用機会均等法」が改正施行される
	B
2005	「個人情報保護に関する法律」が施行される
	C

ア
```
保育士募集

3名，　優遇採用します。
応募書類：履歴書等
                     名中保育園
```

イ
```
保育士募集

3名，　優遇採用します。
応募書類：履歴書等
※応募書類は選考のためだけに
　使用します。
                     名中保育園
```

ウ
```
保母募集

3名，　優遇採用します。
応募書類：履歴書等
                     名中保育園
```

【参考】　男女雇用機会均等法
　…労働者を雇う場合に，男女平等を目標として定められた法律。具体的には，労働者を募集し，採用する場合，性別にかかわりなく均等な機会を与えることなどが定められている。これを受けて，特定の性別に限定する呼び名は使われなくなった。

　個人情報保護に関する法律
　…企業が個人の情報を求める際に，その使い道を説明する義務等を定めた。

2013(H25) 名古屋中

K 教英出版

Ⅳ　次の問いに答えなさい。

問1　次の文章を読み，文中の（　①　）〜（　⑤　）にふさわしい語句を下の**ア〜シ**からそれぞれ
　　　1つずつ選び，記号で答えなさい。

　　　晴れの日の1日の気温の変わり方には太陽の高さと地面の温度が関係しています。太陽は
　　（　①　）の方からのぼり，南の空で最も高くなり，（　②　）の方へしずみます。太陽が高い
　　ときほど地面に太陽の光がよく当たります。
　　　太陽の高さが高くなっていく午前中は，太陽の光が地面をあたため，あたためられた地面は
　　地面近くの空気をあたため，気温が上がっていきます。地面の温度は，太陽の高さが最も高く
　　なる（　③　）ごろに最も高くなります。しかし，空気は地面によってあたためられるので，あ
　　たたまるまでに時間がかかります。そのため，気温は（　④　）ごろに最高となります。その後，
　　太陽がしずむと地面の温度も気温も下がりつづけ，気温が最も低くなるのは（　⑤　）ごろと
　　なります。

ア　東　　　　　**イ**　西　　　　**ウ**　南　　　　　　**エ**　北
オ　午後11時　　**カ**　正午　　　**キ**　午後1時　　　**ク**　午後2時　　　**ケ**　午後3時
コ　日の出　　　**サ**　日の入り　**シ**　真夜中

問2　下の図1は，名古屋から100kmほどはなれた地点で，8月12日から8月13日にかけての
　　　ある時刻に夏の大三角付近の星空をとった写真です。写真の上下左右はとったときのままになっ
　　　ています。図2は星座早見を図1の写真をとった時刻に合わせたものです。図2の名古屋（東経
　　　137度北緯35度）用の星座早見の表示と写真をとった地点の星空は，見え方が1度ほどし
　　　かちがいません。このため，写真をとった場所で，いつ，どの位置（方位・高さ）にどんな星座が
　　　見られるかは，星座早見の時刻板を回転して調べたものとほぼ同じになります。

図1

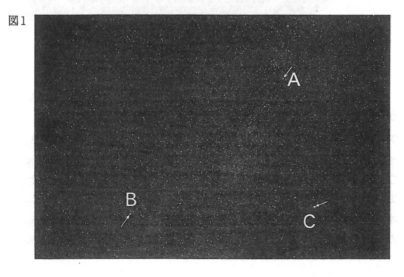

図2

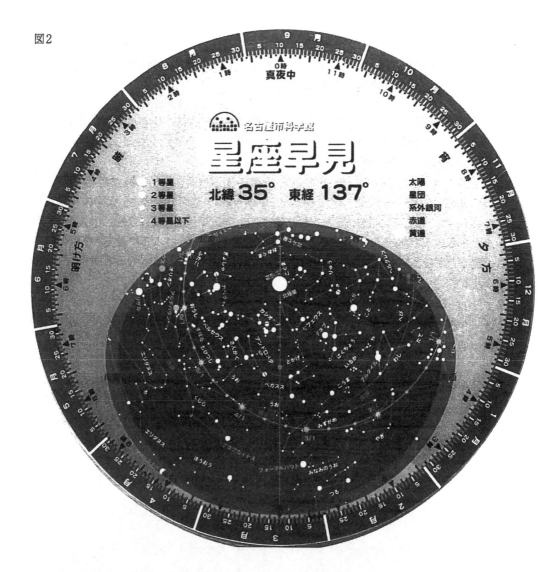

(1) 図1のA～Cで示される1等星はそれぞれ何といいますか。正しい組み合わせを次のア～カから1つ選び，記号で答えなさい。

ア A：こと座のベガ	B：わし座のアルタイル	C：はくちょう座のデネブ
イ A：こと座のベガ	B：はくちょう座のデネブ	C：わし座のアルタイル
ウ A：わし座のアルタイル	B：こと座のベガ	C：はくちょう座のデネブ
エ A：わし座のアルタイル	B：はくちょう座のデネブ	C：こと座のベガ
オ A：はくちょう座のデネブ	B：わし座のアルタイル	C：こと座のベガ
カ A：はくちょう座のデネブ	B：こと座のベガ	C：わし座のアルタイル

(2) 図1の写真をとった「ある時刻」とはいつごろですか。次の**ア**～**エ**から1つ選び、記号で答えなさい。

ア 8月12日の午後8時ごろ　　　　**イ** 8月12日の午後10時ごろ
ウ 8月13日の午前0時ごろ　　　　**エ** 8月13日の午前2時ごろ

(3) こと座のベガ、わし座のアルタイル、はくちょう座のデネブ、さそり座のアンタレスのうち、表面温度が最も低いといわれている星はどれですか。次の**ア**～**エ**から正しいものを1つ選び、記号で答えなさい。

ア こと座のベガ　　　　**イ** わし座のアルタイル
ウ はくちょう座のデネブ　　　　**エ** さそり座のアンタレス

(4) 図2の星座早見には、図1の写真をとったとき、オリオン座が真東の目の高さにあったことが示されています。図1の写真をとった時刻と同じ時刻にオリオン座が真南の空最も高くに見られるのは何月ですか。次の**ア**～**シ**から正しいものを1つ選び、記号で答えなさい。

ア 9月　**イ** 10月　**ウ** 11月　**エ** 12月　**オ** 1月　**カ** 2月
キ 3月　**ク** 4月　**ケ** 5月　**コ** 6月　**サ** 7月　**シ** 8月

(5) 図1の写真をとった後、オリオン座が東の空を上ってきました。と中で空が明るくなってしまい、オリオン座は見えなくなりました。しかし、オリオン座が動いていくようすは星座早見の時刻板を回すことで調べられます。オリオン座が真南の空最も高くにあるはずの時刻は、8月13日の何時ごろですか。次の**ア**～**キ**から正しいものを1つ選び、記号で答えなさい。

ア 午前6時ごろ　**イ** 午前8時ごろ　　**ウ** 午前10時ごろ　**エ** 正午ごろ
オ 午後2時ごろ　**カ** 午後4時ごろ　**キ** 午後6時ごろ

(6) 図1の写真をとったとき、月がオリオン座のすぐそばのおうし座にありました。夜が明けて、月が南の空高く上がったとき、月はどのような形で見えますか。光っている部分のおおよその形として正しいものを次の**ア**～**キ**から1つ選び、記号で答えなさい。

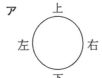

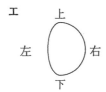

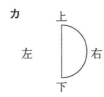
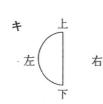

2013(H25) 名古屋中
K 教英出版

2013（H25）名古屋中
教英出版

まさし：「なるほど。約数と言えば，ぼく，おもしろいことを発見しました。」

先　生：「ほう，何だい？」

まさし：「28の約数って，1，2，（　④　），（　⑤　），14，28ですよね。」

先　生：「うん，それがどうしたんだい？」

まさし：「これを全部たすと，56になります。これって元の数の2倍ですよね。」

先　生：「おお，いいところに目をつけたね。でも見方を変えるともっと面白いよ。約数から，元の数28を除いた残りをすべてたすと，元の数と同じになるね。」

まさし：「ああ，なるほど！　そう考えた方がすごいや！」

先　生：「約数から，元の数自身をぬいた残りの和が元の数と同じになる数を，『完全数』というんだ。」

まさし：「じゃあ，28は完全数ということですね。」

先　生：「その通り。他にもいくつかの完全数が見つかっているよ。」
　　　　　　　　　　　　　　　　　　　　　　　　　　　⑥

まさし：「へええ，見つけた人もすごいですね。」

先　生：「もっと面白い数もあるよ。1184の約数から，元の数をぬいた残りの数をすべてたしたらいくつだい？」

まさし：「こりゃあ大変だ・・・ええっと，1210です。」

先　生：「じゃあ，1210で同じことをやったらどうなる？」

まさし：「ええっと・・あっ！　1184だ！」

先　生：「大正解。こんな風に，お互いの，元の数以外の約数の和がもう一方の数になるペアを，友愛数というんだ。」
　　　　　　　　　　　　　　　　　　　　　　　　　　　Ⓐ

まさし：「これはすごいや！　他には友愛数はないんですか？」

先　生：「いくつもあるよ。例えば220と（　⑦　）だね。」

まさし：「・・・あ，本当だ。確かになるや。」

先　生：「ちなみに，友愛数は聖書の中にも登場する。神殿の中の，神に仕える人々と，その使用人の数が220と（　⑦　）なんだ。」

まさし：「そんな昔から見つかってたってことですか。約数の世界って，深いんですね。」

先　生：「現在でも，素数や完全数，友愛数についてはわかっていないこともたくさんある。それ以外の性質を持つ数のペアもまだまだある。興味があったら，研究してごらん。」
　　　　⑧

まさし：「研究なんて，ぼくにもできるんですか？」

先　生：「できるさ。何しろ友愛数の1184と1210を見つけたのは，16歳の少年だからね。挑戦することが大切だよ！」

まさし：「わかりました！　ありがとうございます。」

（1）①～⑤にあてはまる数は，それぞれいくつになりますか。

（2）下線部⑥について，1けたの完全数は一つだけあります。それはいくつですか。

（3）⑦にあてはまる数はいくつになりますか。

（4）下線部⑧について，48の約数と75の約数の間には，どんな関係がありますか。下線部Ⓐを参考にして答えなさい。

Ⅴ 　下の図の直方体ABCD－EFGHは，ABの長さとAEの長さが等しく，ADの長さはAB
　　の長さの2倍になっています。また，点M，Nはそれぞれ辺AB，ADのまんなかの点です。
　　このとき，次の問いに答えなさい。

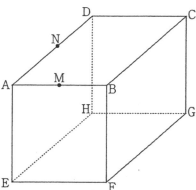

（1） この直方体のすべての辺の長さを合わせると，48cmになります。この直方体の体積
　　　は何cm³ですか。

（2） この直方体を，3点M，N，Hを通る平面で切ったとき，切り口としてできる図形の辺を
　　　解答らんの展開図に書き入れなさい。ただし，辺の上の点は，すべて辺のまんなかの点を
　　　あらわしています。

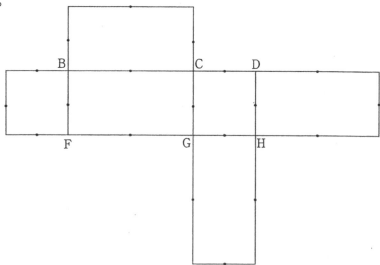

－5－

Ⅵ　　学校から美術館をつなぐ一本の道があります。この道のちょうどまんなかの地点にスーパーがあります。一郎君は学校を出発し，毎分６０ｍの速さで学校とスーパーの間を何回か往復します。太郎君は学校を出発し，毎分９０ｍの速さで学校と美術館の間を何回か往復します。一郎君と太郎君が同時に出発したとき，二人がはじめてすれ違ったのは学校から３６０ｍはなれた地点でした。このとき，次の問いに答えなさい。

（１）学校から美術館までの道のりは何ｍですか。

（２）一郎君と太郎君が同時に出発してから，はじめて二人がすれ違うまでの間に，二人がどれだけはなれているかを表すグラフを，解答らんにかきこみなさい。

（３）二人が２回目にすれ違うのは，二人がはじめに学校を出発して何分後ですか。

K 教英出版